铁路职工劳动安全学练丛书

特种设备安全

《特种设备安全》编委会　编

中国铁道出版社有限公司

2024年·北　京

内 容 简 介

本书依据《中华人民共和国特种设备安全法》《特种设备安全监察条例》《特种设备使用管理规则》等法律法规及现行规章制度，结合铁路现场实际编写。全书共六章，内容包括特种设备安全概述、锅炉安全、压力容器安全、电梯安全、起重机械安全、场（厂）内专用机动车辆安全。本书具有较强的针对性和实用性，图文并茂，便于职工学习、了解和掌握。

本书可作为铁路各单位特种设备使用、管理人员培训教材，也可供铁路职工自学使用。

图书在版编目（CIP）数据

特种设备安全 /《特种设备安全》编委会编. 北京：中国铁道出版社有限公司，2024. 7. --（铁路职工劳动安全学练丛书）. -- ISBN 978-7-113-31317-3

Ⅰ. U298

中国国家版本馆 CIP 数据核字第 2024JL3992 号

书　　名：**特种设备安全**
作　　者：《特种设备安全》编委会

策划编辑：秦绪涛
责任编辑：秦绪涛　　　　**编辑部电话**：(010)51873024
封面设计：刘　莎
责任校对：安海燕
责任印制：樊启鹏

出版发行：中国铁道出版社有限公司（100054，北京市西城区右安门西街 8 号）
网　　址：http://www.tdpress.com
印　　刷：河北京平诚乾印刷有限公司
版　　次：2024 年 7 月第 1 版　2024 年 7 月第 1 次印刷
开　　本：880 mm×1 230 mm 1/32　**印张**：10　**字数**：257 千
书　　号：ISBN 978-7-113-31317-3
定　　价：38.00 元

编　委　会

主　　编： 胡玉敏　崔维甲

副 主 编： 高承芳　刘瑞鑫　邱少靖

编写人员： 张延林　李　富　崔　冲

付加磊　肖　玫　陈旭瑞

茹海波　李　雯

前　言

安全是铁路永恒的主题，铁路安全是一种责任，更是一种使命。如何确保铁路职工作业中的人身安全，一方面需要铁路企业提升安全管理水平，完善相应的安全规章和制度，制定标准化作业流程，让职工作业有章可循；另一方面需要加强对职工的日常安全教育，增强职工的安全意识。安全培训是铁路职工培训工作的重要组成部分，是提高职工安全生产技能，增强职工事故预防和应急处理能力的重要手段，也是防止伤亡事故、减少职业危害的重要措施，更是强化安全生产建设，确保铁路运输安全持续稳定的基础性工作。

特种设备在生产、生活中的应用十分广泛，且大部分在恶劣的工作条件下运行，具有较大的潜在危险性。特种设备与铁路运输生产密切相关，铁路企业的特种设备使用和管理人员，需要了解和掌握特种设备的安全管理和安全技术的相关知识，提高安全管理水平和技术水平，提升特种设备安全风险控制和事故防范能力，确保特种设备的安全运行，保障铁路运输安全生产和人民生命、财产安全。

本书依据《中华人民共和国特种设备安全法》《特种设备安全监察条例》《特种设备使用管理规则》等法律法规及现行规章制度，结合铁路现场实际编写。全书共六章，内容包括特种设备安全概述、锅炉安全、压力容器安全、电梯安全、起重机械安全、场（厂）内专用机动车辆安全。本书具有较强的针对性和实用性，图文并茂，便于职工学习、了解和掌握。本书可作为铁路各单位特种设备使用、管理人员培训教材，也可供铁路职工自学使用。

由于编者水平有限，书中难免存在疏漏和不足之处，恳请广大读者批评指正。

编　者

2024 年 4 月

目　录

第一章　特种设备安全概述

第一节　特种设备概述

一、特种设备定义

根据《中华人民共和国特种设备安全法》定义，特种设备是指对人身和财产安全有较大危险性的锅炉、压力容器（含气瓶，下同）、压力管道、电梯、起重机械、客运索道、大型游乐设施、场（厂）内专用机动车辆，以及法律、行政法规规定适用本法的其他特种设备。特种设备，尤其是客运电梯、起重机械、叉车、气瓶等，在铁路客货运输、生产建设、经营服务等过程中应用十分广泛。

二、特种设备分类

特种设备可分为承压类特种设备和机电类特种设备。承压类特种设备包括锅炉、压力容器（含气瓶）、压力管道，机电类特种设备包括电梯、起重机械、客运索道、大型游乐设施、场（厂）内专用机动车辆。

（一）承压类特种设备

1. 锅炉

锅炉是指利用各种燃料、电或者其他能源，将所盛装的液体加热到一定的参数，并通过对外输出介质的形式提供热能的设备（图 1-1），包括以下三类：

（1）设计正常水位容积大于或者等于 30 L，且额定蒸汽压力大于或者等于 0.1 MPa（表压）的承压蒸汽锅炉。

（2）出口水压大于或者等于 0.1 MPa（表压），且额定功率大于或者等于 0.1 MW 的承压热水锅炉。

（3）额定功率大于或者等于 0.1 MW 的有机热载体锅炉。

图 1-1 锅炉

2. 压力容器

压力容器是指盛装气体或者液体，承载一定压力的密闭设备（图 1-2），包括以下三类：

（1）最高工作压力大于或者等于 0.1 MPa（表压）的气体、液化气体和最高工作温度高于或者等于标准沸点的液体、容积大于或者等于 30 L 且内直径（非圆形截面指截面内边界最大几何尺寸）大于或者等于 150 mm 的固定式容器和移动式容器。

（2）盛装公称工作压力大于或者等于 0.2 MPa（表压），且压力与容积的乘积大于或者等于 1.0 MPa·L 的气体、液化气体和标准沸点等于或者低于 60 ℃液体的气瓶。

（3）氧舱。

图 1-2　压力容器

3. 压力管道

压力管道是指利用一定的压力，用于输送气体或者液体的管状设备（图 1-3)，包括以下两类：

（1）最高工作压力大于或者等于 0.1 MPa（表压），介质为气体、液化气体、蒸汽或者可燃、易爆、有毒、有腐蚀性、最高温度高于或者等于标准沸点的液体，且公称直径大于或者等于 50 mm 的管道。

（2）公称直径小于 150 mm，且其最高工作压力小于 1.6 MPa（表压）的输送无毒、不可燃、无腐蚀性气体的管道和设备本体所属管道除外。

图 1-3　压力管道

（二）机电类特种设备

1. 电梯

电梯是指动力驱动，利用沿刚性导轨运行的箱体或者沿固定线路运行的梯级（踏步），进行升降或者平行运送人、货物的机电设备（图 1-4、图 1-5）。包括载人（货）电梯、自动扶梯、自动人行道等。非公共场所安装且仅供单一家庭使用的电梯除外。

图 1-4　垂直升降电梯

图 1-5　自动扶梯

2. 起重机械

起重机械是指用于垂直升降或者垂直升降并水平移动重物的机电设备（图 1-6），包括以下三类：

（1）额定起重量大于或者等于 0.5 t 的升降机。

（2）额定起重量大于或者等于 3 t（或额定起重力矩大于或者等于 40 t·m 的塔式起重机，或者生产率大于或者等于 300 t/h 的装卸桥），且提升高度大于或者等于 2 m 的起重机。

（3）层数大于或者等于 2 层的机械式停车设备。

图 1-6 起重设备

3. 客运索道

客运索道是指动力驱动，利用柔性绳索牵引箱体等运载工具运送人员的机电设备，包括客运架空索道、客运缆车、客运拖牵索道等（图 1-7）。非公用客运索道和专用于单位内部通勤的客运索道除外。

4. 大型游乐设施

大型游乐设施是指用于经营目的，承载乘客游乐的设施（图 1-8），包括以下两类：

（1）设计最大运行线速度大于或者等于 2 m/s 的载人大型游乐设施。

图 1-7　客运索道

（2）运行高度距地面高于或者等于 2 m 的载人大型游乐设施。用于体育运动、文艺演出和非经营活动的大型游乐设施除外。

图 1-8　大型游乐设施

5. 场（厂）内专用机动车辆

场（厂）内专用机动车辆是指除道路交通、农用车辆以外仅在工厂厂区、旅游景区、游乐场所等特定区域使用的专用机动车辆（图 1-9、图 1-10）。

图 1-9　叉车

图 1-10　非公路用旅游观光车辆

第二节　特种设备危险性

特种设备的共同特点是具有一定的潜在危险性，易发生爆炸、有毒介质泄漏、失稳、失效、倒塌等事故，造成人员伤亡甚至群死群伤。这就要求使用和管理人员熟知特种设备特点，掌握生产过程中使用的特种设备的危险性。

一、锅炉特点及危险性

（一）锅炉的特点

锅炉作为一种受热、承压的特种设备，广泛应用于各类工业企业和日常生活中。锅炉具有与一般机械设备不同的特点，主要包括以下三方面。

1. 具有爆炸危险且破坏性极大

锅炉是一种密闭的容器，处于受热、受压的条件下运行，因此具有爆炸的危险性。锅炉发生爆炸的原因很多，归纳起来主要有两种情况：一种是锅炉内压力升高，超过允许工作压力，而安全附件失灵，未能及时报警和排气降压，致使锅炉内压力继续升高，在大于某一受压元件所能承受的极限压力时，会发生爆炸；另一种是在正常工作压力下，由于受压元件结构本身有缺陷，使用后造成损坏，或钢材不能承受原来允许的工作压力时，就可能突然破裂爆炸。锅炉在爆炸时，锅炉内压力骤降，高温热饱和水靠自身的潜热汽化，体积成百倍地膨胀形成冲击波，冲垮建筑物，可能造成严重的破坏和伤亡。

2. 锅炉设备因工作条件恶劣而更易损坏

由于锅炉处在较高温度和承受一定压力的条件下运行，它的工作条件要比一般机械设备恶劣：受热面内外广泛接触烟、火、灰、水、气、水垢等，它们在一定的条件下会对锅炉受压元件起到腐蚀作用；锅炉各受压元件上承受不同的内外压力而产生相应的应力，同时由于各元件工作温度差异、热胀冷缩程度不同而产生的相应应力也不同，随着负荷和燃烧的变化，这种应力也发生变化，部分承受集中应力的受压元件疲劳损坏；依靠锅炉内流动循环的水汽冷却的受热面因缺水、结水垢或水循环被破坏使传热发生障碍，都可能使高温区的受热面烧损、鼓包、开裂；飞灰会造成磨损、渗漏等。

所以，锅炉设备工作条件恶劣，比一般机械设备更容易损坏。

3. 使用广泛并要求连续运行

锅炉的用途十分广泛，是火力发电厂及化工、纺织、轻工行业中的关键性设备，遍及各行各业。锅炉一般情况下需要连续运行，不同于一般设备可以随时停机检修，运行中的锅炉如果发生突然停炉事件，会影响到一条生产线、一个工厂甚至一个地区的生产和生活。

（二）锅炉的危险性

锅炉的主要危险在于易出现介质失控，表现形式有爆炸、爆管、泄漏、缺水、满水、超温等。此外，燃料为油、天然气或煤粉的锅炉，还会出现燃烧失控的问题，表现形式为爆燃。锅炉事故造成人员伤亡的因素主要有爆炸、爆燃、灼烫等。检修人员进入锅炉内部时，还易出现缺氧窒息；运行操作时还易出现机械伤害、触电伤害等。

二、压力容器（含气瓶）特点及危险性

（一）压力容器的特点

压力容器是一种能够承受压力的密闭容器，主要有以下特点。

1. 大型化、高参数化、复杂化

随着科学技术不断发展和工艺技术的不断更新，新工艺、新材料、新设备不断应用，压力容器逐步朝着大型化、高参数化、结构复杂化的方向发展。

2. 运行工况苛刻

压力容器在使用过程中工艺条件复杂、运行工况苛刻，要承受一定的压力和温度。其运行压力和温度变化范围相当宽泛（从真空到 100 MPa 以上的超高压，从－200 ℃以下的低温到 1 000 ℃以上的高温）。

3. 使用广泛并要求连续运行

压力容器广泛应用于石油、化工、机械、冶金、轻工业、航空、航天、国防等领域，并且很多压力容器必须连续运行。

（二）压力容器的危险性

固定式压力容器、移动式压力容器和气瓶的主要危险在于其易于失去密封介质的能力，表现形式有爆炸和泄漏两大类。压力容器盛装的介质比较复杂，若是可燃介质逸出，可能造成气体爆炸、火灾；若是有毒介质逸出，可造成中毒及环境污染。尤其是压力容器介质盛装量较大的时候，发生事故的后果会更为严重。氧舱的主要危险是易发生火灾。压力容器事故造成人员伤亡的因素主要有爆炸、爆燃、中毒、火灾、灼烫等。此外，检修人员进入压力容器内部时，还易出现缺氧窒息和中毒。

压力容器常见事故有爆炸、泄漏、爆燃、火灾、中毒及设备损坏等。压力容器发生爆炸事故的主要原因包括：①存在较严重的先天性缺陷，即设计结构不合理、选材不当、强度不足、粗制滥造；②使用管理不善，即操作失误、超温、超压、超负荷运行、失检、失修、安全装置失灵等。因此，压力容器安全涉及容器设计、制造、安装、管理、检验、修理、改造等各个方面。

三、压力管道特点及危险性

（一）压力管道的特点

压力管道是用于输送气体或者液体的管状设备，主要有以下特点。

1. 系统性强且关联密切

压力管道通常构成一个完整的系统，各组成部分之间相互关联、相互影响。整个系统的正常运行依赖于各个部分的协同工作，任何一个环节的故障或失效都可能对整个系统造成影响。

2. 长径比大，稳定性要求高

压力管道往往具有较大的长径比，即管道的长度远超过其直径。这种结构特点使得管道在承受内部压力和外部载荷时，稳定性成为一个重要的考虑因素。为保持管道的稳定运行，需要采取适当的支撑和固定措施。

3. 受力情况复杂

压力管道在运行过程中受到多种力的作用，包括内部流体的压力、温度变化引起的热应力、外部环境的载荷及管道自身的重量等。这些力可能相互作用，导致管道的受力情况变得复杂。

4. 组件多样化，技术要求严格

压力管道系统包含多种类型的组件，如阀门、法兰、接头等。这些组件不仅种类繁多，而且每种组件都有其特定的技术要求和使用条件。在选用和安装这些组件时，必须严格按照相关的标准和规范进行，以确保其性能和质量符合要求。

5. 泄漏风险高，安全防护重要

由于压力管道输送的介质往往具有高压、高温或易燃易爆等特性，一旦发生泄漏，后果可能十分严重。因此，防止泄漏是压力管道设计和运行中的关键任务。需要采取有效的密封措施和泄漏检测手段，及时发现并处理潜在的泄漏风险。

6. 种类多样，标准各异

压力管道根据不同的使用场景和介质特性，有多种类型和标准。例如，按照输送介质的不同，可以分为气体管道、液体管道等；按照压力等级的不同，又可以分为低压、中压、高压等不同级别的管道。这些不同类型的管道在设计、安装和运行方面都有各自的要求和标准。

7. 设计与安装技术性强

压力管道的设计和安装需要高度的专业性和技术性。在设计阶段，需要综合考虑管道的走向、支撑方式、连接方式等因素，以确保管道的安全性和稳定性。在安装阶段，需要严格按照设计要求和施工规范进行操作，确保每个环节的准确性和可靠性。

8. 检验与维护难度大

由于压力管道通常安装在较为隐蔽或难以接近的位置，且其结构复杂、组件多样，因此对其进行检验和维护的难度较大。需要采用先进的无损检测技术和方法，定期对管道进行检查和维修，以确保其安全运行。

（二）压力管道的危险性

压力管道的主要作用是输送介质。其中，工业管道主要将介质输入锅炉、压力容器等设备，或将介质从设备中输出到使用、储存地点；燃气管道主要将燃气从储存地输送至燃气用户；热力管道主要将蒸汽或者高温水输送到换热站；长输（油气）管道主要将石油、天然气从产地输送到炼油厂及各类用户，以及将石油、成品油、天然气等输送到码头、车站。

压力管道的主要危险在于易失去密封介质的能力，表现形式分为泄漏和爆炸两大类，其中泄漏占绝大多数。压力管道盛装的介质若是可燃介质，逸出后可造成介质爆炸、火灾；若是有毒介质，其逸出可造成中毒和环境污染。尤其是长输（油气）管道和燃气管道，一旦发生事故，往往造成严重后果。与压力容器类似，压力管道事故造成人员伤亡的因素主要有爆炸、爆燃、中毒、火灾、灼烫等。压力管道常见事故有泄漏、爆炸、爆燃、火灾、中毒及设备损坏等。

四、电梯特点及危险性

（一）电梯的特点

电梯作为一种现代化的运输工具，主要有以下特点：

（1）高效便捷。电梯能够快速运输乘客或货物，节省了运输时间。

（2）承载量大。电梯的承载量较大，可以一次性运输多名乘客或较多的货物，运输效率较高。

（3）运行平稳。电梯的运行平稳，噪声小，可以给乘客提供舒适的乘坐体验。

（二）电梯的危险性

垂直升降电梯是多层及高层建筑的上下垂直运输设备，需要频繁上下、起动、停止，经常处于加速度及颠簸状态。因此，采用垂直输送方式的电梯主要危险是设备失控。一是可导致人从高处坠落或者人和货物随轿厢从高处坠落；二是在人员出入轿厢的瞬间，轿厢突然起动，造成人员在轿门与层门之间的门槛处被剪切；三是轿厢冲顶或蹾底时，导致位于轿顶或底坑的检修人员被挤压。此外，电梯还会造成触电、机械伤害等事故。自动扶梯和自动人行道设备的主要危险是机械伤害，以及失控时致使乘客绊倒（跌倒）。

电梯事故可分为人身伤害事故、设备损坏事故和复合性事故三类。电梯人身伤害事故分为坠落、剪切、挤压、撞击、缠绕和卷入、滑倒、绊倒（跌倒）、触电，以及乘客被困在电梯中等类型。

五、起重机械特点及危险性

（一）起重机械的特点

起重机械是通过起重吊钩或其他取物装置起升或起升加移动重物，主要有以下特点。

1. 结构复杂且多样

起重机械通常具有复杂的结构，包括各种传动机构、工作机构和控制系统等。同时，为了满足不同作业需求，起重机械的类型和形式也多种多样，有桥式、门式、塔式、缆索式等不同类型。

2. 载荷变化大

起重机械需要吊运各种不同类型的重物，包括大型设备、钢材、建筑材料等。这些物体的重量、尺寸和形状各不相同，因此起重机械需要具备承受不同载荷的能力，并且能够在不同工作条件下保持稳定运行。

3. 工作空间广泛

起重机械可以在不同的场地和环境中作业，如工厂、建筑工地、港口码头等。它们能够在广阔的工作空间内进行升降、平移和旋转等动作，以满足不同作业需求。

4. 操作技术要求高

起重机械的操作需要专业的技能和知识。操作人员需要熟悉起重机械的结构、工作原理和操作规程，能够准确判断载荷情况、选择合适的操作方式，并熟练控制起重机械的各项功能。

5. 安全要求高

由于起重机械涉及高空作业、重物搬运等高风险环节，因此安全性是起重机械设计和使用中最重要的考虑因素之一。起重机械需要配备各种安全装置，如过载保护、防碰撞、防风等，以确保在作业过程中的稳定性和安全性。

6. 维护保养严格

起重机械在长期使用过程中，各个部件会出现磨损和老化，需要进行定期的维护保养。维护保养能够及时发现和排除潜在故障，保持起重机械的良好性能，延长其使用寿命。

（二）起重机械的危险性

起重机械的主要危险在于易出现设备失控和起吊物失控。设备失控可导致起重机倾覆、折臂、过卷扬、碰撞等；起吊物失控可导致吊物坠落、碰撞，而起吊物为盛装液体介质的容器（如钢水包）时，起吊物失控还会造成钢水的溅出或溢出。此外，起重机械还会导致触电、机械伤害等事故。

起重机械对人的伤害包括各种起重作业（包括起重机安装、检修、试验）中发生的挤压、坠落（吊具、吊重）、物体打击和触电。起重机械常见事故类型有吊物坠落、挤压碰撞、触电、机体倾翻和设备损坏等。

六、客运索道特点及危险性

（一）客运索道的特点

客运索道作为一种空架运输设备，以钢缆为路轨，在高处运作，具有以下特点。

1. 适应地形变化能力强

客运索道对地形的适应能力非常强，尤其擅长在复杂和陡峭的地形中运输乘客。无论是山脊、山谷、河流还是森林，客运索道都能灵活布置，为乘客提供安全、快捷的运输服务。

2. 占地面积小

相较于其他交通工具需要的大量路面或轨道，客运索道所需的地面占地面积较小。这使得在山地、景区等土地资源有限的区域，客运索道成为一种理想的运输方式。

3. 运量大且效率高

客运索道能够同时运输大量乘客，尤其在旅游旺季或高峰时段，能够有效缓解地面交通压力。同时，索道运行速度较快，提高了运输效率。

4. 环保节能

客运索道通常采用电力驱动，相较于燃油驱动的车辆，其能源消耗较低，且无污染排放，符合现代社会对节能环保的要求。

5. 观景体验好

客运索道在运行过程中，乘客可以欣赏到沿途的风景，如壮丽的山川、茂密的森林等。这为乘客提供了一种独特的观景体验，增加了旅行的乐趣。

6. 安全性能高

现代客运索道通常配备先进的安全装置和监控系统，确保在运行过程中的安全性和稳定性。

（二）客运索道的危险性

客运索道的危险性较大，其主要危险是在高处运行时设备失控造成乘客或吊厢（吊椅）从高处坠落，或者将乘客困在高处。此外，检修人员在进行检修时，也易发生高处坠落。

客运索道对人的伤害主要为高处坠落、被困引发的伤害和机械伤害。客运索道事故常见类型有人员坠落、吊厢坠落、设备异常停运，乘客被困逃生时受伤，以及机械伤害、设备损坏等。

七、大型游乐设施特点及危险性

（一）大型游乐设施的特点

大型游乐设施包括观览车类、滑行车类、架空游览类、陀螺类、飞行塔类、转马类、赛车类、极限运动类、主题公园类等，具有以下特点：

（1）多样性，能够满足不同年龄、兴趣和需求的游客。

（2）很高的互动性，可以让游客之间进行互动和交流。

（3）通常具有优美的景观和造型，能够为游客提供视觉上的享受。

（4）通常具有较高的刺激性，能够满足游客寻求刺激和挑战的需求。

（5）大型游乐设施的安全性至关重要。为保证游客的安全，设施都要经过严格的质量检测和安全认证。

（二）大型游乐设施的危险性

由于大型游乐设施多是高速运行、高空运行、水上运行或者高速状态下在高空或水上运行，如果发生失控，易出现游乐设施整体（局部）倒塌或倾覆倾翻、人员坠落、碰撞、火灾等事故。

大型游乐设施对人的伤害因素可按照其运行特点划分：对于在高空并以高速运行的大型游乐设施，主要为高处坠落、碰撞、挤压和物体打击；对于在地面运行的大型游乐设施，主要是运行中人员坠落和物体倒塌、飞落、挤压等；对于在水面运行的大型游乐设施，主要是淹溺；对于电力驱动的大型游乐设施，还可能发生触电及火灾。

八、场（厂）内专用机动车辆特点及危险性

（一）场（厂）内专用机动车辆的特点

场（厂）内专用机动车辆包括叉车和非公路用旅游观光车辆。这些车辆通常被用于工厂、仓库、码头等特定场所的运输和装卸工作，具有以下特点：

（1）运输距离短。场（厂）内专用机动车辆驾驶局限于生产作业区域内，属于短程运输。

（2）操作频率高。由于厂区的路况不同于公路，道路、区域狭小，所以车辆转向、换挡、制动操作相当频繁，单位行驶距离内的操作次数甚至是城乡道路上驾驶车辆的数倍。

（3）工作时间长。在某些劳动密集型企业，车辆每天的运行时间一般都在 20 h 以上。

（4）道路因素决定行车安全。工厂作业区域的道路一般情况下都具有狭窄、弯道多、人员出现突发性强的特点。这就要求场（厂）内专用机动车辆驾驶员要严格遵守安全驾驶规章制度并规范自身驾驶行为。在主要路段设立警告标记、限速标记，在车间内划定醒目的运输通道，加强对外来车辆的管理，统一建立外来车辆停放区。

（二）场（厂）内专用机动车辆的危险性

场（厂）内专用机动车辆是一种广泛应用于工业生产和物流运输的重要设备。然而，由于其运行方式和工作环境的特点，使用不当或维护不到位都可能引发各种危险。这些主要危险在于，当其在地面以较高速度行驶或搬运重物时，一旦失控，会对人造成伤害。场（厂）内专用机动车辆对人的伤害因素主要是车辆伤害和搬运重物引发的伤害。常见伤害事故包括碰撞、碾轧、剐擦、翻车、坠车、爆炸、失火、出轨，以及搬运、装卸中的坠落及物体打击等类型。

第三节　特种设备安全监察

一、特种设备安全监察总要求

（一）特种设备安全监察主管部门

国务院特种设备安全监督管理部门负责全国特种设备的安全监察工作，县以上地方负责特种设备安全监督管理的部门对本行政区域内特种设备实施安全监察（统称特种设备安全监督管理部门）。国务院特种设备安全监督管理部门是指国家市场监督管理总局特种设备安全监察局，县以上地方负责特种设备安全监督管理的部门是指质量技术监督局特种设备安全监察处（市级）或监察科（区、县）。

（二）特种设备生产、使用单位的总要求

1. 特种设备生产、使用单位应当建立健全特种设备安全、节能管理制度和岗位安全、节能责任制度。

2. 特种设备生产、使用单位的主要负责人应当对本单位特种设备的安全和节能全面负责。

3. 特种设备生产、使用单位应当接受特种设备安全监督管理部门依法进行的特种设备安全监察。

4. 特种设备生产、使用单位应当保证必要的安全和节能投入。

二、特种设备的安全许可

（一）特种设备设计的安全许可

1. 压力容器的设计单位应当经国务院特种设备安全监督管理部门许可，方可从事压力容器的设计活动。

压力容器的设计单位应当具备下列条件：

（1）有与压力容器设计相适应的设计人员、设计审核人员；

（2）有与压力容器设计相适应的场所和设备；

（3）有与压力容器设计相适应的健全的管理制度和责任制度。

2. 锅炉、压力容器中的气瓶（简称气瓶）、氧舱和客运索道、大型游乐设施，以及高耗能特种设备的设计文件，应当经国务院特种设备安全监督管理部门核准的检验检测机构鉴定，方可用于制造。

（二）特种设备制造、安装、改造的安全许可

1. 锅炉、压力容器、电梯、起重机械、客运索道、大型游乐设施及其安全附件、安全保护装置的制造、安装、改造单位，以及压力管道用管子、管件、阀门、法兰、补偿器、安全保护装置等（简称压力管道元件）的制造单位和场（厂）内专用机动车辆的制造、改造单位，应当经国务院特种设备安全监督管理部门许可，方可从事相应的活动。

2. 特种设备的制造、安装、改造单位应当具备下列条件：

（1）有与特种设备制造、安装、改造相适应的专业技术人员和技术工人；

（2）有与特种设备制造、安装、改造相适应的生产条件和检测手段；

（3）有健全的质量管理制度和责任制度。

3. 特种设备出厂时，应当附有安全技术规范要求的设计文件、产品质量合格证明、安装及使用维修说明、监督检验证明等文件。

（三）特种设备维修的安全许可

1. 锅炉、压力容器、电梯、起重机械、客运索道、大型游乐设施、场（厂）内专用机动车辆的维修单位，应当有与特种设备维修相适应的专业技术人员和技术工人，以及必要的检测手段，并经省、自治区、直辖市特种设备安全监督管理部门许可，方可从事相应的维修活动。

2. 锅炉、压力容器、起重机械、客运索道、大型游乐设施的安装、改造、维修，以及场（厂）内专用机动车辆的改造、维修，必须由取得许可的单位进行。

3. 电梯的安装、改造、维修，必须由电梯制造单位或者其通过合同委托、同意取得许可的单位进行。电梯制造单位对电梯质量及安全运行涉及的质量问题负责。

三、特种设备的使用

特种设备使用单位应当使用符合安全技术规范要求的特种设备。特种设备投入使用前，使用单位应当核对其是否附有《特种设备安全监察条例》规定的相关文件。使用前和使用过程中应符合以下规定。

（一）特种设备使用登记

特种设备在投入使用前或者投入使用后30日内，特种设备使用单位应当向直辖市或者设区的市的特种设备安全监督管理部门登记。登记标志应当置于或者附着于该特种设备的显著位置。

（二）建立特种设备安全技术档案

特种设备使用单位应当建立特种设备安全技术档案。安全技术档案应当包括以下内容：

（1）特种设备的设计文件、制造单位、产品质量合格证明、使用维护说明等文件及安装技术文件和资料；

(2) 特种设备的定期检验和定期自行检查的记录；

(3) 特种设备的日常使用状况记录；

(4) 特种设备及其安全附件、安全保护装置、测量调控装置及有关附属仪器仪表的日常维护保养记录；

(5) 特种设备运行故障和事故记录；

(6) 高耗能特种设备的能效测试报告、能耗状况记录，以及节能改造技术资料。

(三) 特种设备日常维护保养和检查

特种设备使用单位应当对在用特种设备进行经常性日常维护保养，并定期自行检查。自行检查至少每月进行一次，并做出记录。对在用特种设备进行自行检查和日常维护保养时发现异常情况的，应当及时处理。

特种设备使用单位应当对在用特种设备的安全附件、安全保护装置、测量调控装置及有关附属仪器仪表进行定期校验、检修，并做出记录。

锅炉使用单位应当按照安全技术规范的要求进行锅炉水（介）质处理，并接受特种设备检验检测机构实施的水（介）质处理定期检验。从事锅炉清洗的单位，应当按照安全技术规范的要求进行锅炉清洗，并接受特种设备检验检测机构实施的锅炉清洗过程监督检验。

电梯的日常维护保养必须由取得许可的安装、改造、维修单位或者电梯制造单位进行。应当至少每 15 日进行一次清洁、润滑、调整和检查。

客运索道、大型游乐设施的运营使用单位在客运索道、大型游乐设施每日投入使用前，应当进行试运行和例行安全检查，并对安全装置进行检查确认。

电梯、客运索道、大型游乐设施的运营使用单位应当将电梯、客运索道、大型游乐设施的安全注意事项和警示标志置于易于为乘客注意的显著位置。客运索道、大型游乐设施的运营使用单位，应当结合本单位的实际情况，配备相应数量的营救装备和急救物品。

（四）特种设备的定期检验

特种设备使用单位应当按照安全技术规范的定期检验要求，在安全检验合格有效期届满前 1 个月向特种设备检验检测机构提出定期检验要求。

未经定期检验或者检验不合格的特种设备，不得继续使用。

（五）特种设备故障或异常情况处理

特种设备出现故障或者发生异常情况，使用单位应当对其进行全面检查，消除事故隐患后，方可重新投入使用。

特种设备不符合能效指标的，特种设备使用单位应当采取相应措施进行整改。

特种设备存在严重事故隐患，无改造、维修价值，或者超过安全技术规范规定使用年限，特种设备使用单位应当及时予以报废，并应当向原登记的特种设备安全监督管理部门办理注销。

（六）设置安全管理机构或配备专职安全管理人员

电梯、客运索道、大型游乐设施等为公众提供服务的特种设备运营使用单位，应当设置特种设备安全管理机构或者配备专职的安全管理人员；其他特种设备使用单位，应当根据情况设置特种设备安全管理机构或者配备专职、兼职的安全管理人员。

特种设备的安全管理人员应当对特种设备使用状况进行经常性检查，发现问题的应当立即处理；情况紧急时，可以决定停止使用特种设备并及时报告本单位有关负责人。

（七）特种设备作业人员要求

（1）锅炉、压力容器、电梯、起重机械、客运索道、大型游乐设施、场（厂）内专用机动车辆的作业人员及其相关管理人员（统称特种设备作业人员），应当按照国家有关规定经特种设备安全监督管理部门考核合格，取得国家统一格式的特种作业人员证书，方可从事相应的作业或者管理工作。

（2）特种设备使用单位应当对特种设备作业人员进行特种设备安全、节能教育和培训，保证特种设备作业人员具备必要的特种设备安全、节能知识。

（3）特种设备作业人员在作业中应当严格执行特种设备的操作规程和有关的安全规章制度。

（4）特种设备作业人员在作业过程中发现事故隐患或者其他不安全因素，应当立即向现场安全管理人员和单位有关负责人报告。

四、特种设备的检验检测

（一）特种设备检验检测机构资格

特种设备检验检测机构，应当经国务院特种设备安全监督管理部门核准。特种设备使用单位设立的特种设备检验检测机构，经国务院特种设备安全监督管理部门核准，负责本单位核准范围内的特种设备定期检验工作。

（二）特种设备检验检测机构应具备的条件

特种设备检验检测机构，应当具备下列条件：

（1）有与所从事的检验检测工作相适应的检验检测人员；

（2）有与所从事的检验检测工作相适应的检验检测仪器和设备；

（3）有健全的检验检测管理制度、检验检测责任制度。

从事特种设备检验检测人员应当经国务院特种设备安全监督管理部门组织考核合格，取得检验检测人员证书，方可从事检验检测工作。

五、特种设备安全监督管理部门的监督检查

特种设备安全监督管理部门对特种设备生产、使用单位和检验

检测机构实施安全监察时，应当有两名以上特种设备安全监察人员参加，并出示有效的特种设备安全监察人员证件。

发现有违反《特种设备安全监察条例》规定和安全技术规范要求的行为或者在用的特种设备存在事故隐患、不符合能效指标的，应当以书面形式发出特种设备安全监察指令，责令有关单位及时采取措施，予以改正或者消除事故隐患。紧急情况下需要采取紧急处置措施的，应当随后补发书面通知。

六、特种设备事故分类及应急管理

（一）特种设备事故分类

1. 有下列情形之一的，为特别重大事故：

（1）特种设备事故造成 30 人以上死亡，或者 100 人以上重伤（包括急性工业中毒，下同），或者 1 亿元以上直接经济损失的；

（2）600 MW 以上锅炉爆炸的；

（3）压力容器、压力管道有毒介质泄漏，造成 15 万人以上转移的；

（4）客运索道、大型游乐设施高空滞留 100 人以上并且时间在 48 h 以上的。

2. 有下列情形之一的，为重大事故：

（1）特种设备事故造成 10 人以上 30 人以下死亡，或者 50 人以上 100 人以下重伤，或者 5 000 万元以上 1 亿元以下直接经济损失的；

（2）600 MW 以上锅炉因安全故障中断运行 240 h 以上的；

（3）压力容器、压力管道有毒介质泄漏，造成 5 万人以上 15 万人以下转移的；

（4）客运索道、大型游乐设施高空滞留 100 人以上并且时间在 24 h 以上 48 h 以下的。

3. 有下列情形之一的，为较大事故：

（1）特种设备事故造成 3 人以上 10 人以下死亡，或者 10 人以上 50 人以下重伤，或者 1 000 万元以上 5 000 万元以下直接经济损失的；

（2）锅炉、压力容器、压力管道爆炸的；

（3）压力容器、压力管道有毒介质泄漏，造成 1 万人以上 5 万人以下转移的；

（4）起重机械整体倾覆的；

（5）客运索道、大型游乐设施高空滞留人员 12 h 以上的。

4. 有下列情形之一的，为一般事故：

（1）特种设备事故造成 3 人以下死亡，或者 10 人以下重伤，或者 1 万元以上 1 000 万元以下直接经济损失的；

（2）压力容器、压力管道有毒介质泄漏，造成 500 人以上 1 万人以下转移的；

（3）电梯轿厢滞留人员 2 h 以上的；

（4）起重机械主要受力结构件折断或者起升机构坠落的；

（5）客运索道高空滞留人员 3.5 h 以上 12 h 以下的；

（6）大型游乐设施高空滞留人员 1 h 以上 12 h 以下的。

注：上述事故分类所称的“以上”包括本数，“以下”不包括本数。

国务院特种设备安全监督管理部门可以对一般事故的其他情形做出补充规定。

（二）特种设备事故应急管理及处置要求

1. 特种设备安全监督管理部门应当制定特种设备安全应急预案。特种设备使用单位应当制定事故应急专项预案，并定期进行事故应急演练。

2. 压力容器、压力管道发生爆炸或者泄漏，在抢险救援时应当区分介质特性，严格按照相关预案规定程序处理，防止二次爆炸。

3. 特种设备事故发生后，事故发生单位应当立即启动事故应急预案，组织抢救，防止事故扩大，减少人员伤亡和财产损失，并及时向事故发生地县以上特种设备安全监督管理部门和有关部门报告。

4. 特种设备事故调查按以下原则进行：

（1）特别重大事故由国务院或者国务院授权有关部门组织事故调查组进行调查。

（2）重大事故由国务院特种设备安全监督管理部门会同有关部门组织事故调查组进行调查。

（3）较大事故由省、自治区、直辖市特种设备安全监督管理部门会同有关部门组织事故调查组进行调查。

（4）一般事故由设区的市的特种设备安全监督管理部门会同有关部门组织事故调查组进行调查。

5. 事故调查报告应当由负责组织事故调查的特种设备安全监督管理部门的所在地人民政府批复，并报上一级特种设备安全监督管理部门备案。

有关机关应当按照批复，依照法律、行政法规规定的权限和程序，对事故责任单位和有关人员进行行政处罚，对负有事故责任的国家工作人员进行处分。

第二章 锅炉安全

第一节 锅炉概念及分类

一、基本概念

锅炉是一种能量转换设备，向锅炉输入的能量有燃料中的化学能、电能，锅炉输出具有热能的蒸汽、高温水或有机热载体。

二、锅炉的分类

（一）按结构分类

1. 火管锅炉（又称锅壳式锅炉）：燃烧器产生的高温烟气流过被水包围的螺纹烟管，对烟管壁外的水、汽或汽水混合物进行加热，产生蒸汽或热水。

2. 水管锅炉：水在锅炉管内循环流动，且管子被高温烟气包围，高温烟气对水管内的水进行加热，产生蒸汽或热水。

3. 水火管锅炉（又称管架式锅炉）：通常指水在锅筒中，而燃料在锅筒之外的锅炉。水火管锅炉的燃料在炉胆或外置燃烧室内燃烧，产生的热量通过火管传给锅筒内的水，使水受热变为水蒸气，推动汽轮机转动，使发电机发电。

（二）按压力分类

1. 常压锅炉：无压锅炉，即在一个正常大气压下工作的锅炉。

2. 低压锅炉：额定蒸汽压力小于等于 2.45 MPa 的锅炉。

3. 中压锅炉：额定蒸汽压力为 3.83 MPa 的锅炉。

4. 高压锅炉：额定蒸汽压力为 9.81 MPa 的锅炉。

5. 超高压锅炉：额定蒸汽压力为 13.7 MPa 的锅炉。

6. 亚临界锅炉：额定蒸汽压力为 16.7 MPa 的锅炉。

7. 超临界锅炉：额定蒸汽压力大于等于 22.1 MPa 的锅炉。

（三）按供热工质分类

1. 蒸汽锅炉：蒸汽锅炉以水为工质，在加热后产生大量水蒸气，用于供热、发电或蒸汽动力等场合。

2. 热水锅炉：热水锅炉以水为工质，在加热时水温升高，产生热水，用于供暖、生活和生产用水，也可用于非直接供热的空调系统等。

3. 热媒体锅炉：热媒体锅炉采用热媒体（如热油、热盐）为工质，通过热交换传递热量，广泛应用于纺织、印染、化工、食品等行业。

4. 导热油锅炉：导热油锅炉采用导热油为工质，通过热交换上的辐射、对流和传导传递热量，广泛应用于石化、医药、纸浆、建材等行业。

（四）按燃料或能源种类分类

1. 燃煤锅炉：锅炉使用煤作为燃料，燃煤锅炉的燃烧效率一般为 70%～80%，热效率一般为 50%～60%。由于煤的价格相对较低，因此燃煤锅炉在工业领域应用广泛。

2. 燃油锅炉：锅炉使用石油或石油制品作为燃料，燃烧效率一般为 80%～90%，热效率一般为 70%～80%。燃油锅炉具有较高的热效率，且便于控制，但价格较高。

3. 燃气锅炉：锅炉使用天然气、煤气、焦炉气等燃气作为燃料，燃烧效率一般为 90%～95%，热效率一般为 75%～85%。燃气锅炉具有较高的热效率和较低的污染排放，但燃气价格较高，因此燃气锅炉主要用于城市供暖和工业加热。

4. 余热锅炉：锅炉是利用工业生产过程中产生的废气、废液、废渣等余热来产生蒸汽或热水的装置，也称为废热锅炉。余热锅炉可以减少能源浪费和环境污染，提高能源利用效率。

5. 电热锅炉：锅炉使用电能作为能源，将电能转化为热能，输出蒸汽或热水。电热锅炉具有无污染、能源利用效率高、使用方便等优点，但电能价格较高。

（五）按排渣方式分类

1. 固态排渣炉：锅炉使用固态排渣方式，将灰渣从炉膛中以固态形式排出。灰渣需要进行处理和运输，一般采用螺旋输送机、水力除渣等方式进行排渣。

2. 液态排渣炉：锅炉使用液态排渣方式，将灰渣从炉膛中以液态形式排出。液态排渣需要将灰渣进行干化处理，然后运输到渣库或其他地方进行处理。

（六）按炉内烟气压力分类

1. 增压锅炉（又称正压锅炉）：这是一种炉中燃料在较高压力下与空气混合燃烧的新型锅炉。燃烧效率及传热强度均较一般锅炉大，炉膛容积与受热面可大为减少，具有尺寸小、自重轻、节省钢材及启动所需时间短等优点。

2. 微正压锅炉：这是一种运行中锅炉的燃烧室与烟道中的烟气压力高于大气压力 200～400 Pa 的锅炉。这种压力状态可以有效防止烟气逆流，保证锅炉的燃烧效率和安全性。

3. 负压锅炉：这是一种锅炉内部压力为负压的热水锅炉。负压锅炉的炉膛压力一般维持在 20～50 Pa 的负压状态，操作不当容易变为正压往外冒烟，而负压太高时，锅炉漏风量将增大。

（七）按循环方式分类

1. 自然循环锅炉：锅炉具有锅筒，利用下降管和上升管中工质密度差产生工质循环，只能在临界压力以下应用。

2. 强制循环锅炉：在循环回路的下降管与上升管之间设置循

环泵用以辅助水循环并作强制流动，因此又被称为辅助循环锅炉，也只在临界压力以下应用。

3. 直流锅炉：无锅筒，给水靠给水泵的压头一次通过受热面，适用于各种压力。

4. 复合循环锅炉：具有再循环泵，锅炉负荷低时按再循环方式运行，负荷高时按直流方式运行。这种锅炉可以应用于亚临界压力和超临界压力。

（八）按总体布置方式分类

1. “D”形布置锅炉：锅炉的炉膛两侧布置着高温锅筒和大直径下降管，具有较高的蒸发强度和燃料适应性，但结构较为复杂。

2. “T”形布置锅炉：锅炉的炉膛与汽水系统布置在同一个筒体内，具有结构紧凑、操作方便的优点，但蒸发量较小。

3. “π”形布置锅炉：锅炉的炉膛与汽水系统分别布置在两个圆筒内，具有较高的燃料适应性，但结构较为复杂。

4. 塔式布置锅炉：锅炉的炉膛与汽水系统位于同一圆筒内，顶部设置料斗和二次风箱，具有较高的燃烧效率和低污染排放的优点，但结构较为复杂。

5. 箱形布置锅炉：锅炉的炉膛与汽水系统位于一个矩形箱体内，具有较高的燃料适应性和紧凑的结构，但维修较为不便。

（九）按锅炉房布置方式分类

1. 露天布置锅炉：锅炉全在露天环境，没有房屋。这种布置方式使得安装和维护工作较为简便，但锅炉易受天气影响。

2. 半露天布置锅炉：锅炉一部分处在露天，另一部分设有简易房屋。这种布置方式比露天布置更加有利，但房屋的搭建和维护成本较高。

3. 室内布置锅炉：锅炉整体都在锅炉房屋内。这种布置方式能够较好地保护锅炉，但需要额外的室内空间，且通风和采光等方面的需求使得建设和维护成本较高。

（十）按安装方式分类

1. 快装锅炉：这种锅炉的安装时间较短，只需将锅炉的各个部件快速组装在一起。这种安装方式比较方便，适用于需要快速安装的场所。

2. 组装锅炉：这种锅炉需要将各个部件在工厂内预先组装好，然后整体运输到安装现场进行吊装。这种安装方式比较适用于大型锅炉或者需要拆卸运输的场合。

3. 散装锅炉：这种锅炉的部件比较多，需要分别运输到安装现场后再进行组装。这种安装方式比较适用于需要经常更换部件或者修理的场合。

（十一）按通风方式分类

1. 自然通风锅炉：这种锅炉的燃烧空气主要依靠烟囱的自然抽力进行吸入。这种通风方式主要见于小型锅炉。

2. 机械通风锅炉：这种锅炉主要依靠机械装置（如送风机和引风机）进行空气的吸入和排放。根据机械通风的方式，又可以分为负压通风、正压通风和平衡通风三种。

（十二）按用途分类

1. 电站锅炉：用于火力发电厂的锅炉，具有容量大、参数高、技术新、要求严的特点。

2. 工业锅炉：在各工业生产纺织、印染、制药、化工、炼油、造纸等的流程、采暖、制冷中提供蒸汽或热水的锅炉。

3. 生活锅炉：为企事业单位、宾馆、服务行业等提供低参数蒸汽或热水的锅炉。

4. 特种锅炉：如双工质两汽循环锅炉，核燃料、船舶、机车、废液、余热、直流锅炉等。

第二节 锅炉构造及原理

一、锅炉构造

锅炉主要是由锅和炉两部分组成。锅是锅炉中盛水和蒸汽的承压部分，作用是吸收炉中燃料燃烧释放的热量，使水加热到一定的温度和压力，或者转变成蒸汽。其主要部件包括：锅筒、集箱、省煤器、水冷壁、过热器、再热器、下降管等。炉是指锅炉中用于燃料燃烧的部分，作用是尽量地把燃料的热能全部释放，传递给锅内介质，即将燃料燃烧产生的热能供锅吸收。其主要部件包括：炉膛、燃烧器、烟风道、空气预热器等。同时，为了保证锅炉安全运行，还必须配备必要的安全附件、自动化仪器仪表和附属设备。锅炉的基本构造如下。

（一）锅筒

锅筒（又称汽包）由优质厚钢板制成，是自然循环锅炉中最重要的受压元件，其内部结构如图 2-1 所示。

1. 锅筒的作用

锅筒的作用主要包括：

（1）工质加热、蒸发、过热三个过程的连接枢纽，保证锅炉正常的水循环。

（2）内部有汽水分离装置和连续排污装置，保证锅炉蒸汽品质。

（3）有一定水量，具有一定蓄热能力，缓和汽压的变化速度。

（4）锅筒上有压力表、水位计、事故放水、安全阀等设备，保证锅炉安全运行。

2. 锅筒的工作流程

锅筒是锅炉设备中最重要的设备，是锅炉加热、蒸发、过热三

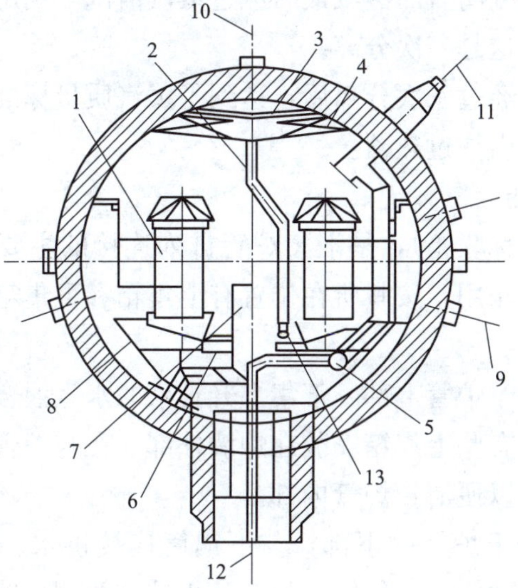

1—旋风分离器；2—疏水管；3—均汽孔板；4—百叶窗分离器；5—给水管；
6—排污管；7—事故放水管；8—汽水夹套；9—汽水混合物管口；
10—饱和蒸汽管口；11—给水管口；12—循环水管口；13—加药管。

图 2-1 锅筒内部结构

个过程的连接枢纽。锅筒的工作流程如下：

（1）从水冷壁来的汽水混合物经过锅筒上部引入管进入锅筒内部，沿着锅筒内壁与弧形衬板形成的狭窄的环形通道流下，使汽水混合物以适当的流速均匀地传热给锅筒内壁，这样克服了锅炉启停时锅筒上下壁温差过大的困难，可以较快地启动。

（2）进入锅筒的汽水混合物分别进入汽水旋风分离器，利用改变流动方向时的惯性进行惯性分离，这是汽水混合物的第一次分离。

（3）被分离出来的蒸汽仍带有不少水分，从分离器顶部进入波形板分离器，它装在旋风分离器顶部，带有部分水滴的蒸汽在波形板间的缝隙中流动，利用使水黏附在金属壁面上形成水膜往下流，将水滴再次分离出来，称为二次分离。

(4) 二次分离后的蒸汽最后经过蒸汽清洗，利用水的密度差进行重力分离，这是三次分离。

(5) 蒸汽经过三次分离后，达到了蒸汽质量标准，再由锅筒顶部饱和蒸汽管引往过热器。

(二) 集箱

集箱（又称联箱），是汇集炉管排列连接的主要元件，有分配供水和引出的作用，按其所在位置有上集箱和下集箱或进口集箱和出口集箱之分。

上集箱位于炉管上部，汇集上升管束的水汽混合物，通过导管引入上锅筒。有些上集箱安装在炉墙外部，在与炉管相对的位置开有成排手孔，以便清扫炉管内部。

下集箱位于炉管的下部，与下锅筒连接供水、分配给上升炉管。位于炉排两侧的下集箱，具有防止炉排两侧炉墙烧坏或挂焦的作用，又称为防焦箱。下集箱有排污管，端部还开有手孔，以便检查清扫集箱内部。

除锅炉本体集箱外，在省煤器、过热器等部件上也有各自相应的集箱。集箱一般由较大直径的无缝钢管和两个端盖焊接而成。有些制造厂将管端旋压收口，取代焊接端盖，结构更加合理。

(三) 省煤器

省煤器就是锅炉尾部烟道中将锅炉给水加热成锅筒压力下的饱和水的受热面。它的作用主要是吸收低温烟气的热量，降低排烟温度，减少排烟损失，节省燃料。同时，它也可以减少给水在受热面的吸热，代替部分蒸发受热面。此外，省煤器还通过提高锅炉进水温度，防止烟气中的颗粒结块堵塞盘管或列管间隙，防止水垢过多引起堵塞，并避免锅炉缺水事故。锅炉省煤器如图 2-2 所示，其可按以下方式进行分类。

1. 按结构形式分类

(1) 卧式省煤器：通常由一组平行排列的蛇形管构成，蛇形管

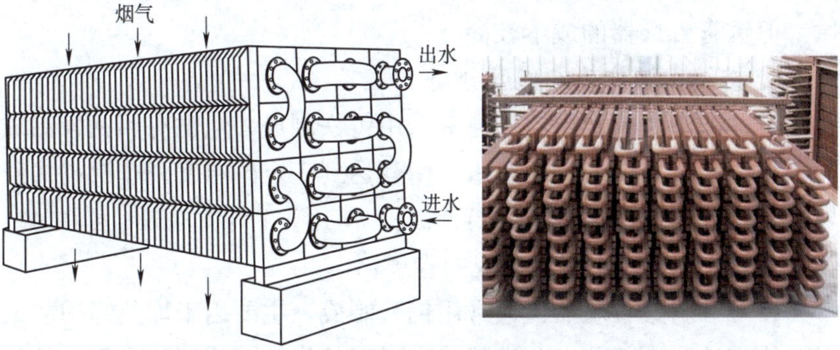

(a) 示意　　(b) 实物

图 2-2　锅炉省煤器

一般采用耐腐蚀的钢管制成。这种结构形式的省煤器热效率高，但由于其体积较大，安装和维护时需要较大的空间。

（2）竖式省煤器：通常由一组垂直放置的管子构成，管子一般采用耐腐蚀的钢管制成。这种结构形式的省煤器占用空间较小，易于安装和维护，但热效率不如卧式省煤器。

（3）混合式省煤器：卧式和竖式省煤器的组合，它结合了卧式省煤器和竖式省煤器的优点，既具有较高的热效率，又仅占用较小的空间。

2. 按制造材料分类

（1）铸铁省煤器：由铸铁制成，具有较好的耐腐蚀性能和高温稳定性。铸铁省煤器的特点是在高温下不易变形和损坏，且不易结垢。但铸铁省煤器的传热效率较低，重量较大，安装和维护需要较大的空间。

（2）钢管省煤器：由钢管制成，传热效率较高，结构紧凑，重量较轻，易于安装和维护。但钢管省煤器对水质要求较高，如果水质较差，容易造成腐蚀和结垢。

（3）铜管省煤器：由铜管制成，具有较高的传热效率和耐腐蚀性能。铜管省煤器的特点是安装方便、易于维护，适用于各种水质。但铜管省煤器的成本较高。

3. 按给水被加热的程度分类

（1）非沸腾式省煤器：通常采用铸铁制成，但也有用钢管制成的，主要用于加热锅炉的给水，使其达到一定的温度。非沸腾式省煤器的优点是结构紧凑、易于制造、使用寿命长。如果压力超过 2.5 MPa，应当采用钢管制成的省煤器。

（2）沸腾式省煤器：通常用钢管制成，主要用于加热锅炉的给水，使其达到沸腾状态。沸腾式省煤器的优点是传热效果好、结构简单、加工制造方便。如果压力超过 2.5 MPa，应当采用钢管制成的省煤器。

（四）水冷壁

水冷壁是锅炉的主要受热部分，由数排钢管组成，分布于锅炉炉膛的四周。其内部为流动的水或蒸汽，外部接受锅炉炉膛内火焰的热量。水冷壁的作用是吸收炉膛中高温火焰或烟气的辐射热量，在管内产生蒸汽或热水，并降低炉墙温度，保护炉墙。在大容量锅炉中，炉内火焰温度很高，热辐射的强度很大。锅炉中有 40%～50%甚至更多的热量由水冷壁所吸收。

按照结构形式，水冷壁可以分为光管式、膜式和刺管式三类。

（1）光管式水冷壁：由一般的锅炉钢管组成，管子排列越密对炉墙保护效果越好。炉墙广泛采用轻质耐火材料和保温材料。这些材料可以砌成炉墙，也可敷设在水冷壁上成为敷管式炉墙以便于安装。

（2）膜式水冷壁：将鳍片管（或扁钢与光管）相互焊接在一起组成的整块管屏。它的优点是气密性好；管屏外侧仅需敷以较薄的保温材料，炉膛高温烟气与炉墙不直接接触，有利于防止结渣；管屏可在制造厂成片预制，便于现场安装。

（3）刺管式水冷壁：刺管式水冷壁是在水冷壁上焊上许多长

20～25 mm、直径 6～12 mm 的小圆钢作抓钉（也称销钉），多用于敷设燃烧带，使耐火材料能在管子上挂住，在锅炉中应用较少。

（五）过热器

过热器是锅炉中将一定压力下的饱和水蒸气加热成相应压力下的过热水蒸气的受热面。在电站、机车和船用锅炉中，为了提高整个蒸汽动力装置的循环热效率，一般都装有过热器。采用过热蒸汽可以减少汽轮机排汽中的含水率。过热蒸汽温度的高低取决于锅炉的压力、蒸发量、钢材的耐高温性能等因素。

过热器管壁金属在锅炉受压部件中承受的温度最高，因此必须采用耐高温的优质低碳钢和各种铬钼合金钢等，在最高的温度部分有时还要用奥氏体铬镍不锈钢。锅炉运行中如果管子承受的温度超过材料的持久强度、疲劳强度或表面氧化所容许的温度限值，则会发生管子爆裂等事故。

过热器按传热方式可分为对流式、辐射式和半辐射式，按结构特点可分为蛇形管式、屏式、墙式和包墙式。它们都由若干根并联管子和进出口集箱组成。对流式过热器最为常用，采用蛇形管式，具有比较密集的管组，布置在 450～1 000 ℃烟气温度的烟道中，受烟气的横向和纵向冲刷。烟气主要以对流的方式将热量传递给管子，也有一部分辐射吸热量。屏式过热器由多片管屏组成，布置在炉膛内上部或出口处，属于辐射或半辐射式过热器；前者吸收炉膛火焰的辐射热，后者还吸收一部分对流热量。在 10 MPa 以上的锅炉中，一般都兼用屏式和蛇形管式两种过热器，以增加吸热量。敷在炉膛内壁上的墙式过热器为辐射式过热器，较少采用。包墙式过热器用在大容量的电站锅炉中构成炉顶和对流烟道的壁面，外面敷以绝热材料组成轻型炉墙。

（六）再热器

再热器实质上是一种把做过功的低压蒸汽再进行加热并达到

一定温度的蒸汽过热器，由管子和集箱组成。蒸汽和烟气分别在管内、外流过。按传热方式的不同，再热器可分为对流式和辐射式。对流式再热器布置在对流烟道内，辐射式再热器布置在炉膛内。

为了提高大型发电机组循环热效率，广泛采用中间再热循环。从锅炉过热器出来的主蒸汽在汽轮机高压缸做功后，送到再热器中再加热以提高温度，然后送入汽轮机中压缸继续膨胀做功，称为一次中间再热循环，可提高循环效率。有些大型机组，在中压缸后再次将排汽送回锅炉加热，称为两次中间再热循环，个别试验机组甚至采用三次中间再热循环。

（七）下降管

下降管一般置于炉外，不受热，并加以保温，以减少散热损失。下降管的作用是把汽包中的水连续不断地送往下联箱，供给水冷壁，以维持正常的水循环。下降管的结构、管子截面的大小和降水情况，都直接影响到锅炉水循环的可靠性。下降管有小直径分散下降管和大直径集中下降管两种。生产的高压、超高压、亚临界压力自然循环锅炉，都采用大直径下降管。

（八）炉膛

炉膛又称燃烧室，一般由炉墙、炉拱、炉底、炉门、炉盖等组成，燃料在炉膛中燃烧，产生高温火焰和烟气，通过炉墙和炉拱将热量传递给水冷壁，水冷壁吸收热量并加热锅炉水，同时将烟气从炉膛中带出。

将固体燃料放在炉排上，进行火床燃烧的炉膛称为层燃炉，又称火床炉；将液体、气体或磨成粉状的固体燃料喷入火室燃烧的炉膛称为室燃炉，又称火室炉；空气将煤粒托起使其呈沸腾状态燃烧，并适于燃烧劣质燃料的炉膛称为沸腾炉，又称流化床炉；利用空气流使煤粒高速旋转并强烈燃烧的圆筒形炉膛称为旋风炉。

炉膛的横截面一般为正方形或矩形。燃料在炉膛内燃烧形成火焰和高温烟气，所以炉膛四周的炉墙由耐高温材料和保温材料构成。在炉墙的内表面常敷设水冷壁管，既保护炉墙不致烧坏，又吸收火焰和高温烟气的大量辐射热。

（九）燃烧器

燃烧器是使燃料和空气以一定方式喷出混合燃烧的装置统称，多用不锈钢或金属钛等耐腐蚀、耐高温的材料制成。其主要作用包括：

（1）向锅炉炉膛内输送燃料和空气；

（2）组织燃料和空气及时、充分地混合；

（3）保证燃料进入炉膛后尽快、稳定地着火，迅速、完全地燃尽。

（十）烟风道

烟风道是工业炉排烟、进风的管道，管道中装有风门（阀门）用以调节管道内的风速及压力，是由炉墙部分受热面管道及包墙管等组成的管道。烟风道分为水平烟道和尾部烟道。

大容量锅炉的主要烟风道断面尺寸很大，为承受和传递所受荷载，保证烟风道零件有适当的强度和刚度，保持零件的几何形状，并避免烟风道零件壁板的加固肋规格过大，常需在烟风道零件内部设置支撑杆件。

（十一）空气预热器

空气预热器（简称空预器）就是锅炉尾部烟道中的烟气通过内部的散热片将进入锅炉前的空气预热到一定温度的受热面，用于提高锅炉的热交换性能，降低能量消耗。它多用于燃煤锅炉，在锅炉中的应用一般为三分仓式。使用时空预器缓慢旋转，烟气入口和空气入口不变。烟气进入空预器的烟气侧后排出，吸收了烟气热量的散热片在空预器的旋转下来到空气侧，将热量传递给空气。

按传热方式可将空气预热器分为导热式和再生式两大类。在导热式空气预热器中最常用的是管式空气预热器。随着锅炉参数的提高和容量的增加，管式空气预热器的受热面也增大，这给尾部受热面的布置带来了困难。因此，在大容量机组中多数采用结构紧凑、质量较轻的回转式空气预热器。

二、锅炉工作原理

水进入锅炉以后，在汽水系统中锅炉受热面将吸收的热量传递给水，使水加热成一定温度和压力的热水或生成蒸汽，被引出应用。在燃烧设备部分，燃料燃烧不断放出热量，燃烧产生的高温烟气通过热的传播，将热量传递给锅炉受热面，而本身温度逐渐降低，最后由烟囱排出。在锅炉中进行着以下三个主要过程。

（一）燃烧过程

燃料在炉膛内，在一定的温度下，与空气中的氧气发生化学反应放出热量的过程。

燃烧过程是否充分，是锅炉工作正常的前提。保证燃料进行良好的燃烧，必须要在一定的高温环境下，有适量的空气与燃料做充分混合，并且燃料在炉膛中停留足够长的时间。为了使燃烧能稳定、持续地进行下去，还应连续不断地向炉膛供给燃料和空气，同时排出烟气和灰渣。

（二）传热过程

燃料燃烧放出的热量，通过炉膛内布置的水冷壁受热面、烟道内布置的对流受热面，将热量传递给锅水的过程。

传热过程在炉膛内主要以辐射的方式进行；在烟道内由于烟温逐渐降低，烟气向受热面的放热主要以对流的方式进行；而受热面金属内部，主要以传导的方式将热量由高温（烟气侧）传至低温（水侧），由锅水不断地流动循环将热量吸收，目的是提高受热面内部工质的热焓。

传热过程能否良好地进行，直接关系到锅炉运行的安全性和经济性。当受热面水侧沉结水垢时，会导致受热面金属壁温升高，甚至会过热损坏且浪费燃料；当受热面烟气侧积存灰垢，将导致热阻增加，使传热发生困难，从而致使锅炉热效率下降。

（三）汽化（加热）过程

汽化过程是锅水从受热面上不断吸收热量，使水温升高至一定的温度范围，并从锅炉出口输出的过程。

蒸汽锅炉内的锅水从受热面上不断吸收热量后变成饱和水进而转变为汽水混合物，并在锅内使汽水得到分离，以洁净的蒸汽从锅炉出口输出，目的是产生规定参数的蒸汽。

三、不同结构锅炉简介

（一）火管锅炉

火管锅炉是一种利用火管进行加热的锅炉，被广泛应用于各种工业、商业和住宅等领域。在工业领域中，火管锅炉被广泛应用于化工、纺织、造纸、橡胶、制药等行业。在商业领域中，火管锅炉被用于酒店、商场、医院等场所的供暖和热水供应等方面。在住宅领域中，火管锅炉被用于供暖和生活用水的加热等方面。此外，火管锅炉还被用于机车、船舶等移动设备的供暖和热水供应。立式火管锅炉示意如图 2-3 所示。

火管锅炉主要由锅壳、炉胆、烟管、烟箱等部分组成。锅壳是火管锅炉的主要保护部件，它包围着炉胆、烟管和烟箱等部件，可以有效地吸收和分散炉膛内的热量。炉胆是火管锅炉的核心部件，它支撑着整个锅炉的结构，同时也是燃料燃烧的主要场所。烟管和烟箱则是排放废气的通道，它们可以有效地将废气排放到锅炉外部，同时也可以将热量通过热传导传递到外部。

火管锅炉按照锅筒（或锅壳）放置方式可分为立式火管锅炉和卧式火管锅炉两类，两者都有一个较大直径的锅筒，内部设有火管或烟管受热面，高温烟气在烟管、火管内流动放热，水在烟管、火管外吸热。

1. 立式火管锅炉

立式火管锅炉是垂直放置的，炉膛位于锅壳的下部，炉排呈圆形，炉膛四周及顶部都是辐射受热面，对流受热面为烟管，烟气在管内流动，水在管外吸热汽化。立式火管锅炉的容量一般都很小，多为 0.2～1.5 t/h。

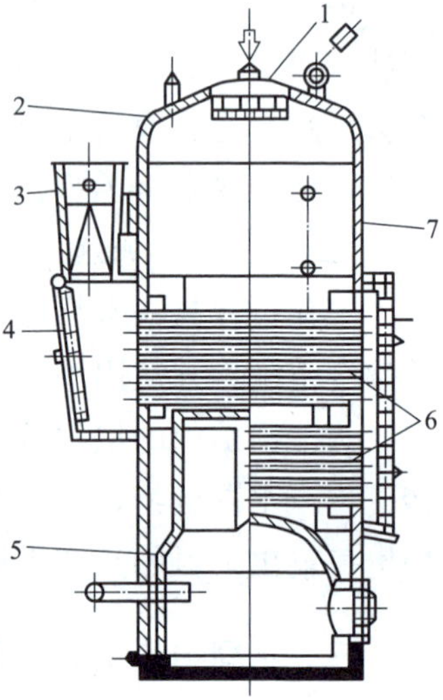

1—人孔；2—封头；3—烟出口；4—烟箱；5—炉胆；6—烟管；7—锅壳。

图 2-3　立式火管锅炉示意

立式火管锅炉具有以下优缺点：

(1) 优点：水容积大；占地面积小；安装、移动和检修方便；启动后压力和水位波动小。另外，这种锅炉对水质要求不高，烟风阻力小。

(2) 缺点：制造工艺较复杂；前烟箱太小，运行中容易堵灰，传热效果不好；热效率低；钢材消耗大。

2. 卧式火管锅炉

卧式火管锅炉的炉膛通常位于锅炉的一侧，燃料在炉膛中横向布置，烟气则从炉膛的一端流入，经过水管和锅筒，再从另一端流出。卧式火管锅炉的容量一般为 2～4 t/h。

卧式火管锅炉具有以下优缺点：

(1) 优点：构造相对简单，便于维修和保养；功率相对较大；生火启动快，热效率较高；传热性能和热稳定性良好。

(2) 缺点：体型较大，占地面积大，安装时不方便；锅炉后部容易堵灰。

锅炉在运行时，燃烧的火焰先冲刷炉胆，烟气经炉胆顶喉管进入第一组烟管，到前烟箱后折回第二组烟管，汇集到后烟箱经出口，由烟囱排出。锅炉最下部是炉胆，周围是容水空间，也是辐射受热面。炉膛上面既是容水空间也是容气空间。锅炉内的水受热后，生成密度较小的汽水混合物上升，蒸汽与空气在上部空间自然分离，然后从烟出口排出；而密度较大的水，沿锅壳壁向下流动，形成锅内的水循环。火管锅炉运转示意如图 2-4 所示。

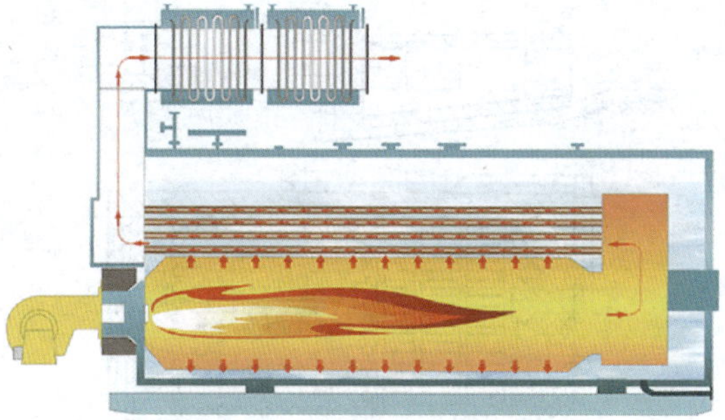

图 2-4　火管锅炉运转示意

（二）水管锅炉

水管锅炉是一种在锅筒外部设置燃烧室和受热面，形成水和汽在管内流动的工业锅炉。与火管锅炉相比，水管锅炉锅筒直径小、耐高压；锅水容量小，所发生的事故灾害较轻；锅水循环好，蒸发率较大、热效率较高。双锅筒横置式固定炉排水管锅炉示意如图 2-5 所示。

水管锅炉在对流管束中设有三道隔烟墙：第一道隔烟墙砌在炉膛后部第一排与第二排主炉管之间的右侧，约占整个炉膛内宽度的三分之二，第一排主炉管暴露在隔烟墙外，吸收炉膛辐射热；第二道隔烟墙与第一道隔烟墙垂直相交；第三道隔烟墙一般为钢板，与锅炉后墙相连。

（1）烟气流程。燃烧火焰直接辐射对流管束，高温烟气由炉膛左侧进入对流管束区，顺着三个烟道呈“Z”字形流动，横向冲刷

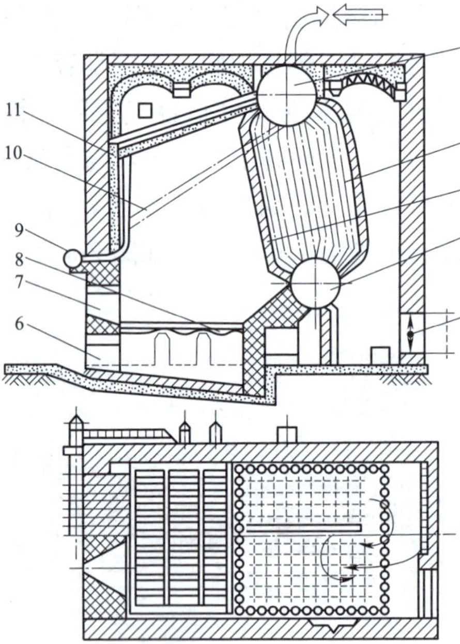

1—上锅筒；2—对流管束；3—隔烟墙；4—下锅筒；5—烟气出口；6—出灰门；
7—炉门；8—炉排；9—横集箱；10—下降管；11—水冷壁箱。

图 2-5 双锅筒横置式固定炉排水管锅炉示意

对流管束，最后由烟气出口排出。

（2）水循环回路。有两组水循环回路：一组是对流管束，在第一、二烟道的管内，锅水受热较强，向上流至上锅筒，在第三烟道的管内锅水受热较差，向下流至下锅筒，形成循环回路；另一组是水冷壁管受热强，从集箱分配给水冷壁管内，锅水向上流至上锅筒，下降管从上锅筒下部引出锅水送入横集箱，形成一组循环回路。水管锅炉运转示意如图 2-6 所示。

（三）水火管快装锅炉

水火管快装锅炉是采用水、火管混合结构，兼有水管锅炉和火管锅炉的特点。这种锅炉也分为立式和卧式两种，目前比较广泛使用的是卧式水火管快装锅炉，水火管快装锅炉示意如图 2-7 所示。

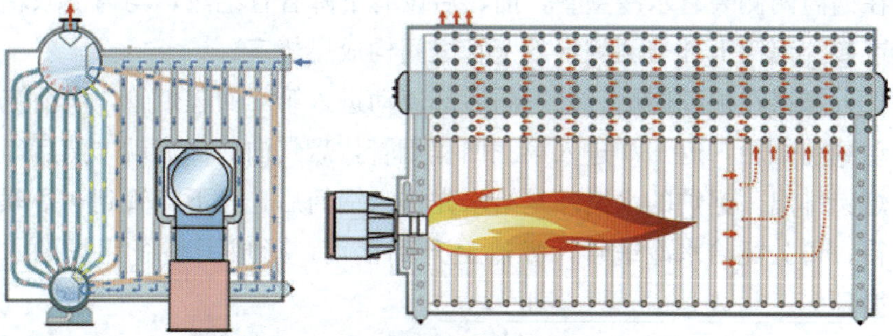

图 2-6　水管锅炉运转示意

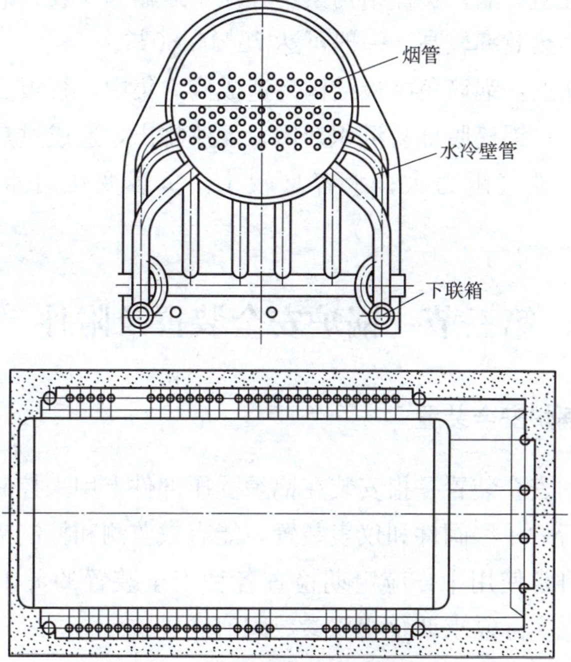

图 2-7　水火管快装锅炉示意

锅筒由数块钢板卷焊而成，其两端由管板封头封固，在管板封头上安有两组烟管，第一组构成第二回程，第二组构成第三回程。

在锅筒两侧装有水冷壁管，前、后设有下降管且绝热，均与下联箱连接。锅筒下部与两侧水冷壁管之间构成燃烧室。

燃料在炉膛燃烧后燃气向后部流动进入第二回程烟管，向前流动到前烟箱，返180°进入第三回程烟管，烟气向后部流动，然后经烟囱排出。锅炉的水循环是给水先进入锅筒后，经下降管到达下联箱，再分配给水冷壁管，吸热上升到锅筒，形成了整个锅炉的水循环。

水火管快装锅炉具有以下优缺点：

(1) 优点：由于水冷壁管采用密排管式，所以炉体散热较少，可以选用轻型炉墙；护体结构紧凑，便于运输和安装；锅炉尾部可装省煤器，热效率较高，一般可达75%～80%。

(2) 缺点：锅筒角撑板结构易造成应力集中，管板受反复应力作用易损坏；锅筒腹部易沉积杂质，无法排出，造成过热鼓包；水质要求高；烟气阻力大；水容量较小，负载变化时水位升降变化快。

第三节　锅炉安全装置及附件

一、锅炉安全装置

锅炉的安全装置是指安装在锅炉受压部件上用来控制锅炉安全和经济运行的一些阀件和仪表装置，能有效监测和控制锅炉的运行状态。在日常使用中，应定期检查各种安全装置的灵敏度和可靠性，并根据实际需求调整相关参数阈值。

(一) 锅炉安全装置要求

1. 蒸汽锅炉应当装设高、低水位报警装置（高、低水位报警信号应当能够区分），额定蒸发量大于或者等于2 t/h的锅炉，还应当装设低水位联锁保护装置，保护装置最迟应当在最低安全水位时动作。

2. 额定蒸发量大于或者等于 6 t/h 的锅炉，应当装设蒸汽超压报警和联锁保护装置，超压联锁保护装置动作整定值应当低于安全阀较低整定压力值。

3. 锅炉的过热器和再热器应当根据机组运行方式、自控条件设计结构，采取相应的保护措施，防止金属壁超温；再热蒸汽系统应当设置事故喷水装置，并且能自动投入使用。

4. 安置在多层或者高层建筑物内的锅炉，每台锅炉应当配备超压（温）联锁保护装置和低水位联锁保护装置。

锅炉安全保护装置除了要满足以上的基本要求外，不同类型的锅炉还有其他安全保护要求，具体见《锅炉安全技术监察规程》的规定。

（二）锅炉安全装置构成

1. 锅炉控制系统的安全装置

锅炉控制系统安全装置主要包括温度控制和压力控制等。温度控制主要是通过调节燃料供应量、空气流量等参数来实现，以确保锅炉出口水温在规定范围内。压力控制则是通过调节蒸汽排出量来维持锅炉内部压力的稳定，防止压力过高或过低对设备和人身安全造成威胁。

2. 锅炉水位安全装置

锅炉水位安全装置的作用是监测锅炉内的水位，防止水位过低导致锅炉烧干或者水位过高导致蒸汽带水。常见的水位安全装置有电极式水位计和浮子式水位计。电极式水位计通过测量电极与锅炉外壳之间的电阻推断水位高度，浮子式水位计则是通过浮子随水位升降来机械地显示水位。

3. 超温报警安全装置

超温报警安全装置的作用是在锅炉内温度过高时及时发出警报，防止过热导致设备损坏或火灾。常见的超温报警安全装置有超温报警器和超温保护膜等。超温报警器利用温度传感器监测锅炉温度，当温度超过设定值时触发报警，而超温保护膜则是在膜片上设置易熔合金，当温度过高时合金熔化，膜片破裂从而触发报警。

4. 联锁保护安全装置

联锁保护安全装置的作用是在锅炉出现异常情况时，自动采取一系列动作以避免事故扩大。常见的联锁保护安全装置有接触器联锁和电动机联锁等。接触器联锁通过在电路中串联多个接触器，在异常情况下利用联锁机制迅速切断电源；电动机联锁则是通过在电动机控制回路中加入联锁触点，在异常情况下迅速停机。

5. 燃烧安全装置

燃烧安全装置的作用是保证锅炉燃烧系统的安全运行，防止燃烧不完全、熄火等问题。常见的燃烧安全装置有烟气分析仪和氧量仪等。烟气分析仪通过检测烟气中的氧气和一氧化碳等气体成分，判断燃烧是否正常；氧量仪则是通过测量烟气中的氧含量来确保燃烧充分。

6. 熄火保护安全装置

熄火保护安全装置的作用是在锅炉熄火时及时切断燃料供应，防止事故扩大。常见的熄火保护安全装置有燃气电磁阀等。燃气电磁阀在检测到熄火信号时迅速关闭燃气管道，阻止燃气进入锅炉，从而避免事故发生。

7. 排污阀安全装置

排污阀安全装置的作用是定期排出锅炉内的污水和杂质，防止杂质在锅炉内积累导致水垢和腐蚀。常见的排污阀安全装置有机械式排污阀和电子式排污阀等。机械式排污阀通过手动或自动控制机械部件动作，打开排污口进行排污；电子式排污阀则是通过传感器和控制器自动控制排污时间进行排污。

8. 极限保护安全装置

极限保护安全装置的作用是在锅炉达到极限状态时自动采取保

护措施，防止设备损坏和事故扩大。常见的极限保护安全装置有超压保护和紧急停炉等。超压保护是通过压力传感器监测锅炉压力，当压力超过设定值时自动排气或切断燃料供应；紧急停炉则是通过在控制系统中加入紧急停炉按钮或者在紧急情况下利用联锁保护安全装置实现自动停炉。

9. 压力保护安全装置

压力保护安全装置的作用是监测锅炉内的压力，防止压力过高或过低对设备和人身安全造成威胁。常见的压力保护安全装置有压力表和压力控制器等。压力表可以直接显示锅炉内的压力值，便于人工监控；压力控制器则是通过设定压力阈值来实现自动控制和保护。

10. 防爆安全装置

防爆安全装置的作用是防止锅炉内可燃气体达到爆炸极限，避免爆炸事故的发生。常见的防爆安全装置有防爆膜和阻火器等。防爆膜在遇到爆炸冲击时可以瞬间破裂，从而阻止爆炸的进一步扩大；阻火器则是在可燃气体泄漏时迅速切断气源，阻止火势扩大。

11. 紧急停炉安全装置

紧急停炉安全装置用于在紧急情况下迅速切断燃料供应并停止锅炉的运行。在锅炉控制系统中安装紧急停炉按钮或拉杆，并定期进行紧急停炉演练，确保操作人员熟悉使用方法。

二、锅炉安全附件

锅炉安全附件主要是指安全阀、压力表、水位表及高低水位报警器、测温仪表、排污装置、汽水管道及阀门、燃烧自动调节装置等，这些安全附件是锅炉运行中的重要组成部分。特别是安全阀、压力表、水位表是保证蒸汽锅炉安全运行的基本附件，被称为蒸汽锅炉的三大安全附件。热水锅炉必须配备安全阀、压力表和测温仪表，才能保证其安全运行。

（一）安全阀

安全阀是锅炉设备中的重要安全附件之一，它能自动开启排汽以防止锅炉压力超过规定限度。安全阀通常应该具有的功能是，当锅炉中介质压力超过允许压力时，安全阀自动开启，排汽降压，同时发出鸣叫声向操作人员报警；当介质压力降到允许工作压力之后，自动“回座”关闭，使锅炉能够维持运行；在锅炉正常运行中，安全阀保持密闭不漏。

1. 安全阀的种类及特点

锅炉上通常装设的安全阀有三种，即弹簧式安全阀、杠杆式安全阀和静重式安全阀。

（1）弹簧式安全阀。弹簧式安全阀主要由阀座、阀芯、阀杆、弹簧、调整螺母和手柄等部件组成，如图 2-8 所示。

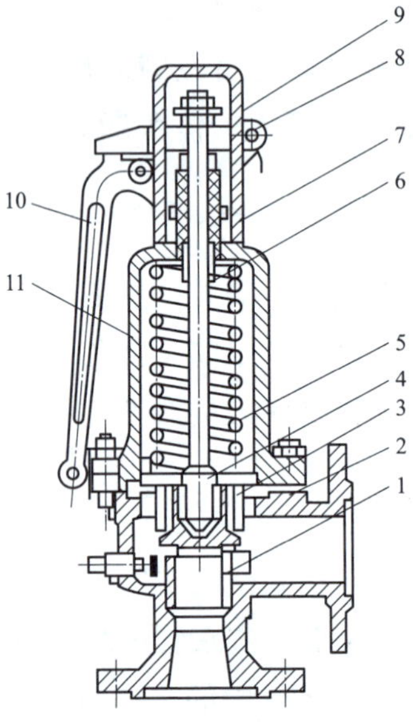

1—阀座；2—阀芯；3—阀盖；4—阀杆；5—弹簧；
6—弹簧压盖；7—调整螺钉；8—销子；9—阀帽；10—手柄；11—阀体。

图 2-8　弹簧式安全阀

弹簧式安全阀是利用介质压力和弹簧压力之间的压力差变化，达到自动开启和关闭的目的。锅炉正常工作时，弹簧压力大于作用在阀上的介质压力，将阀芯压紧在阀座上；当锅炉压力升高，使作用在阀芯上的介质压力超过弹簧压力时，弹簧被压缩，阀杆带动阀芯上升，安全阀呈开启状态，介质从阀芯与阀座之间排出；当排汽使压力降到稍低于正常工作压力时，作用在阀芯上的介质压力小于弹簧压力，弹簧即伸长，使阀芯紧压在阀座上，安全阀又呈关闭状态。

弹簧式安全阀具有结构紧凑，灵敏轻便，能承受振动而不致泄漏的优点，是目前锅炉上使用的最为广泛的安全阀。但由于弹簧的性能会随温度和时间等因素的影响而发生变化，使其可靠性较差，在使用中必须定期对安全阀进行校验。

（2）杠杆式安全阀。杠杆式安全阀主要由阀罩、阀座、阀芯、杠杆、导架和重锤等部件组成，如图 2-9 所示。

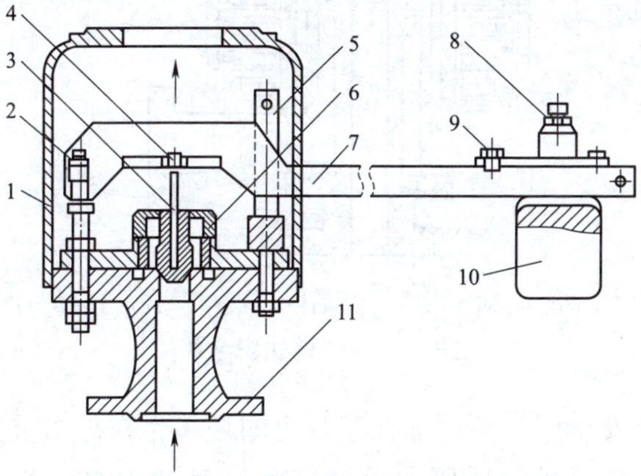

1—阀罩；2—支点；3—阀杆；4—力点；5—导架；6—阀芯；7—杠杆；
8—固定螺钉；9—调整螺钉；10—重锤；11—阀座。

图 2-9 杠杆式安全阀

杠杆式安全阀是利用重锤的重量，通过杠杆的力矩作用，将阀芯紧压在阀座上。当锅炉压力升高使介质作用在阀芯上的压力超过重锤通过杠杆作用在阀芯上部的压力时，则介质压力就会把阀芯顶起，介质便从开启处向外排出；当锅炉内介质压力降低到允许的工作压力时，阀芯又自动地压紧在阀座上，停止向外排出介质。

杠杆式安全阀的优点是结构简单，调整方便，动作灵敏，准确可靠，而且特别适用于温度较高的场合。但与弹簧式安全阀相比，其结构比较笨重，重锤与阀体的尺寸很不相称，单只安全阀的排气能力受到限制。

(3) 静重式安全阀。静重式安全阀主要由阀体、阀座、阀芯、环状生铁盘、防飞螺钉和阀罩等部件组成，如图 2-10 所示。

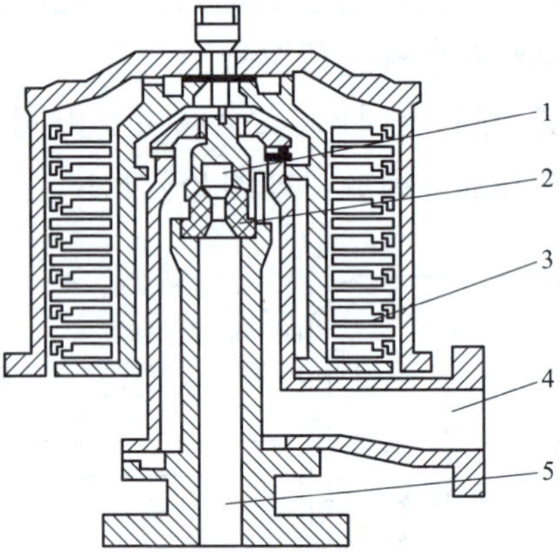

1—阀芯；2—阀座；3—生铁块；4—蒸汽出口；5—蒸汽进口。

图 2-10　静重式安全阀

静重式安全阀是利用加在套盘上的环状生铁盘的重量将阀芯压在阀座上，使锅炉介质压力保持在允许范围之内。当锅炉压力升高，使介质作用于阀芯的力大于生铁盘的总重量时，阀芯被顶起离开阀座，介质向外排泄降压；降压后，当介质作用于阀芯的力小于生铁盘的重量时，阀芯下压与阀座重新紧密结合，介质停止排泄，保持一定压力。

静重式安全阀在压力较高的蒸汽锅炉上很少应用，但在工作压力较低的热水锅炉上还有应用。

2. 安全阀的整定压力和排放能力

安全阀的整定压力，也称为开启压力，是指安全阀在运行条件下开始开启的预定压力。安全阀应该在什么压力之下开启排汽，是根据锅炉受压组件的承压能力确定。一般而言，在锅炉正常工作压力下安全阀应处于闭合状态，在锅炉压力超过正常工作压力时安全阀才应开启排汽。但安全阀的开启压力不允许超过锅炉正常工作压力太多，以保证锅炉受压元件有足够的安全裕度，安全阀的开启压力也不应太接近锅炉正常工作压力，以免安全阀频繁开启，损伤安全阀，并影响锅炉的正常运行。

蒸汽锅炉安全阀整定压力按照表 2-1 的规定进行调整和校验，锅炉上有一个安全阀按照表中较低的整定压力进行调整；对有过热器的锅炉，过热器上的安全阀按照较低的整定压力调整，以保证过热器上的安全阀先开启。

表 2-1　蒸汽锅炉安全阀整定压力

额定工作压力/MPa	安全阀整定压力	
	最 低 值	最 高 值
$P \leqslant 0.8$	工作压力加 0.03 MPa	工作压力加 0.05 MPa
$0.8 < P \leqslant 5.9$	1.04 倍工作压力	1.06 倍工作压力
$P > 5.9$	1.05 倍工作压力	1.08 倍工作压力

安全阀的启闭压差一般为整定压力的 4%～7%，最大不超过 10%。当整定压力小于 0.3 MPa 时，最大启闭压差为 0.03 MPa。

安全阀必须有足够的排放能力，在开启排汽后才能起到降压作用。否则，即使安全阀开启排汽，锅炉内的压力仍会继续不断上升。因此，为保证在锅炉用汽单位全部停用蒸汽时也不致锅炉超压，锅炉上所有安全阀的总排汽量，必须大于锅炉的最大连续蒸发量。

3. 安全阀的安装

安全阀应当铅直安装，并且应安装在锅筒（锅壳）、集箱的最高位置，在安全阀和锅筒（锅壳）之间或者安全阀和集箱之间，不应装设有取用蒸汽或者热水的管路和阀门。安装安全阀时应该装设排汽管，以防止排汽时伤人。蒸汽锅炉安全阀排汽管应满足以下安全要求：

（1）排汽管应当直通安全地点，并且有足够的流通截面积，保证排汽畅通，同时排汽管应当予以固定，不应有任何来自排汽管的外力施加到安全阀上。

（2）安全阀排汽管底部应当装有接到安全地点的疏水管，在疏水管上不应当装设阀门。

（3）两个独立的安全阀的排汽管不应相连。

（4）安全阀排汽管上如果装有消音器，其结构应当有足够的流通截面积和可靠的疏水装置。

（5）露天布置的排汽管如果加装防护罩，防护罩的安装不应妨碍安全阀的正常动作和维修。

热水锅炉和可分式省煤器的安全阀应当装设排水管（如果采用杠杆安全阀应当增加阀芯两侧的排水装置），排水管应当直通安全地点，并且有足够的排放流通面积，保证排放畅通。在排水管上不应装设阀门，并且应有防冻措施。

4. 安全阀的校验

在用锅炉的安全阀每年至少校验一次，安全阀经过校验后，应当加锁或者铅封；校验后的安全阀在搬运或安装过程中，不能摔、砸、碰撞。安全阀整定压力、密封性等检验结果应当记入锅炉技术档案。

5. 安全阀的维护

要使安全阀经常处于良好的状态，保持灵敏准确，必须在锅炉的运行过程中加强对其的维护和检查。

（1）经常保持安全阀的清洁，防止阀体弹簧等被污垢粘满或被锈蚀，防止安全阀排气管被异物堵塞。

（2）要经常检查安全阀的铅封是否完好，检查杠杆式安全阀的重锤是否松动、被移动或另挂重物。

（3）发现安全阀有渗漏迹象时，应及时进行更换或检修。禁止用增加载荷的方法（如加大弹簧的压缩量或移动重锤、加挂重物等）减除阀的泄漏。

（4）为了防止安全阀的阀瓣和阀座被水垢、污物粘住或堵塞，应定期对安全阀做手动的排放试验。试验时应缓慢操作，轻松地将提升手把或重锤慢慢抬起，听到阀内有蒸汽排出时，慢慢放下。不允许将提升手把或重锤迅速提起又突然放下，这样会使阀瓣在阀座上剧烈振动，冲击损坏密封面。排放试验后，如发现安全阀内有泄漏的声音，则可能是阀瓣倾斜，可以将提升手把或重锤再次提起进行试验。

（二）压力表

压力表是测量和显示锅炉汽水系统压力大小的仪表，能够帮助操作人员严密监视锅炉各受压元件实际承受的压力，将其控制在安全限度之内。锅炉没有压力表、压力表损坏或压力表的装设不符合要求，都不得投入运行或继续运行。锅炉中应用得最为广泛的压力表是弹簧管式压力表，它具有结构简单、使用方便、准确可靠、测量范围大等优点。

压力表的量程应与锅炉工作压力相适应，通常为锅炉工作压力的 1.5～3 倍。压力表表盘大小应保证锅炉操作人员能够清楚地看到压力指示值，表盘直径应当不小于 100 mm。

压力表安装前应当进行校验，刻度盘上应当划出指示工作压力的红线，注明下次校验日期，校验后应铅封。压力表每半年至少应校验一次。压力表的连接管不应有漏汽现象，否则会降低压力指示值。

压力表应装设在便于观察和吹洗的位置，应防止受到高温、冰冻和振动的影响。为避免蒸汽直接进入弹簧弯管影响其弹性，压力表下边应该装设存水弯管。锅炉蒸汽空间设置的压力表应当有存水弯管或者其他冷却蒸汽的措施，热水锅炉用的压力表也应当有缓冲弯管，弯管内径应当不小于10 mm；压力表与弯管之间应当装设三通阀门，以便吹洗管路、卸换、校验压力表。

压力表有下列情况之一时，应当停止使用：

（1）有限止钉的压力表在无压力时，指针转动后不能回到限止钉处；没有限止钉的压力表在无压力时，指针离零位的数值超过压力表规定的允许误差；

（2）表面玻璃破碎或者表盘刻度模糊不清；

（3）封印损坏或者超过校验期；

（4）表内泄漏或者指针跳动；

（5）其他影响压力表准确指示的缺陷。

（三）水位表

水位表是用来显示锅筒（锅壳）内水位高低的仪表。操作人员可以通过水位表观察和调节水位，防止发生锅炉缺水或满水事故，保证锅炉安全运行。

水位表是按照连通器内液柱高度相等的原理装设的。水位表的水连管和汽连管分别与锅筒（锅壳）的水空间和汽空间相连，水位表和锅筒（锅壳）构成连通器，水位表显示的水位即是锅筒（锅壳）内的水位。

锅炉上常用的水位表，有玻璃管式和玻璃板式两种。玻璃管式水位表结构简单，价格低廉，在低压小型锅炉上应用十分广泛；但玻璃管的耐压能力有限，使用工作压力不宜超过1.6 MPa，为防止玻璃管破碎喷水伤人，玻璃管外通常装设有耐热的玻璃防护罩。玻璃板式水位表相较于玻璃管式水位表，能耐受更高的压力和温度，不易泄漏，但结构较为复杂，多用于高压锅炉。

水位表应装在便于观察、冲洗的位置，并有充足的照明；水位表距离操作地面高于 6 000 mm 时，应当加装远程水位测量装置或者水位电视监视系统。

水连接管和汽连接管应水平布置，以防止造成假水位；连接管的内径不得小于 18 mm，连接管应尽可能短；如长度超过 500 mm 或有弯曲时，内径应适当放大；水位表和锅筒（锅壳）之间的汽水连接管上应当装设阀门，锅炉运行时，阀门应当处于全开位置；对于额定蒸发量小于 0.5 t/h 的锅炉，水位表与锅筒（锅壳）之间的汽水连接管上可以不装设阀门。

水位表应有放水旋塞和接到安全地点的放水管，其汽旋塞、水旋塞、放水旋塞的内径，以及水位表玻璃管的内径，不得小于 8 mm。

水位表应有指示最高、最低安全水位和正常水位的明显标志。水位表玻璃板（管）的最低可见边缘应比最低安全水位低 25 mm，最高可见边缘应比最高安全水位高 5 mm。

水位报警器用于在锅炉水位异常（高于最高安全水位或低于最低安全水位）时发出警报，提醒运行人员采取措施，消除险情。额定蒸发量大于等于 2 t/h 的锅炉，必须装设高低水位报警器，警报信号应能区分高低水位。

（四）测温仪表

在锅炉和锅炉房热力系统中，给水、蒸汽和烟气等介质的热力状态是否正常，风机和水泵等设备轴承的运行是否良好，都依靠温度测量仪表进行监视。

常用的温度测量仪表有玻璃管温度计、压力式温度计、热电偶温度计和光学高温计等多种形式，水银玻璃管温度计在工业锅炉中使用最多。压力式温度计适用于远距离测量非腐蚀性气体蒸汽或液体的温度，热电偶温度计在工业锅炉上常用来测量蒸汽温度、炉膛火焰温度和烟囱内的烟气温度，光学高温计是非接触式测量高温的仪表，当测量温度在热电偶不适用或不可装置的情况下，可使用光学高温计来测量。

为了测量蒸汽锅炉的下列温度，应在相应部位装置测温仪表：过热器出口，再热器进、出口的汽温；由多段平行管组成的过热器的每段出口的汽温；减温器前、后的汽温；铸铁省煤器出口的水温；燃煤粉锅炉炉膛出口的烟温；再热器和过热器入口的烟温；空气预热器空气出口的气温；排烟处的烟温；燃油锅炉燃烧器的燃油入口油温或燃油锅炉空气预热器出口烟温；额定蒸汽压力大于等于9.8 MPa的锅炉的锅筒上、下壁温或额定蒸汽压力大于9.8 MPa的锅炉的过热器、再热器蛇形管金属壁温。

在热水锅炉进出口均应装置温度计。温度计应正确反映介质温度，并应便于观察。额定热功率大于等于14 MW的热水锅炉，安装在锅炉出水口的温度测量仪表，应是记录式的。在燃油热水锅炉中，也应该装设温度测量仪表，以测量燃油温度和空气预热器烟气出口的烟温。为防止汽化水击现象的发生，锅炉出口应装设超温报警器。

第四节　锅炉运用安全管理

一、锅炉安全要求

锅炉作为一种重要的能源转换设备，其在工业、建筑、生活等领域得到了广泛应用。然而，由于锅炉运行环境的特殊性和复杂性，安全问题也随之凸显。

为了确保锅炉的安全运行，必须满足以下安全要求：

（1）锅炉设计、制造、安装、改造、维修和使用应符合相关法规、标准及规范。

（2）锅炉设备应完好，安全附件灵敏可靠。

（3）锅炉房应符合安全要求，通道畅通，各类应急设施完好。

（4）锅炉操作人员应经过培训，持证上岗。

（5）锅炉运行应符合安全要求，压力、温度等参数不超过规定值。

（6）锅炉检验应按照规定进行，及时发现并消除安全隐患。

（7）锅炉水处理应符合要求，防止结垢、腐蚀和蒸汽污染。

二、锅炉使用安全管理

（一）锅炉启动

由于锅炉是一个复杂的装置，包含着一系列部件、辅机，锅炉的正常运行包含着燃烧、传热、工质流动等过程，因而启动一台锅炉要进行多项操作，经历较长的时间，各个环节协同动作，逐步达到正常工作状态。

锅炉启动过程中，其部件、附件等由冷态（常温或室温）变为受热状态，由不承压转变为承压，其物理形态、受力情况等产生很大变化，最易产生各种事故。据统计，锅炉事故约有半数是在启动过程中发生的。因而对锅炉启动必须进行认真准备。

1. 全面检查

锅炉启动之前一定要进行全面检查，符合启动要求后才能进行下一步的操作。启动前的检查应按照锅炉运行规程的规定，逐项进行。检查内容主要有以下四方面：

（1）内部检查。检查锅筒（火管锅炉的锅壳、炉胆和封头等）、集箱及受热面管子内的污垢是否清除干净，有无严重腐蚀或损坏；锅筒内部装置，如汽水分离装置、连续排污管、锅筒底部定期排污管、锅内加药管、进水管及隔板、水位表汽水连接管等部件是否齐全完好。

检查锅筒、集箱内部有无遗留的工具杂物，并用通球法检查炉管是否畅通。

经检查确认合格后，关闭人孔、手孔。

（2）外部检查。检查炉膛、烟道、风管中有无杂物、灰渣及遗留的工具；炉墙（包括隔火墙）、炉拱、吹灰设备等是否完好；炉门、灰门、风门、看火门等是否完整齐全，是否能严密关闭；烟道闸门是否操作灵活。

检查各焊口、胀口处有无松动、变形等现象；水冷壁管、后棚管和烟道等外形是否正常，有无结焦、胀粗等缺陷；下降管绝热是否完好。

检查各路管道是否装妥、接通，是否正确地加以支撑；汽水管路系统是否畅通，排污疏水系统是否完好，开关位置是否正确。

对于燃油锅炉，应检查炉膛有无积油，供油管道有无漏油现象。

（3）安全附件及各种仪表检查。检查安全阀、压力表、水位表是否符合安全技术要求；高、低水位报警装置，超压保护，联锁保护，各种热工测量仪表和控制装置是否灵敏、可靠。

（4）转动机械检查。对于风机、水泵等转动设备，要检查它们的保护罩是否装好，基础螺钉是否旋紧，轴承是否已清洗过并加润滑油。用工具盘动靠背轮，使风机转动，检查有无撞击或摩擦现象。进行试运转，检查转动方向。

对于链条炉排，应检查传动部分润滑是否良好，是否可启动试运转，转动是否平稳，有无卡住、跳动、啮合不良、跑偏及异常声响等情况。

2. 上水

为防止产生过大热应力，上水水温最高不应超过 90～100 ℃；上水速度要缓慢，全部上水时间：中压锅炉夏季不少于 1 h，冬季不少于 2 h；高压以上锅炉，夏季不少于 2 h，冬季不少于 4 h。在上水的同时，应注意检查人孔盖、手孔盖、法兰接合面及排污阀等有无漏水现象。当发现泄漏时，应拧紧螺钉；若仍然泄漏，则应停止上水，待消除泄漏问题后再重新上水。

锅炉上水时水位不宜太高。对蒸汽锅炉，当锅内水位上升至水位表的最低水位线时，即可停止上水；对热水锅炉，当锅炉顶部集气罐上的放气阀有水冒出时，上水完毕。进水前，应先将给水管道、省煤器内的空气排除，以免产生水击。

3. 烘炉

新装、移装及大修或长期停运的锅炉，炉墙内含有较多的水分，若不经烘炉处理，水分一旦与高温烟气接触，会受热急剧蒸发，损坏墙砖和灰缝，造成炉墙裂纹甚至倒塌。烘炉能妥善地去除掉炉墙内的水分，是提高炉墙强度和保温能力的有效方法。烘炉是一项很重要的工作，若操作不当，同样会引起炉墙裂缝、变形甚至倒塌。

（1）烘炉前的准备

①锅炉本体及其附属装置全部组装完毕经校验和水压试验合格，并得到当地监管部门认可。

②安全附件、热工仪表和电气仪表的安装经检验合格。

③炉墙砌筑与保温工作已经完成，耐火混凝土构件已超过其养护期。

④燃烧设备、鼓风机和引风机等燃烧系统在冷态下试运行合格。

⑤将各处的膨胀指示器调整至零位。

⑥用燃烧火焰或热风烘炉时，关闭各烟道门孔和炉门，只打开烟道闸门。用蒸汽烘炉时，开启所有烟道门孔及炉门。

⑦用灰浆试验法控制烘炉情况时，应在炉墙上设灰浆取样点；用测温法控制烘炉情况时，应装设温度计。

⑧应将锅筒上的空气阀和过热器的疏水阀开启，向锅筒内注入经处理的软化水，热水炉应注水到空气阀冒水为止，蒸汽炉应注水到最低安全水位为止，并将水位计冲洗干净。

⑨省煤器应充满软化水。对于非沸腾式省煤器，应开启旁路烟道挡板，关闭主烟道挡板。当无旁路烟道时，必须将省煤器再循环

管接通。

⑩做好烘炉的组织工作，制定烘炉操作程序，绘制烘炉计划温升曲线图。纵坐标为烘炉温度，横坐标为烘炉时间。在整个烘炉期间必须有专人负责。

（2）烘炉操作

根据热源情况可采用燃烧火焰、热风和蒸汽三种方法烘炉。燃烧火焰烘炉在工业锅炉上应用最广泛；轻型炉墙锅炉在有热风条件下可采用热风烘炉；有水冷壁的锅炉，方便易行的方法是在有蒸汽来源的情况下采用蒸汽烘炉。

烘炉时间的长短与锅炉形式、容量，炉墙结构及所用材料，砌筑季节，以及自然干燥时间有关。一般轻型炉墙为4～7天，重型炉墙为7～15天。若炉墙潮湿、气候寒冷，烘炉时间还应适当延长。

完全用火焰烘炉时，将火焰点在炉墙中央。先用小火烘烤，稍微开启烟道挡板。重型炉墙第一天温升不超过50 ℃，轻型炉墙第一天温升不超过80 ℃。三天后，可逐渐加少量的燃料，随着燃烧的加强、烟道挡板可适当开大。对于蒸汽锅炉，炉水可以加热到沸腾，而热水锅炉，锅水温度不应超过95 ℃。烘炉后期，应启动引风机、鼓风机进行强制通风。在进行机械炉排锅炉的烘炉时，应将燃料分散均匀，并不得堆积在前、后拱处，炉排应定期转动，以防烧坏。烘炉后期可以与煮炉工作同时进行。

（3）烘炉合格标准

在烘炉时炉墙不应出现裂纹和变形，有以下两种方法确定烘炉已经合格：

①灰浆试样法。在燃烧室两侧墙中部的炉排上方1.5～2 m处和过热器（或相当位置）两侧墙中部，取耐火砖。红砖的丁字交叉缝处的灰浆样（各50 g）的含水率应低于2.5%。

②测温法。在燃烧室两侧中部炉排1.5～2 m处的红砖墙外表

面向内 100 mm 处温度应达 50 ℃，并持续烘炉 48 h；或在过热器（或相当位置）的侧墙耐火砖与隔热层结合处的温度达到 100 ℃，并持续 48 h。

烘炉结束后，应用耐火泥将炉墙上所有的排气孔堵塞。

4. 煮炉

新装锅炉或受压部件经过大修、改造的锅炉必须进行煮炉。煮炉是除去锅炉受压元件及其水循环系统内积聚的污物、铁锈及安装过程中残留的油脂，以确保锅炉内部清洁，保证锅炉的安全运行和获得优良品质的蒸汽，保证锅炉能发挥应有的热效率。

(1) 煮炉的操作

煮炉操作在炉墙灰浆含水率降低到 10%时可进行，或在烘炉后期即可与烘炉同时进行，以缩短烘炉和煮炉时间，并节约能源。

煮炉是在锅水中加入碱类药剂，使锅内的油脂和碱发生皂化反应而生成沉淀，并通过排污法将沉淀物排出。药剂一般常用氢氧化钠和磷酸三钠，也可用无水碳酸钠代替。药剂用量一般采用每吨锅水中的加入量表示，见表 2-2。

表 2-2　煮炉加药量　　单位：kg

药品名称	铁锈较少的新锅炉	铁锈较多的锅炉	有铁锈和水垢的锅炉
氢氧化钠	2～3	4～5	5～6
磷酸三钠	2～3	3～4	5～6

注：(1) 煮炉时，表内两种药品同时使用。
(2) 表内药品按 100%纯度计算。
(3) 当用无水碳酸钠代替时，用量为磷酸三钠的 1.5 倍。

这些药品应事先配成溶液（浓度一般为 20%），再将药液从锅筒上部人孔或安全阀座法兰孔投入，或与锅炉给水同时注入锅内。

对于蒸汽锅炉，先使锅炉保持低水位，待锅炉点火升温后保持较高水位。在蒸汽阀排出蒸汽时，关闭空气阀开始升压，升压时要冲洗水位计和压力表存水弯管。煮炉后期应使蒸汽压力保持在工作压力的75%左右，煮炉时长一般为24～72 h，煮炉时间的长短与炉型、容量和锈蚀及油污程度有关。若在较低压力下煮炉，则应适当延长煮炉时间。

煮炉完毕后，应使锅炉锅筒内的水自然冷却到70 ℃后开启锅筒上的空气阀，并开启排污阀将锅炉水排出，再用清水将锅炉内部冲洗干净。

热水锅炉运行时，锅水与系统网路是整体循环的，但在煮炉时一般只在热水锅炉中单独进行，待煮炉结束后再对热水锅炉连同系统网路进行很好的冲洗和清洗。煮炉时，锅水温度应控制在95 ℃以下而不致产生蒸汽。放汽阀自始至终应开启。注意在煮炉过程中，当有蒸汽排出时，应及时向锅炉补水至放汽阀出水为止，其他操作与蒸汽锅炉相同。

（2）煮炉的合格标准

锅筒、集箱内壁应无油垢；擦去附着物后，金属表面应无锈斑；管路与阀门（包括排污阀）应清洁无堵塞，即为煮炉合格。当煮炉不符合要求时，应进行第二次煮炉，此时只按铁锈较少的新锅炉加药即可。

（3）煮炉注意事项

煮炉时主要注意以下四方面：

①煮炉过程中要保持水位。蒸汽锅炉保持高水位，热水锅炉应始终保持满水位。

②不得使锅水进入过热器。

③锅水应保持一定的碱度。

④煮炉后注意清洗与药液接触的疏水阀、放水阀等。

（二）锅炉运行

锅炉运行包括点火与升压、暖管与并汽、监督和调整、维护与管理等。

1. 点火与升压

（1）点火。一般锅炉上水后即可点火，进行烘炉和煮炉的锅炉，待煮炉完毕，清洗排水后，再重新上水，然后点火升压。

点火前将各阀门调整到点火要求的位置。打开炉膛门孔和烟道挡板及灰门，并启动引风机进行炉内通风，通风时间不得少于5 min。点火应按不同的燃烧设备所规定的操作方法进行。链条炉排可用木柴引火，严禁用挥发性强烈的油类或易燃物引火。点燃引燃物后，间断地启动引风机；待引燃物烧旺后，调整煤层厚度；当煤燃烧后，启动引风机，开动炉排，增加给煤量，并启动送风机，调整好风量。燃油炉和煤粉炉在点火时要注意防爆。点火前必须按规定彻底通风，燃烧器点火必须用火把。一次点火没成功，不得立即再次点火，应在充分通风换气后，再重新点火。

点火后，应密切注意锅炉水位。若水位不断上升，可适当放水，以维持正常水位。

（2）升压。锅炉点火后，随着燃烧加强，开始升温、升压。升温期间可适当在下锅筒排水，并相应补充给水，促使上、下锅筒水循环，减小温差，使锅水均匀地热起来。

随着压力的升高，操作人员应在不同的压力下进行有关的操作和检查工作。当蒸汽从空气阀或提升的安全阀排汽管内冒出时，即可关闭空气阀或安全阀。当压力升至0.05～0.1 MPa时，应首次冲洗水位表；冲洗后，应校对水位。当压力升至0.1～0.2 MPa时，应冲洗压力表的存水弯管，检查压力表的可靠性。当压力升至0.3 MPa时，检查各连接处有无渗漏现象，检查人孔、手孔和法兰的连接螺栓是否松动，松动的应重新拧紧。操作时应侧身，用力不宜过猛，当压力继续升高时，禁止再次紧固螺栓。当压力升高到0.4 MPa时，应试用给水设备和排污装置。排污前应先给锅炉上水；排污时注意监视水位；排污后要严密关闭各排污阀，检查有无漏水现象。当压力升到接近工作压力时，再次冲洗水位表，对安全阀进行手动排汽试验，并减弱燃烧，准备进行暖管与并汽。

对于热水锅炉，在点火前，应根据整个采暖系统的特点，全部开启出口阀门和各处的放空阀；使全系统充满水，然后启动循环水泵，待锅水开始循环即可点火升温。循环水泵应在其出口阀门关闭的情况下启动，而后先开启旁通阀，再逐渐开启水泵出口阀门。待锅炉运行正常后，再关闭旁通阀或开大进、出口阀门。

（3）点火升压阶段的安全注意事项。从锅炉点火到锅炉蒸汽压力升至工作压力是锅炉启动中的关键环节，其间需要注意以下安全问题：

①防止炉膛爆炸。锅炉点火前，炉膛、烟道中可能残留可燃气体或其他可燃物，与空气混合达到一定浓度时，遇明火即猛烈爆燃，形成爆炸。因此，点火前，必须开动引风机对炉膛和烟道通风至少 5 min。点燃燃油炉、燃气炉、煤粉炉前，应先送风，之后投入点燃火把，最后送入燃料，而不能先输入燃料再点火。一次点火未成功，必须首先停止向炉内供给燃料，然后进行充分通风换气后，再进行点火，严禁利用炉膛余热进行二次点火。

②控制升温、升压速度。控制升温、升压速度的目的是防止锅炉受热面产生过大的热应力。对于锅筒，由于其壁厚较大，在升温、升压过程中，存在着沿壁厚的温差及上、下壁面间的温差，因而会产生热应力。对于受热面的管子，由于长度很长而壁厚较小，在升温过程中的主要问题是整体热膨胀。此外，当管子沿轴向的膨胀受到限制时，也会产生很高的热应力。为了防止产生过大的热应力，升温速度一定要缓慢，一般要求介质温升不超过 55 ℃/h；要求锅筒内、外及上、下壁间的温差不超过 50 ℃。全部点火升压所需的时间因炉型而异，水管锅炉一般为 3～4 h，快装锅炉为 1～2 h，立式锅壳锅炉为 1～2 h，有砖砌烟道的卧式锅壳锅炉为 5～6 h。

在点火升压过程中，应对各受热承压部件的膨胀情况进行监督，发现膨胀不均匀或受热承压部件被卡住现象时，应及时采取措施消除。当发现水冷壁管膨胀不均时，可在水冷壁下集箱膨胀较小的一端放水，增强水冷壁管中水的流动，促使其膨胀均匀。

③注意过热器和省煤器的冷却。在点火初期，由于没有汽化和供热，锅炉不需要进水，所以过热器和省煤器得不到流动的冷水使之冷却，若不采取有效保护措施，很容易发生锅炉损坏事故。因此，点火时，要注意打开过热器上全部疏水阀和排汽阀，直到汽压升到高于大气压，蒸汽从排汽阀和疏水阀大量冒出时，才可将这些阀门关闭。

④严密监视和调整指示仪表。在点火升压过程中，锅炉的蒸汽压力、水位及各部件的工作状况在不断变化，为了防止异常情况及事故的出现，必须严密监视各种指示仪表，控制锅炉压力、温度、水位在合理的范围之内。同时，各种指示仪表本身也要经历从冷态到热态，从不承压到承压的过程，也要产生热膨胀，会出现卡住、堵塞或转动不灵等现象。因此，在点火升压过程中，应按规定的程序冲洗水位表，冲洗压力表的有水弯管，试用排污装置，校验安全阀，确保这些装置准确可靠。

2. 暖管与并汽

（1）暖管。所谓暖管，就是用蒸汽将常温下的蒸汽管道、阀门、法兰等缓慢加热，使其温度均匀升高，同时将管道中的冷凝水驱出，以防送汽时发生水击而损坏管道、阀门和法兰。暖管一般在锅炉汽压升至额定工作压力的三分之二时进行，其时间的长短应根据管道长度及直径、蒸汽温度、季节气温等情况而定。

①暖管的操作程序。对于单台运行的锅炉，暖管的范围是主汽阀出口至用汽设备之前的蒸汽管道。可以在升压前就开启锅炉的主汽阀和分汽缸上的隔绝阀，同时打开分汽缸上的疏水阀，利用锅炉升压过程中产生的蒸汽缓慢预热。管道随着锅炉的升压升温而同时升压升温，这样既节省暖管时间，又安全方便。多台锅炉同时运行共用一条蒸汽母管时，暖管的范围是新启动锅炉主汽阀之后到蒸汽

母管之前的管道及管道附件。暖管前，先开启蒸汽管道上的疏水阀，排除冷凝水，直至正式供汽时再关闭；然后缓慢开启锅炉主汽阀或主汽阀上的旁通阀约半圈，待管道充分预热后再全开；最后缓慢开启分汽缸进汽阀，使管道汽压与分汽缸汽压相等。

②暖管时的注意事项。暖管时，若发现管道膨胀、吊支架有不正常的现象，或管道发生振动、水击时，应立即关闭主汽阀停止暖管，待查明原因和消除故障后继续暖管。若检查无异常现象，则表明暖管升温速度过快，必须放慢通汽速度，即关小主汽阀，减小通汽量。

各汽阀全开后应回转半圈，防止汽阀因受热膨胀后卡住。暖管结束后，关闭蒸汽管道上的疏水阀和旁通阀。

（2）并汽。并汽也叫并炉，即新投入运行的锅炉向共用的蒸汽母管供汽。当新投入运行的锅炉已完成通往分汽缸隔绝阀前蒸汽管道暖管后，锅炉设备及管道等一切正常，即可准备供汽。

并汽前，操作人员必须与其他运行中的锅炉操作人员联系，然后适当减弱燃烧，打开蒸汽母管和主汽管上的疏水阀；冲洗水位表，并使锅炉水位略低于正常水位，以防止开启主汽阀时大量蒸汽输出而引起汽水共腾。并汽应在启动锅炉的蒸汽压力稍低于蒸汽母管内汽压（相差 0.05～0.1 MPa）时进行。先缓慢打开主汽阀及隔绝阀（有旁通阀的应先开旁通阀），等管道中听不到汽流声时，才能开大主汽阀。主汽阀全开后，应回转一圈，然后关闭旁通阀及蒸汽母管和主汽管上的疏水阀。并汽时需注意监视水位、汽压的变动情况，若管道内有水击现象，应加强疏水后再并汽。

并汽后，打开省煤器烟道，关闭旁通烟道；打开连续排污阀，进行表面排污；对所有测量和控制仪表再次进行检查。

对于有蒸汽过热器的锅炉，在升压过程中还应开启过热器出口集箱上的疏水阀，使蒸汽通过过热器的蛇形管来冷却过热器。随着锅炉压力的升高，可将过热器出口集箱的疏水阀慢慢关闭。在并汽工作全部进行完毕时，蒸汽过热器出口集箱上的疏水阀也应完全关闭。

3. 监督和调整

锅炉在运行时，其负荷是经常变化的，锅炉的蒸发量必须随着负荷的变化而变化，以适应负荷的要求。因此，在锅炉运行期间，必须进行一系列的调节，如对燃料量、空气量、给水量等做相应的改变，才能使锅炉的蒸发量与外界负荷相适应。否则，就不能保持锅炉的运行参数（汽压、汽温、水位等）在规定的范围内。同时，锅炉设备的完好程度对锅炉运行的安全性和经济性影响很大。因此，对运行中的锅炉进行及时、准确的调节，以及进行严格、科学的管理，是保证锅炉安全、经济运行的必要手段。

（1）锅炉运行监督调整的任务。为使锅炉设备安全、经济地运行，必须经常监视其运行情况的变化，并根据负荷的改变及时对运行工况进行适当的调整。否则，不仅会造成经济上的损失，而且可能导致事故的发生。在锅炉运行中对锅炉进行监督和调整的主要任务是：

①维持锅炉蒸发量为额定值，或使蒸发量与外界负荷相适应。

②使汽压、汽温稳定在规定的范围内。

③均衡给水并保持锅炉的正常水位。

④保证燃烧及传热良好，尽量减少热损失，提高锅炉的热效率。

⑤定期检查锅炉设备（包括给水设备、其他辅助设备等），使之保持良好的工作状态。

（2）水位的调节。锅炉的水位是保证正常供汽和安全运行的重要指标，因此，在锅炉运行期间，操作人员应不间断地通过水位表监督锅内的水位。

①水位变化的范围。锅炉正常运行时，水位应保持在水位表正常水位线处有轻微波动。负荷低时，水位稍高；负荷高时，水位稍

低。在任何情况下，锅炉的水位不应降低到最低水位线以下或上升到最高水位线以上。通常，水位允许的变动范围，一般不超过正常水位线上、下 50 mm。水位过高会降低蒸汽品质，严重时甚至造成蒸汽管道内发生水击；水位过低会使受热面过热，金属强度降低，导致被迫紧急停炉，甚至引起锅炉爆炸。

②水位与负荷变化的关系。锅炉水位的变化，实际上反映的是给水量与蒸发量之间的关系。当锅炉负荷稳定时，如果给水量与锅炉的蒸发量（及排污量）相等，则锅炉水位会比较稳定；如果给水量与锅炉的蒸发量不相等，水位就要变化。间断上水的小型锅炉，由于给水与蒸发量不相适应，水位总在变化，最容易造成各种水位事故，更需要加强运行监督和调节。

对负荷变动的锅炉来说，水位的变化主要是由负荷变化引起的。负荷变动引起蒸发量的变动，要维持锅炉的正常水位，就必须及时调节给水量以适应蒸发量的变化。比如，负荷增加，蒸发量相应增大，如果给水量不随蒸发量相应地增加，水位就会下降。因此，水位的变化在很大程度上取决于给水量、蒸发量、负荷三者之间的关系。

此外，锅炉负荷的突然变化，会造成虚假水位的出现，其原因是：当负荷突然大幅度变化时，由于蒸发量一时难以跟上负荷的变化，蒸汽压力就会突然变化，这种压力的突然变化也会引起水位的变化。比如，当负荷突然增大时，蒸汽压力会突然下降，饱和温度随之下降并导致部分饱和水的突然汽化，水面以下气体容积会突然增加而造成水位的瞬时上升，形成虚假水位。待大量气泡逸出水面后，水位又下降。反之，当负荷突然降低时，水位会出现先下降再上升的现象。所以，在运行调整中，应考虑到虚假水位出现的可能，不应被一时的假象所迷惑。

③水位的控制和调节。水位的调节一般是通过改变给水调节阀的开度来实现的。目前，很多锅炉已采用给水自动调节器，这对稳

定水位有明显的作用。但若发现水位过高或过低时，应操作手动给水调节阀调整给水量，然后对自动给水调节器进行检查，及时消除存在的故障。

为了使水位保持正常，锅炉在低负荷运行时，水位应稍高于正常水位，以防负荷增加时水位降得过低；锅炉在高负荷运行时，水位应稍低于正常水位，以免负荷降低时水位升得过高。

为对水位进行可靠的监督，在锅炉运行中要定时冲洗水位表，冲洗时应注意阀门的开关次序，不要同时关闭进水阀和进汽阀，否则会使水位表玻璃的温度和压力升降过于剧烈，造成破裂事故。另外，冲洗水位表之前，要注意检查水位表是否存在泄漏的情况，即检查旋塞和各连接部位。如果玻璃面上有水汽凝结，则说明有泄漏，应及时排除。当看不见水位表内的水位时，应立即检查水位表，或采用“叫水”的方法，查明锅内实际水位，在未判明锅内实际水位的情况下，严禁上水。

(3) 汽压的调节。蒸汽压力是锅炉运行中必须监视和调节的另一个主要参数，汽压的波动对锅炉的安全运行影响很大，超压则更危险。

①汽压与负荷变化的关系。蒸汽压力的变动通常是由负荷变动引起的。当外界负荷骤减，小于锅炉蒸发量，而燃料燃烧还未来得及减弱时，汽压就上升；当外界负荷突增，大于锅炉蒸发量，而燃烧尚未加强时，汽压就下降。因此，对汽压的调节就是对蒸发量的调节，而蒸发量的调节是通过燃烧调节和给水调节来实现的。

②汽压的调节。在锅炉运行过程中，操作人员应根据负荷的变化，相应地增减燃料量、风量、给水量，来改变锅炉的蒸发量，使汽压相对保持稳定。当锅炉负荷降低使汽压升高时，如果此时水位较低，可适当加大进水，使汽压不再上升，然后酌情减小燃料量和风量，减弱燃烧，降低蒸发量，使汽压保持正常；如果汽压升高时水位也高，应先减小燃料量和风量，减弱燃烧，同

时适当减少给水量，待汽压、水位恢复正常后，再根据负荷调节燃烧和给水。当锅炉负荷增加使汽压降低时，若此时水位较高，可适当控制给水量。如果燃烧正常而蒸发量未达到规定值，则需增大燃料量和风量，强化燃烧，加大蒸发量，使汽压恢复正常。若汽压低时水位也低，则可调节燃烧，同时相应调节给水，使汽压、水位恢复正常。

可以看出，汽压调节主要是对燃烧工况的调整，而燃烧调整的关键是合理控制燃料量和风量。不同的燃烧设备对燃烧的调整方法是不同的，操作人员应熟练掌握调整方法，在锅炉负荷发生变动时，尽快使汽压恢复正常。

（4）汽温的调节。汽温是锅炉蒸汽的又一主要参数。若蒸汽温度偏低，蒸汽做功能力就会降低，汽耗量增加，经济性较差，甚至会损坏锅炉和用汽设备。若过热蒸汽温度过高，则会使过热器管壁过热，从而降低其使用寿命。严重超温甚至会使管子过热而爆炸。因此，在锅炉运行过程中，应将蒸汽温度控制在一定的范围内。

①汽温变化的原因。无过热器的锅炉，其饱和蒸汽温度的变化是随着锅炉表汽压力的变化而变化的，因此，调节了汽压也就调节了汽温。有过热器的锅炉，过热蒸汽温度的变化，主要取决于过热器烟气侧的放热情况和蒸汽侧的吸热情况，以及饱和蒸汽的湿度。当流过过热器的烟温升高、流速增大时，会导致汽温升高。例如，在外界负荷增大时，需要强化燃烧，增大风量和燃料量来维持额定汽压，这样流经过热器的烟气的温度、流速都会增高，使过热蒸汽的温度上升。反之，负荷降低，燃烧减弱，烟温下降，流量、流速减小，则蒸汽温度也会随之降低。

当进入过热器的饱和蒸汽湿度发生变化，汽温也会随之变化。例如，当水位过高时，饱和蒸汽带水后湿度增加。由于饱和蒸汽增加的水分在过热器内要吸收汽化热，在燃烧工况不变的情况下，用于使干饱和蒸汽过热的热量相应减少，从而使汽温降低。蒸汽若大量带水，将会引起汽温急剧降低。

②汽温调节。汽温变化是由蒸汽侧和烟气侧两方面的因素引起的，因而对汽温的调节也就应从这两方面进行。

从蒸汽侧调节汽温，即通过改变蒸汽侧的吸热量来维持额定的汽温。目前多采用减温器来调节汽温。减温器一般置于高温段过热器与低温段过热器之间。常用的减温器有两种：表面式和混合式。表面式减温器采用给水来冷却过热器，当通过减温器的给水量增大，则进入高温段过热器的蒸汽温度就会下降；反之，当减少给水量时，蒸汽温度就会上升。混合式减温器是将给水或冷凝水直接喷入蒸汽，使过热器中过热蒸汽的热量一部分用于加热、蒸发喷入的水分，使蒸汽的温度降低，但水质要求较高。无论采用哪一种减温器调节汽温，其操作调节方法都比较简单，只要根据汽温高低，适当开大或关小相应的减温水调节阀，改变进入减温器的减温水量，即可达到调节过热汽温的目的。在锅炉运行过程中，操作人员应随时监视汽温的变化，平稳、均匀地调节阀门的开度，切不可大开大关，使汽温波动过大。

从烟气侧调节过热汽温，就是改变过热器受热面的吸热量，通常是通过改变流经过热器的烟气量和排烟温度来实现的。在操作上，一般有两种方法：一种方法是通过调节燃料量和送风量、引风量，改变燃烧强度来进行调节。例如，当外界负荷减小时，汽压、汽温会同时升高，这时可减弱燃烧，使汽压、汽温同时下降。另一种方法是当外界负荷不变，汽压较稳定而汽温偏低时，可采用加大引风量、调整二次风等措施来增加烟气流量，提高炉膛出口的烟温来提高蒸汽汽温。

（5）燃烧的监督调节。燃烧是锅炉工作过程的关键。对燃烧进行调节就是使燃料燃烧工况适应负荷的要求，以维持汽压稳定；使燃烧正常，保持适量的过剩空气系数，降低排烟热损失和不完全燃烧损失；调节送风量和引风量，保持一定的炉膛负压，以保证设备安全运行。

正常的燃烧工况，是指锅炉达到额定参数，不产生结焦和燃烧设备的烧损；着火正常、燃烧稳定；炉内温度场和热负荷分布均匀。当外界负荷变动时，应对燃烧工况进行调整，使之适应负荷的要求。调整时，应注意风与燃料增减的先后次序，风与燃料的协调及引风与送风的协调。

不同燃烧方式，不同燃烧设备，燃烧调节的具体内容、次序及要求各不相同。对层燃炉，燃料量的调节应主要通过变更加煤间隔时间、改变链条炉排转速、改变炉排振动频率等手段，而不要轻易改变煤层的厚度。在增大风量的时候，应先增大引风量，后增大送风量；在减小风量的时候，应先减小送风量，后减小引风量，以便炉膛内保持负压。对室燃炉，当负荷增加时，应先增大引风量，后增大送风量，最后增加燃料；当负荷减小时，应先减少燃料，再减小送风量，最后减小引风量，这样可防止在炉膛及烟道中积存燃料，避免浪费和爆炸事故，同时也保证负压运行。

4. 维护与管理

（1）锅炉运行中的维护。在锅炉运行过程中，保持锅水的质量和受热面的清洁，是保证锅炉安全、经济运行的重要措施。因此，在锅炉运行过程中，操作人员必须做好日常维护工作。

①排污。主要包括以下内容：

a. 排污的目的及方式。锅炉运行时排污的目的有三个：一是排除锅水中过剩的盐量和碱量，防止因锅水中的盐量、碱量过高而降低蒸汽品质，导致锅水发生汽水共腾及过热器结垢；二是排除锅筒内泥垢（水渣），防止水渣在受热面某部位聚集形成二次水垢；三是排除锅水表面的油质和泡沫，提高蒸汽的品质。为保证锅水的质量，锅炉使用单位除了对给水进行必要且有效的处理外，还必须坚持排污。

根据锅炉的结构特点和水质情况，锅炉排污可分为连续排污和定期排污两种。连续排污也叫表面排污，多用于大中型蒸汽锅炉。连续排污装置装设在上锅筒蒸发面以下100～200 mm处，由于靠近蒸发面处锅水含盐浓度最大，由此处连续排出一部分锅水可降低锅水的含盐量。排污量应根据对锅水的化验结果来确定，并通过调节排污阀的开度来控制。定期排污是指每隔一定时间集中地从锅筒及每组水冷壁下箱的底部、立式锅炉的下脚圈放出锅水，排除沉积的泥沙、污垢。排污量和间隔时间应根据炉型、给水质量和锅炉负荷的大小确定。

b. 排污的操作方法。对于具有底部定期排污和表面连续排污两种装置的锅炉：定期排污每班至少一次；连续排污阀保持一定的开度。每隔1～2 h，取锅水样一次，分析总碱度、pH值、溶解固形物（或氯离子），与标准相对照，若某项超标，则适当加大连续排污阀的开度或加强定期排污，再取样、分析，直至各项合格。

定期排污最好是在锅炉低负荷或停止用汽时进行，因为这时锅水中的泥渣、污垢易沉积在锅筒的底部，排污效果好。排污前应调整锅内水位，使其比正常水位高30～50 mm，并检查水位表的指示，在确定无差错后方可进行排污。排污时，炉膛燃烧应减弱，并由两人进行操作，一人监视水位，另一人操作排污阀。当排污管上装有两个串联的排污阀时，排污时要先开启快开式排污阀，后开启慢开式排污阀；排污结束后，应先关慢开式排污阀，后关快开式排污阀。

c. 排污的注意事项：

(a) 排污应缓慢进行，防止水冲击。如果管道发生严重振动，应停止排污，在消除故障之后再进行排污。

(b) 在开启排污阀时，若排污阀开关不动（锈蚀、失灵），不得通过加长扳手或锤击强制排污。排污后，经过一段时间，用手触摸排污阀后的管子是否发热，如果发热，表示排污阀有泄漏，应查明原因，及时消除。

（c）当一台锅炉有多处排污点时，不得使两个或更多排污点同时排污，而应对所有排污点轮流排污；不得只对其一部分排污，而长期不对另一部分排污，因为这种操作可造成锅水品质恶化或部分排污管堵塞。

（d）如果两台以上的锅炉使用同一根排污总管，而锅炉排污管上又无逆止阀时，禁止两台锅炉同时排污，以防止排污水倒流入相邻锅炉内。

②吹灰。锅炉运行时，受热面被火焰或烟气加热的一侧，特别是在对流烟道里的对流受热面上容易积存灰垢，由于烟灰的导热能力很差，因此受热面积灰会严重影响锅炉传热，降低锅炉热效率，对锅炉安全也会造成不利影响。

清除受热面积灰最常用的方法就是吹灰，即用具有一定压力的蒸汽或压缩空气，定期吹扫受热面，以清除和减少受热面上的灰尘。对小型火管锅炉也可采取向炉膛投加清灰剂的方法，清灰剂燃烧后，其烟雾与受热面上的烟灰起化学反应，使烟灰疏松变脆后脱落。

a. 吹灰操作。吹灰应在锅炉低负荷运行时进行。吹灰前应增加引风，使炉膛负压适当增大，以防吹灰时炉内火焰喷出伤人。吹灰应按烟气流动的方向依次进行，即先吹水冷壁管、对流管束，再吹过热器，然后顺着省煤器、空气预热器吹灰，使积灰随烟气流经烟道，进入锅炉尾部的除尘器。

采用蒸汽吹灰时，蒸汽压力为 0.3～0.5 MPa。吹灰前应首先对吹灰器进行疏水和暖管，防止产生水击及将水分吹入炉膛或烟道，避免使积灰黏结在受热面上。吹灰完毕后，应关闭蒸汽阀并打开疏水阀，防止凝结水漏入而腐蚀受热面管道，同时恢复炉膛正常负压。用空气吹灰时，空气压力通常不低于 0.7 MPa。

吹灰的间隔时间根据炉型和煤质确定，通常每班吹灰 1～2 次。

锅炉停炉之前一定要吹灰，燃烧不稳定时不要吹灰。

b. 吹灰的注意事项：

(a) 吹灰时要注意安全，操作者站在吹灰装置的侧面操作，操作时应戴好手套、防护眼镜。

(b) 吹灰应在低负荷下顺烟道中的烟气流向逐个进行，不得多个吹灰器同时进行，以免汽压下降过多。

(c) 燃煤锅炉，如果煤的含硫量大，不宜采用蒸汽吹灰，以免加剧尾部受热面的腐蚀。

(d) 带有铸铁省煤器且有旁路烟道的锅炉，在对省煤器前的受热面吹灰时，应关闭省煤器烟道，开启旁路烟道。

(e) 采用蒸汽吹灰的锅炉，应该注意经常检查蒸汽吹管截止阀是否有泄漏或损坏现象。若不能及时发现泄漏或损坏现象而长期漏汽漏水，会使靠近吹灰器蒸汽喷嘴处的锅筒和受热面管受潮、腐蚀。

③预防锅炉结焦。

a. 结焦的危害及原因。锅炉结焦也叫结渣，指灰渣在高温下黏结于受热面、炉墙、炉排之上并越积越多的现象。煤粉炉的炉膛温度较高，煤粉燃烧后的细粉呈沸腾状态，因而煤粉炉更容易在受热面上结焦。

结焦使受热面吸收热量减少，降低锅炉的效率；局部水冷壁管结焦会影响和破坏水循环，结焦还会造成过热蒸汽温度的变化，使过热器金属超温；严重的结焦会妨碍燃烧设备的正常运行，甚至造成被迫停炉。总之，结焦对锅炉运行的经济性和安全性都有不利的影响。

不同燃烧设备，结焦的原因和结焦的位置各不相同。层燃炉结焦一般发生在炉排及其附近，因为炉排面附近燃烧旺盛，温度很高，如果得不到适当冷却，就会在靠近炉排的炉墙上结焦，并蔓延到炉排上；炉排通风冷却不够时，会直接在炉排上结焦。

对煤粉炉来说，如果炉膛燃烧热负荷较高，炉膛内水冷壁未布满炉墙或水冷壁管间隔过大，在没有水冷壁遮蔽的炉墙部位就会首先结焦，并蔓延到受热面上。由于炉膛水冷程度较低，炉膛出口烟温较高，使炉膛出口的对流受热面上也会结焦。如果炉膛出口受热面布置得较密，则各管上的结焦块可相互连接搭桥，影响烟气的流通和传热。如果炉膛过小，煤粉在炉膛中来不及燃尽，或者燃烧器结构不合理，使煤粉着火延迟而来不及在炉膛中燃尽，都可能造成在炉膛出口的受热面上结焦。

此外，如果煤粉炉的燃烧器布置不合理或燃烧器射程太远时，造成火焰偏斜或火焰冲墙等，使灰渣来不及冷却凝固就可能结在炉墙上。

b. 预防结焦的措施。预防锅炉结焦，除在设计上保证炉膛形状满足燃烧要求，燃烧器设置正确，受热面布置合理以外，还应在锅炉运行中加强对设备的维护和对燃烧工况的监督。可以采取的措施有以下五种：

（a）在运行管理上，注意监视和调节火焰中心位置，使各燃烧器的负荷均衡，避免火焰偏斜和火焰冲墙。

（b）合理控制炉膛过剩空气系数。若过剩空气系数过低，锅炉超负荷运行、各燃烧器喷口配风不均匀等都容易引起结焦。但为了避免结焦，将风量加得很大，使过剩空气系数远远超过最佳值，也是不合理的，因为这不仅会降低锅炉的经济性，而且增大飞灰量，也会增加烟道灰堵。

（c）对层燃炉和沸腾炉，要控制送煤量，均匀送煤，及时调整燃料层和煤层厚度。

（d）保证水、汽品质，使受热面内壁不结垢。

（e）定时吹灰，这对减轻结焦有一定效果。发现锅炉结焦要及时清除，防止灰渣结成大块。“打焦”应在负荷较低、燃烧稳定时进行。当发现炉膛内结有不易消除的大块焦渣且有坠落、损坏水冷壁的可能时，应立即停炉清除。

（2）运行安全管理。

a. 建立规章制度。锅炉运行力求燃烧、汽压、水位稳定，并能平稳地适应负荷变化，不发生超压、超温、超负荷、水位过高或过低等异常情况，并防止脱火和结焦等现象的发生，以保证正常供汽。因此，要使锅炉在运行过程中安全、经济，实现各项运行指标，锅炉的使用单位必须制定各项规章制度，做到有章可循、有据可查、职责分明。

锅炉运行中的主要管理制度有：操作人员岗位责任制、安全操作技术规程、交接班制度、巡回检查制度、维护保养制度、水质化验制度、事故报告制度等。各规章制度的具体条文，应当根据实际经验总结。

为了做好运行管理，必须建立台账制度，内容包括煤耗量、用水量、供汽量、运行工况、出渣和排污次数、水质化验及故障处理等记录。

b. 对操作人员要求。锅炉能否安全经济地运行，在很大程度上取决于操作人员的工作责任心和技术熟练程度。操作人员除了认真贯彻执行各项规章制度外，还应刻苦钻研业务，从技术上了解和掌握锅炉的有关知识、性能和处理紧急情况的方法，并能根据燃料变化、用汽多少、设备运转和燃烧工况等情况，做好分析、判断及调整等工作。此外，还必须做好设备的维护保养和管理工作，密切监视锅炉各种测量仪表，特别是安全附件，不断巡回检查承压部件、转动机械、燃烧系统及其他环节的运行情况，使锅炉本体、附属设备、安全附件、仪器仪表处于完好、准确、灵敏、可靠的状态。除对锅炉按规定进行定期检修、定期检验外，还要做好堵漏、保温、清灰、除垢等日常维护保养工作。当运行中遇到异常情况时，操作人员能迅速做出判断，并依据有关规程、制度进行处理。

总之，操作人员必须把责任心、业务知识和规章制度有机地结合起来，才能管好、用好锅炉。

c. 做好运行检验。锅炉使用单位除了坚持停炉内、外部检验外，还应开展运行状态检验。锅炉运行状态检验是指在停炉内、外部检验的基础上，按一定的周期，对运行状态下的锅炉安全状况所进行的检验。运行状态检验一般在两次停炉内、外部检验之间进行，以便及时发现、解决、处理锅炉在运行、管理方面存在的问题。

在运行状态检验前，使用单位应做好锅炉房及锅炉外部的清洁工作及其他准备工作。检验人员进行运行状态检验时，锅炉房管理人员和司炉班长必须在场配合，协助工作。

检验人员根据检验情况做出检验结论。检验结论分为可以运行、监督运行、限期整改和停止运行。检验后，检验员应填写“锅炉运行状态检验记录”和“锅炉运行状态检验意见书”。“锅炉运行状态检验记录”作为检验技术档案由检验单位保存；“锅炉运行状态检验意见书”送使用单位。对检验结论为监督运行、限期整改或停止运行的，锅炉使用单位应根据存在的问题采取措施整改，锅炉安全监察机构对其整改进行监督。

（三）锅炉停炉

锅炉停炉有三种情况，即压火停炉（热备用停炉）、正常停炉（冷备用停炉）和紧急停炉（事故停炉）。前两种是按企业生产、生活调度在中断燃烧之前缓慢地降低负荷，直至使锅炉的负荷降到零为止；后一种是锅炉正常运行中突然发生事故，紧急中断燃烧，使锅炉的负荷急剧地降低到零。

1. 压火停炉

压火停炉又称临时停炉，当锅炉短时间减小负荷或向用汽单位和用汽设备短时间停止供汽时，根据负荷减小量及暂时停用时间的长短，炉排燃烧的锅炉可采用压火（又称"闷火"）的方法，暂停锅炉运行；煤粉炉和沸腾炉用保持炉膛温度的方法，暂停锅炉运行。当负荷增加或用汽单位及用汽设备恢复用汽时，停止运行的锅炉能以最快的速度恢复正常运行。压火停炉的锅炉重新投入运行时，可以免去点火的准备工作，缩短升压时间。压火的时间一般不超过 12 h。

（1）固定炉排锅炉的压火操作。压火前，首先减少给煤量和风量，逐渐降低负荷，然后进行排污。此时要注意保持锅炉水位高于正常水位线，并将锅内汽压尽量降低。锅炉停止供汽后，将给水由自动改为手动，并关闭风机和主汽阀。

压火分压满炉和压半炉两种。压满炉时，用湿煤将炉排上的燃煤完全压严；压半炉时，将煤扒到炉排前部或后部，使其聚集在一起，然后用湿煤压严。压火后，关闭风道挡板和灰门，打开炉门保持自然通风。如果能保证压火期间炉火不复燃、不熄灭，也可以关闭炉门。

（2）链条炉的压火操作。压火前，先适当降低锅炉负荷，然后根据压火时间的长短，把煤层加厚（一般不超过 200 mm），适当地加快炉排运转速度，当加厚的煤层至距离挡渣器一半左右时，停止炉排运转。压火前，还应向锅炉进水和排污，将锅炉水位保持在最高允许水位。停止供汽后，关闭主汽阀，关闭送风机、引风机，适当地关小分段送风的调节挡板和烟道挡板，依靠自然通风维持煤微弱燃烧。如果炉火靠近煤闸，可再次开动炉排，将燃煤往后移动一段距离。压火完毕要冲洗水位表一次。

压火后的锅炉仍有汽压，操作人员要严密监视汽压、水位的变化情况，必要时可进行适当排污和进水；要经常检查风挡灰门是否关严，防止燃煤的熄灭或复燃。

当锅炉需要恢复运行时，将压住的火复燃，这种操作称为锅炉扬火。扬火前，先进行锅炉排污，并将锅炉水位上升至正常水位；然后启动引风机、送风机，调整烟道挡板、风挡板和分段风室调节挡板的开度，待燃烧正常后，调整煤层厚度，开动炉排，恢复燃烧。

煤粉炉和沸腾炉不能采用压火停炉，只能采取保持炉膛密闭的方式，炉膛冷却缓慢。

(3) 热水锅炉的压火操作。当热水锅炉压火时，应关严烟道挡板，然后停止循环水泵。压火期间，一旦发现水温升高，应立即开启循环水泵，防止锅水超温汽化。天气寒冷时，停炉、停泵时间不宜过长，要防止管网系统特别是末端或保温不良处结冰。

当需要恢复向系统供热时，应先开启循环水泵，使水在系统中循环流动后，才可扬火。

2. 正常停炉

正常停炉是有计划的停炉。锅炉定期检修、节假日期间或供暖季节已过，即可按计划安排停炉。锅炉在下列情况下，也应按正常停炉操作步骤停止锅炉运行：①当可分式省煤器没有旁通烟道，且给水不能通过省煤器时。②在锅炉运行中发现受压元件泄漏，炉膛严重结焦，尾部烟道内严重堵灰，受热面金属超温又无法恢复正常时。

停炉过程中应注意防止降压降温过快，以免锅炉部件因降温收缩不均匀而产生过大的热应力。

(1) 蒸汽锅炉正常停炉操作顺序如下：

①停止向炉膛供给燃料，随之停止送风，降低引风，最后停止引风。对燃油、燃气锅炉和煤粉炉，炉膛停火后，引风机至少要继续引风 5 min 才能关机。

②逐渐降低锅炉的负荷，向锅内进水，使水位高于正常水位。

③当火势减小到微弱状态，汽压已下降时，停止供汽，关闭

主汽阀，并隔绝与蒸汽母管的连接。有过热器的锅炉，应打开过热器出口集箱疏水阀适当放汽，以冷却过热器，同时关闭连续排污阀。

④停炉后的锅炉应缓慢冷却，汽压不可以下降太快。待汽压降低到 0.02 MPa 时，可开启空气阀，以免锅内因降温形成真空。

⑤停炉时，关闭锅炉出口烟道挡板、炉排下的通风调节门和炉门。装有铸铁省煤器的锅炉，应打开省煤器旁通烟道挡板，但锅炉上水仍需经过省煤器。对于钢管省煤器，锅炉停止进水后，应开启省煤器再循环管路阀；对于无旁通烟道的可分式省煤器，应密切监视省煤器出口水温，保证省煤器出口水温比锅炉汽压下相应的饱和温度低 20 ℃。若水温高于这一温度时，可适当放水、上水来降温。

⑥停炉 4～6 h 后，逐渐开启烟道挡板，缓慢加强通风。停炉 8～10 h 后，若需加速冷却，可采用放水和上水的措施降温，并可启动引风机冷却炉膛。停炉 18～24 h 后，锅水温度低于 70 ℃时，方可全部放水。

停炉放水后，应及时清洗和铲除锅内水垢泥渣，以免水垢冷却后变干发硬，清除困难；停炉冷却后，还应及时清除各受热面上的积灰。进入锅炉前，应将蒸汽、给水、排污等管路与其他并汽运行的锅炉用隔板全部隔绝。

(2) 热水锅炉正常停炉操作顺序如下：

①逐渐降低锅炉供热量，停止供给燃料，停止送风，减弱引风。

②当炉内原有燃料基本燃尽之后，停止引风，并关闭烟道挡板、炉门和灰门，防止锅炉急剧冷却。

③停止燃烧设备运行的同时，不得停止循环水泵的运行，只有当锅炉出口水温降到 50 ℃以下时，才可停泵。停泵时，为防止产生水击，应先逐渐关闭水泵的出口阀，待出口阀完全关闭再停泵。

④停炉 6 h 后，开启烟道挡板进行通风。同时应关闭热水锅炉

的回水阀与出水阀，将锅炉与系统隔开，然后放尽锅水。

锅炉停炉后，应在回水、出水、排污等管路中装设隔板。

3. 紧急停炉

紧急停炉一般是在锅炉运行中发生重大事故或有事故预兆时，为了避免事故的扩大而采取的紧急措施。

（1）紧急停炉情况

①蒸汽锅炉在运行中，遇有下列情况之一时，应立即停炉：

a. 锅炉水位低于水位表的下部最低可见边缘。

b. 不断加大给水及采取其他措施，但水位仍继续下降。

c. 锅内水位超过最高可见水位（满水），经放水仍不能见到水位线。

d. 给水泵全部失效或给水系统故障，不能向锅内进水。

e. 水位表或安全阀全部失效。

f. 设置在汽空间的压力表全部失效。

g. 锅炉元件损坏且危及运行人员安全。

h. 燃烧设备损坏，炉墙倒塌或锅炉构架被烧红等，严重威胁锅炉运行安全。

i. 其他异常情况危及锅炉运行安全。

②热水锅炉在运行中，遇有下列情况之一时，应立即停炉：

a. 循环不良造成锅水汽化，或锅炉出口热水温度上升到与出口压力下相应饱和温度的差小于 20 ℃（铸铁锅炉 40 ℃）。

b. 锅水温度急剧上升，失去控制。

c. 循环泵或补给水泵全部失效。

d. 压力表或安全阀全部失效。

e. 锅炉元件损坏，危及运行人员安全。

f. 补给水泵不断补水，锅炉压力仍然继续下降。

g. 燃烧设备损坏、炉墙倒塌或锅炉构架被烧红等，严重威胁锅炉运行安全。

h. 其他异常运行情况，且超过安全运行允许范围。

（2）紧急停炉操作

针对锅炉运行中所遇到的紧急情况的性质不同，紧急停炉的操作也有所不同，如锅炉发生严重缺水事故，需要很快地熄火；发生过热器爆管事故，需要很快地冷却。一般紧急停炉的操作原则是迅速熄灭炉火。紧急停炉的操作次序如下：

①立即停止添加燃煤和送风，减弱引风，与此同时，设法熄灭炉膛内的火焰，对于固定炉排，可用砂土或湿灰渣压在燃煤上进行灭火，或将炉渣拨出炉膛，但不得向炉膛内浇水；对于链条炉，可以开快挡使炉排快速运转，将燃煤迅速送入漏灰斗。

②灭火后，关闭主汽阀，将锅炉与总汽管隔断。将炉门、灰门及烟道挡板打开。以加强通风冷却，并停止引风。

③打开空气阀或安全阀排汽降压，并采用进水、排污交替的方法更换锅水，当锅水冷却至 70 ℃左右时允许排水。

④因缺水紧急停炉时，严禁向锅炉内上水，且不得开启空气阀或提升安全阀快速降压。

⑤因满水事故紧急停炉时，应立即停止给水，减弱燃烧并打开排污阀放水，同时开启蒸汽管道、过热器、分汽缸等处的疏水阀，防止发生水冲击。

⑥因爆管事故紧急停炉时，除了不能停止引风机以尽快排出炉膛内烟、汽外，若水位能维持，还应保持进水或采用进水、排污方法迅速冷却降压。

⑦因炉膛爆炸事故紧急停炉时，引风机不能停止，以尽快排出炉膛内的烟、汽，防止其喷出伤人。

热水锅炉紧急停炉过程中，不得停止循环水泵的运行。因循环水泵失效而紧急停炉时，应对锅水采取降温措施，如打开上水阀，依靠自来水的压力（或水箱压力）将冷水压入锅内，同时打开锅炉顶部泄放管上的放水阀放水。

（四）锅炉保养

锅炉停炉后的保养，主要是为了防止锅炉腐蚀，锅炉停炉后的腐蚀往往比运行中的腐蚀更为严重。做好停炉保养工作，对防止和减缓锅炉腐蚀，延长锅炉使用寿命具有重要意义。

锅炉停炉期间，造成腐蚀的主要原因是金属面的潮湿及空气的存在，因此，只要保持金属面干燥或金属面与空气（氧气）隔离，就能有效防腐。常用的停炉保养方法有压力保养、干法保养、湿法保养和充气保养等。

1. 压力保养

压力保养适用于停炉不超过一周、热备用的锅炉，主要是防止空气进入，使锅内不含氧。具体方法是在锅炉停炉过程终止之前使汽水系统灌满水，将锅内余压维持在 0.05～0.1 MPa，使锅水温度稍高于 100 ℃。维持锅内压力和温度的措施是通入其他锅炉的蒸汽加热锅炉，或将本炉间断升火加热。

2. 干法保养

干法保养是指在锅内及炉膛内放置干燥剂进行防护的方法。此方法适用于长期停用的锅炉或季节性使用的采暖锅炉。

采用干法保养时，停炉后应将锅水放净，清除受热面上的水垢和烟灰，关闭蒸汽管道（热水锅炉应关闭进、出口循环水管）、给水管道上的阀门及排污管道上的阀门，打开人孔、手孔，使锅筒、集箱自然干燥，并利用炉内余热或用木柴维持微火将锅炉本体烘干。待锅炉烘干并冷却后，即可将准备好的干燥剂放至锅筒、集箱内及炉排上，然后将人孔、手孔和与锅筒相连的阀门关闭严密。

常用的干燥剂是吸湿能力很强的无水氯化钙、氧化钙（生石灰）和硅胶（硅胶应先在 120～140 ℃下进行干燥）。放入干燥剂的数量，可按锅炉的容积来计算。一般情况下，无水氯化钙按 1.5～2 kg/m^3放置；生石灰按 2～3 kg/m^3放置；硅胶按 1.5 kg/m^3放置。由于干燥剂吸潮后体积会膨胀，因此干燥剂装入托盘内的高度，不宜超过托盘高度的 1/2。装入干燥剂的数量和位置应做好记录。

锅内放入干燥剂的一周内，应进行第一次检查。打开锅筒，检查干燥剂是否已经因吸湿而失效。若发现氯化钙或生石灰由块状变成粉状、硅胶的颜色发生改变，说明氯化钙或生石灰已潮解失效，应更换（生石灰）或烘干（无水氯化钙和硅胶加热到 105～110 ℃进行烘干）后继续使用。以后每隔 1～2 个月检查一次。

对于用干法保养的锅炉，应注意与锅筒相通的各门、孔的严密性。在投入运行前，必须将锅炉内盛装的干燥剂取出。

3. 湿法保养

湿法保养是在汽水系统中灌注碱性溶液，利用碱液和金属反应生成的氧化物保护膜来防止锅炉金属的腐蚀。湿法保养适用于停炉时间不超过一个月的锅炉。

若停炉后采用湿法保养锅炉，应放净锅水，清除锅内各处的水垢、水渣，清扫受热面外侧灰垢。然后关闭各处人孔、手孔、阀门，加入软化水至最低水位（热水锅炉应充满锅筒），用泵把配制好的碱性防腐液注入锅内。开启给水闸，向锅炉进水，直至汽水系统（包括省煤器、过热器）全部进满为止。关闭给水阀，用水泵使锅水循环，使碱液与锅水混合均匀并在各受热面系统内均匀分布。之后定期用微火烘炉，保持受热面外部干燥，定期开泵使锅水循环，并定期化验水的碱度，若碱度降低应适当补加碱液。

在锅炉点火运行前，应将锅内所有溶液放出，备有储液池的，可将锅内液体放入储液池，以便再次利用。将防腐液放出后，应用洁净的水冲洗。如果需紧急升炉，可放掉一半锅内溶液再补充软水，但应在运行中增加排污次数，以防止汽水共腾。

采用湿法保养，冬季要注意防冻问题，特别应注意省煤器和管道部分的防冻。

4. 充气保养

在清除锅炉内的水垢和烟灰并使受热面干燥后，从锅炉最高部位将氮气或氨气充入锅内，迫使密度较大的空气从锅炉低处排出，同时维持锅内一定压力（一般为 0.05～0.1 MPa）。氮气无腐蚀性且性质稳定，可以防止锅炉受热面金属腐蚀；氨气既可驱除氧气，又因其呈碱性反应，有利于防止锅炉腐蚀，因此，此种方法保养效果较好。充气保养要求锅炉汽水系统具有良好的严密性，保养中需要加强监督。

（五）锅炉检修

锅炉检修是保证锅炉设备安全、经济运行，提高锅炉设备可用系数的一个重要环节。各级管理部门和每一个检修人员都必须重视检修工作，贯彻“应修必修、修必修好、防止失修、避免过剩维修、保证设备安全可靠”的原则。

1. 定期检验周期及检验顺序

锅炉的定期检验周期规定如下：

（1）外部检验，每年进行一次。

（2）内部检验，锅炉一般每两年进行一次，成套装置中的锅炉结合成套装置的大修周期进行；电站锅炉结合锅炉检修同期进行，一般每 3～6 年进行一次；首次内部检验在锅炉投入运行后一年进行，成套装置中的锅炉和电站锅炉可以结合第一次检修进行。

（3）水（耐）压试验，检验人员或者使用单位对设备安全状况有怀疑时，应当进行水（耐）压试验；因结构原因无法进行内部检验时，应当每三年进行一次水（耐）压试验。

A 级锅炉由于检修周期等原因不能按期进行锅炉定期检验时，锅炉使用单位在确保锅炉安全运行（或者停用）的前提下，经过使用单位技术负责人审批后，可以适当延长检验周期，同时向锅炉登记地质量技术监督部门备案。

除正常的定期检验以外，锅炉有下列情况之一时，应当根据具体情况，进行内部检验、外部检验或者水（耐）压试验：①移装锅炉投运前；②锅炉停止运行一年以上需要恢复运行前。

外部检验、内部检验和水（耐）压试验在同一年进行时，一般首先进行内部检验，然后再进行水（耐）压试验，最后进行外部检验。

2. 定期检验前的准备

（1）审查锅炉的技术资料和运行记录。

（2）检验机构根据被检锅炉的实际情况编制检验方案。

（3）进入锅炉内进行检验工作前，检验人员应当通知锅炉使用单位做好检验前的准备工作，设备准备工作应当满足锅炉检修的安全要求。

（4）锅炉使用单位应当根据检验工作的要求进行相应的配合工作。

3. 检验内容

（1）内部检验内容

①审查上次检验发现问题的整改情况。

②抽查受压元件及其内部装置。

③抽查燃烧室、燃烧设备、吹灰器、烟道等附属设备。

④抽查主要承载、支吊、固定件。

⑤抽查膨胀情况。

⑥抽查密封、绝热情况。

（2）外部检验内容

①审查上次检验发现问题的整改情况。

②核查锅炉使用登记及其操作人员资格。

③抽查锅炉安全管理制度及其执行情况。

④抽查锅炉本体及附属设备运转情况。

⑤抽查锅炉安全附件及联锁与保护投运情况。

⑥抽查水（介）质处理情况。

⑦抽查锅炉操作空间安全状况。

⑧审查锅炉事故应急专项预案。

锅炉外部检验可能影响锅炉正常运行，检验检测机构应当事先同使用单位协商检验时间，在使用单位的运行操作配合下进行，并且不应当危及锅炉安全运行。

（3）水（耐）压试验

水（耐）压试验应当符合《锅炉安全技术监察规程》的有关规定。当实际使用的最高工作压力低于锅炉额定工作压力时，可以按照锅炉使用单位提供的最高工作压力确定试验压力；但是当锅炉使用单位需要提高锅炉使用压力（但不应当超过额定工作压力）时，应当按照提高后的工作压力重新确定试验压力进行水（耐）压试验。

三、锅炉水质处理

1. 锅炉给水处理的重要性

锅炉给水，不管是地面或地下水，都含有各种杂质。这些杂质分为三类，即：①固体杂质，如悬浮固体、胶溶固体、溶解于水的盐类和有机物等；②气体杂质，如氧气和二氧化碳；③液体杂质，如油类、酸类、工业废液等。这些含有杂质的水如不经过处理就进入锅炉，会威胁锅炉的安全运行。例如，溶解在水中的钙、镁的碳酸盐、重碳酸盐、硫酸盐，在加热的过程中能在锅炉的受热面上沉积下来结成坚硬的水垢，水垢会给锅炉运行带来很多害处。由于水垢的导热系数很小，是金属的几十分之一到百分之一，使受热面传热不良。水垢不但浪费燃料，而且使锅炉壁温升高，强度显著下降，这样，在内压力的作用下，管子就会发生变形或鼓泡，甚至会引起爆管。一些溶解的盐类，在锅炉里会分解出氢氧根，氢氧根的浓度过高，会致锅炉某些部位发生苛性脆化而危害锅炉安全。溶解在水中的氧气和二氧化碳会导致金属的腐蚀，从而缩短锅炉的寿命。所以，为了确保锅炉的安全，使其经济可靠地运行，就必须对锅炉给水进行必要的处理。

2. 水质标准

对水质的要求，根据炉型的不同而不同。低压锅炉主要水质指标有悬浮物、溶解盐类、硬度、碱度、酸度、pH 值、溶解氧等；

中、高压锅炉，除上述指标外还有电导率、二氧化硅、铜、铁等。

（1）蒸汽锅炉和汽水两用锅炉的给水一般应采用锅外化学水处理，水质应符合表 2-3 的规定。

表 2-3　蒸汽锅炉和汽水两用锅炉一般水质标准

项目		给水			锅水		
额定蒸汽压力/MPa		≤1.0	＞1.0 ≤1.6	＞1.6 ≤2.5	≤1.0	＞1.0 ≤1.6	＞1.6 ≤2.5
悬浮物/（$mg \cdot L^{-1}$）		≤5	≤5	≤5			
总硬度①/（$mmol \cdot L^{-1}$）		≤0.03	≤0.03	≤0.03			
总碱度②/（$mmol \cdot L^{-1}$）	无过热器				6～26	6～24	6～16
	有过热器					≤14	≤12
pH 值（25 ℃）		≥7	≥7	≥7	10～12	10～12	10～12
溶解氧（$mg \cdot L^{-1}$）③		≤0.1	≤0.1	≤0.05			
溶解固形物④/（$mg \cdot L^{-1}$）	无过热器				＜4 000	＜3 500	＜3 000
	有过热器					＜3 000	＜2 500
SO_3^{2-}/（$mg \cdot L^{-1}$）						10～30	10～30
PO_4^{3-}/（$mg \cdot L^{-1}$）						10～30	10～30
相对碱度（游离 NaOH/溶解固形物）⑤						＜0.2	＜0.2
含油量/（$mg \cdot L^{-1}$）		≤2	≤2	≤2			
含铁量⑥/（$mg \cdot L^{-1}$）		≤0.3	≤0.3	≤0.3			

注：①硬度的基本单元为 C（1/2 Ca^{2+}、1/2 Mg^{2+}），下同。

②碱度的基本单元为 C（OH^-、1/2CO_3^{2-}、HCO^{3-}），下同。

对蒸汽品质要求不高，且不带过热器的锅炉，使用单位在报当地锅炉压力容器安全监察机构同意后，碱度指标上限值可适当放宽。

③当锅炉额定蒸发量大于等于 6 t/h 时应除氧，额定蒸发量小于 6 t/h 的锅炉如发现局部腐蚀时，给水应采取除氧措施，对于供汽轮机用汽的锅炉给水含氧量应小于等于 0.05 mg/L。

④如测定溶解固形物有困难时，可采用测定电导率或氯离子（Cl^-）的方法间接控制，但溶解固形物与电导率或与氯离子（Cl^-）的比值关系应根据试验确定，并应定期复试和修正比值关系。

⑤全焊接结构锅炉相对碱度可不控制。

⑥仅限燃油、燃气锅炉。

（2）额定蒸发量小于等于 2 t/h，且额定蒸汽压力小于等于 1.0 MPa 的蒸汽锅炉和汽水两用锅炉（如对汽、水品质无特殊要求）也可采用锅内加药处理。但必须对锅炉的结垢、腐蚀和水质加强监督，认真做好加药、排污和清洗工作，其水质应符合表 2-4 的规定。

表 2-4　蒸汽锅炉和汽水两用锅炉特定水质标准

项　　目	给　　水	锅　　水
悬浮物/（$mg \cdot L^{-1}$）	≤20	
总硬度/（$mmol \cdot L^{-1}$）	≤4	
总碱度/（$mmol \cdot L^{-1}$）		8～26
pH 值（25 ℃）	≥7	10～12
溶解固形物/（$mg \cdot L^{-1}$）		<5 000

（3）承压热水锅炉给水应进行锅外水处理，对于额定功率小于等于 4.2 MW 非管架式承压的热水锅炉和常压热水锅炉，可采用锅内加药处理，但必须对锅炉的结垢、腐蚀和水质加强监督，认真做好加药工作，其水质应符合表 2-5 的规定。

表 2-5　承压热水锅炉和常压热水锅炉水质标准

项　　目	锅内加药处理		锅外化学处理	
	给　　水	锅　　水	给　　水	锅　　水
悬浮物/（$mg \cdot L^{-1}$）	≤20		≤5	
总硬度/（$mmol \cdot L^{-1}$）	≤6		≤0.6	
pH 值（25 ℃）①	≥7	10～12	≥7	10～12
溶解氧②/（$mg \cdot L^{-1}$）			≤0.1	
含油量/（$mg \cdot L^{-1}$）	≤2		≤2	

注：①通过补加药剂使锅水 pH 值控制在 10～12。

②额定功率大于等于 4.2 MW 的承压热水锅炉给水应除氧，额定功率小于 4.2 MW 的承压热水锅炉和常压热水锅炉给水应尽量除氧。

（4）直流（贯流）锅炉给水应采用锅外化学水处理，其水质按额定蒸汽压力为大于 1.6 MPa、小于等于 2.5 MPa 的标准执行。

（5）余热锅炉及电热锅炉的水质指标应符合同类型、同参数锅炉的要求。

3. 水处理方法

因为各地水质不同，锅炉炉型较多，因此水处理方法也各不相同。在选择水处理方法时要因炉、因水而定。目前水处理方法从两方面进行，一种是炉内水处理，另一种是炉外水处理。

（1）炉内水处理就是将自来水或经过沉淀的天然水直接加入，向锅筒内加入适当的药剂，使之与锅水中的钙、镁盐类生成松散的泥渣沉降，然后通过排污装置排除。这种方法较适于小型锅炉使用，也可作为高、中压锅炉的炉外水处理补充，以调整炉水质量。常用的药剂有碳酸钠、氢氧化钠、磷酸钠、六偏磷酸钠、磷酸氢二钠和一些新型有机防垢剂。

（2）炉外水处理就是在给水进入锅炉前，通过各种物理和化学的方法，把水中对锅炉运行有害的杂质除去，使给水达到标准，从而避免锅炉结垢和腐蚀。常用的方法有：离子交换法，能除去水中的钙、镁离子，使水软化，防止炉壁结垢，中小型锅炉普遍使用；阴阳离子交换法，能除去水中的盐类，生产脱盐水（亦称纯水），高压锅炉均使用脱盐水，直流锅炉和超高压锅炉的用水要经二级除盐；电渗析法，能除去水中的盐类，常作为离子交换法的前级处理。有些水在软化前要经机械过滤或石灰法除碱。

溶解在锅炉给水中的氧气、二氧化碳，会使锅炉的给水管道和锅炉本体腐蚀，尤其当氧气和二氧化碳同时存在时，金属腐蚀会更加严重。除氧的方法有喷雾式热力除氧、真空除氧和化学除氧。使用最普遍的方法是热力除氧。

第五节　锅炉异常事故及处理

一、事故类型及原因

（一）锅炉爆炸

锅炉本体爆炸是指锅炉受压部件因失效、超温、超压等原因迅速破裂，导致炉内高温高压汽水能量迅速释放而发生的事故。

常压锅炉可能引起爆炸的原因包括锅炉的通大气口安装了阀门；锅炉的供暖管道系统安装错误；锅炉严重结垢等。承压锅炉可能引起爆炸的原因包括安全阀及其他安全附件失灵；锅炉严重结垢；锅炉缺水干烧等。

（二）锅炉缺水

锅炉缺水是指锅炉运行中锅筒内水位低于水位表最低安全水位的故障现象。

1. 锅炉缺水特点

锅炉缺水的特点如下：

（1）水位低于最低安全水位线，或者看不见水位。

（2）虽有水位，但水位不波动，实际是假水位。

（3）高低水位警报器发出低水位警报信号。

（4）蒸汽流量大于给水流量。炉管或省煤器管破裂造成缺水时，则出现相反现象。

（5）过热蒸汽温度急剧上升，排烟温度大幅上升。

（6）严重时可嗅到焦味。

2. 锅炉缺水原因

可能引起锅炉缺水的原因包括：

（1）冲洗水位表后，排放旋塞未调整到正常位置。

（2）给水自动调节器失灵，供水水箱缺水，供水管道或设备故障。

（3）排污阀泄漏或忘记关闭。

（4）锅炉管或省煤器破裂漏水。

（5）蒸汽消耗增加后未能及时供水。

（6）用水连管堵塞，水质不佳，又长期不进行清洗。

（三）锅炉满水

锅炉满水是指锅炉运行中锅筒内水位高于水位表最高安全水位的故障现象。

1. 锅炉满水特点

锅炉满水的特点如下：

（1）水位高于最高安全水位红线，或看不见水位。

（2）双色水位计呈全部水相指示颜色。

（3）高低水位报警器发出高水位报警信号。

（4）过热蒸汽温度明显下降。

（5）给水流量不正常，大于蒸汽流量。

（6）严重时蒸汽大量带水，蒸汽含盐量增加，蒸汽管道内发出水锤声，连接法兰处可能向外冒汽、滴水。

2. 锅炉满水原因

可能引起锅炉满水的原因包括：

（1）水位表安装位置不合理，汽水连管堵塞，或水位表的放水旋塞漏水，造成水位表中水位显示低于实际水位，形成假水位。

（2）水位表的照明不良，看不清水位，或双色水位计失灵，颜色显示错误。

（3）给水自动调节器失灵，或给水压力突然增加，进水速度加快，司炉人员疏忽未发现。

（4）锅炉高低水位报警失灵，不发出警报铃声和信号。

（四）锅炉超压

锅炉超压是指锅炉内部压力超过了设计压力或正常工作压力的故障现象。

1. 锅炉超压特点

锅炉超压的特点如下：

（1）汽压急剧上升，超过额定工作压力，安全阀动作。

（2）超压报警仪表动作，发出报警信号。

（3）蒸汽流量减少，蒸汽温度升高。

2. 锅炉超压原因

可能引起锅炉超压的原因包括：

（1）锅炉操作失误。

（2）盲板堵塞导致蒸汽压力上升。

（3）锅炉安全阀、锅炉压力控制系统、超压报警装置故障。

（五）汽水共腾

汽水共腾是指锅炉蒸发表面汽、水共同升起，产生大量泡沫并上下波动的故障现象。

1. 汽水共腾特点

锅炉汽水共腾的特点如下：

（1）水位计内水位剧烈波动。

（2）过热蒸汽温度急速下降。

（3）蒸汽管道内发生水击，法兰连接处漏汽、漏水。

（4）蒸汽的湿度和含盐量迅速增加。

2. 汽水共腾原因

可能引起锅炉汽水共腾的原因包括：

（1）炉水水质变差，有油污、汽水泡，或含盐量、悬浮杂质过多。

（2）表面排污装置设置不当，未进行有效排污，定期排污间隔时间过长，排污量不够。

（3）负荷不稳定或长时间超负荷运行。

（4）并汽时汽压高于蒸汽母管内的气压。

（六）锅炉熄火

锅炉熄火也是锅炉运行中常见的故障现象。可能引起锅炉熄火的原因包括：

（1）燃料短缺、质量不稳定及供应中断等。

（2）燃烧工况问题，主要包括空气系数、温度和灰尘含量等因素。

（3）燃烧器毁损、管道破裂、阀门失灵等设备故障。

（七）炉膛爆炸

炉膛爆燃时伴有巨大响声，冲开防爆门，向外喷出火焰和烟尘。可能引起锅炉爆炸的原因包括：

（1）超压破裂。锅炉运行压力超过最高许可工作压力，使元件应力超过材料的极限应力。

（2）过热失效。钢板过热烧坏，强度降低而致元件破坏。

（3）腐蚀失效。因苛性脆化使元件强度降低。

（4）裂纹和起槽。元件受交变应力作用，产生疲劳裂纹，又由腐蚀综合作用，开成槽状减薄。

（5）水击破坏。因操作不当引起汽水系统水锤冲击，使受压元件受到强大的附加应力作用而失效。

（6）修理、改造不合理。造成锅炉爆炸的隐患。

（7）先天性缺陷。设计失误，结构受力、热补偿、水循环、用材、强度计算、安全设施等方面严重错误。

（八）受热面爆管

锅炉受热面爆管指的是锅炉运行的过程中突发的管道爆裂，一般伴随着较为明显爆破声和喷射而出的水及蒸汽。

1. 受热面爆管特点

锅炉受热面爆管的特点如下：

（1）水冷壁管或对流管束破裂不严重时，可以听到汽水喷射的响声，严重时会发出明显的爆破响声。

（2）炉膛由负压变为正压，蒸汽和炉烟从炉墙的门孔及漏风处大量喷出。

（3）水位、汽压、排烟温度迅速下降，烟气颜色变白。

（4）给水流量增加，蒸汽流量明显下降。

（5）炉内火焰发暗，燃烧不稳定，甚至灭火。

（6）炉排上有黑煤堆，灰渣斗内有湿灰，甚至向外流出水汽。

（7）引风机负荷增大，电流增高。

2. 受热面爆管原因

可能引起锅炉受热面爆管的原因包括：

（1）烟气侧温度高、工质侧流速低和管材的耐热强度不够。

（2）在过热器管内部结垢，导致过热器管道温度积累。

（3）在温度和压力适合的情况下发生二次燃烧，出现温度积累。

（4）循环流化床锅炉过热器长时间超温运行。

（5）管壁的冷却能力不足造成管壁温度高于设计值而出现爆管。

（九）热水锅炉汽化

热水锅炉汽化是指热水锅炉内水分子在一定温度和压力下迅速变为水蒸气的过程。它主要分为正常工作中的汽化、压火停炉之后的汽化、停电后的汽化。

1. 热水锅炉汽化特点

热水锅炉汽化的特点如下：

（1）锅炉内有水击响声，管道发生振动。

（2）锅水温度急剧上升，超温报警器发出超温信号。

（3）锅炉压力突然升高，安全阀启动、排出蒸汽，从高位膨胀水箱内冒出水和蒸汽。

（4）循环系统内发生水击。

2. 热水锅炉汽化原因

可能引起热水锅炉汽化的原因包括：

（1）循环水泵出现故障、停泵。

（2）电力线路出现局部故障，造成循环水泵非正常停泵。

（3）突然停电，导致锅炉设备全部运行停止，循环水泵同时停止运行。

（4）锅炉超温及系统短时间内的大量跑水，导致突然降压。

（十）燃气锅炉火灾事故

燃气锅炉包括燃气燃烧设备和锅炉本体两个系统。燃气燃烧设备主要指炉膛和燃烧器，也包括其他与燃烧过程有关的设备。燃气锅炉火灾事故主要可分为炉膛爆炸和炉体爆炸。可能引起燃气锅炉火灾事故的原因包括：

（1）炉膛爆炸的原因：点火不当；火焰不稳定而熄灭；设备不完善；输气管道泄漏；操作失误。

（2）炉体爆炸的原因：燃气锅炉设计制造缺陷；锅炉内水被烧空造成爆炸。

二、锅炉事故的预防

（一）锅炉爆炸

1. 严格执行锅炉定期自行检查和定期检验制度，发现问题及时整改。

2. 确保锅炉压力控制元件灵敏可靠，定期检查压力控制器及超压联锁保护装置，设定的控制压力值应低于安全阀的启始压力，如有问题及时调整。

3. 安全阀、压力表严格按规程要求定期校验，运行中按要求定期进行安全阀排汽试验和压力表冲洗检查，如发现动作不正常或不准确，及时调换。

4. 认真做好锅炉水处理工作，防止锅炉结垢和腐蚀。

5. 组织人员定期开展应急演练。

（二）锅炉缺水

1. 按操作规程要求定时冲洗、检查水位计，防止堵塞造成假水位。

2. 每班检查锅炉给水设备和给水自动调节控制是否正常，高、低水位报警及联锁保护是否灵敏可靠。

3. 加强锅炉水处理工作，防止锅炉结垢堵塞进水管，如已结水垢应及时清除。

（三）锅炉满水

1. 运行中应严密监视和检查水位计的变化情况，发现水位异常情况时应做出正确判断并及时处理。

2. 锅炉检修时，应确保给水装置及各种监视仪表工作性能安全可靠。

3. 运行中按规定冲洗水位计。

（四）超压

1. 检查超压联锁安全保护装置是否正常。

2. 检查安全阀是否失灵，按规程要求每年进行校验。

3. 压力表定时冲洗，按规程要求每半年校验一次。

（五）汽水共腾

1. 经常检查定期排污和连续排污装置，保证按时、有效排污，加强水质监督。

2. 避免超负荷运行。

3. 并炉时控制锅炉汽压，开启主汽阀门的速度不宜过快。

（六）锅炉熄火

1. 加强对司炉工的技术培训，避免误操作。

2. 加强对燃烧器的监控，确保燃烧器运行平稳。

3. 加强对风机的监控，确保风机运行平稳，风量充足。

4. 定期清理油嘴、过滤器，防止堵塞。

（七）炉膛爆炸

1. 严格执行操作规程，确保点火前炉膛内无可燃气体积聚；手动锅炉在点火前（特别是在点火时出现熄火重新点火之前），必须对炉内进行通风预吹扫；燃气（油）锅炉必须按规程要求设置点火前自动预吹扫程序，自动点火失败后应手动进行一次吹扫。

2. 检查锅炉自动点火程序控制是否正常，熄火保护装置是否灵敏可靠。锅炉运行时，控制和联锁保护装置不得停用。

3. 检查防爆门安装位置是否正确，开闭灵活。

（八）受热面爆管

1. 检修时及时修复管子的缺陷。

2. 做好水处理工作。保证锅炉使用合格的水质；在运行中坚持炉水化验制度，按规定做好定期排污工作。

3. 锅炉运行中，严格执行操作规程，严密监视锅筒水位的变化。

（九）热水锅炉汽化

1. 检查循环水泵联锁保护装置。

2. 锅炉应有备用电源。

3. 加强循环系统检查，避免泄漏。

（十）燃气锅炉火灾事故

1. 确保油（气）罐和油（气）管道的安装质量。

2. 定期检查油（气）罐和油（气）管道，发现泄漏应立即采取补救措施。

3. 锅炉房和油（气）罐区域内严禁吸烟和明火作业。

三、锅炉事故应急措施

（一）锅炉爆炸

1. 事故发生时，当班操作人员必须立即实施紧急避险操作，如关闭燃气（油）总阀、总电源等，迅速离开现场，以保护生命安全为第一原则，并尽量防止事故的扩大；同时按照有关规定报告和报警。

2. 在锅炉房周围设置警戒区，组织周围无关人员撤离；组织自救，或引导专业救援人员开展救援工作。

（二）锅炉缺水

1. 应立即紧急停炉、熄火，降低炉膛温度，并采取措施防止炉内压力上升，待设备自然冷却后查明原因。严禁盲目向锅炉进水。

2. 当出现锅炉严重缺水烧干锅造成受压本体严重变形、开裂，过热蒸汽外喷时，操作人员应立即实施紧急避险操作。

（三）锅炉满水

1. 当锅炉汽压及水位正常，而锅筒水位超过正常水位上限时，应采取下列措施：

（1）验证低位水位计的指示正确性（如对其有怀疑时，应与锅筒水位计对照，必要时还应冲洗水位计）。

（2）若因给水自动调整器失灵造成水位升高时，应手动关小调整阀，减少给水；如用调整阀不能控制给水时，则应关小给水阀或其他能控制给水的阀门。

（3）关闭备用给水管道上的给水阀。

（4）如水位继续升高，应开启事故放水阀或排污阀。

2. 如经上述处理后，锅筒水位仍上升，应采取下列措施：

（1）继续关小或关闭能控制给水的阀门（停止向省煤器上水时，应开启省煤器与锅筒的再循环阀）。

（2）加强锅炉放水。

（3）根据汽温下降情况，必要时开启过热器和蒸汽管道疏水阀。

3. 如锅筒水位已超过锅筒水位计的上部可见水位时，应采取下列措施：

(1) 立即停炉，关闭主汽阀。

(2) 停止向锅炉上水，开启省煤器与锅筒再循环阀。

(3) 加强锅炉放水，注意水位在锅筒水位计中出现。

4. 在停炉过程中，如水位已重新在锅筒水位计中出现，蒸汽温度又未明显降低时，可维持锅炉继续运行，尽快使水位恢复正常。

5. 因给水压力异常升高而引起锅筒水位升高时，尽快使水压恢复正常。

(四) 超压

1. 紧急熄火停炉。

2. 迅速打开锅炉顶部或分汽缸排汽阀门进行排汽，降低锅内压力。

3. 保持上水同时进行排污，降低锅内温度。

4. 锅炉排汽自然冷却后更换校验合格的安全阀、压力表，检修压力调节、超压停炉联锁保护控制系统，试验正常后才能投入运行。

(五) 汽水共腾

1. 适当降低锅炉蒸发量，并保持稳定。

2. 全开连续排污阀，必要时，开启事故放水或其他排污阀，注意保持锅筒水位不低于最低安全水位。

3. 采取锅内投药处理的锅炉，应停止加药。

4. 开启过热器和蒸汽管道等处的疏水阀进行疏水。

5. 测定蒸汽含盐量，并改善锅水质量。

6. 在锅水质量未改善前，不允许增加锅炉负荷。

7. 恢复正常后，应冲洗锅筒水位计。

(六) 锅炉熄火

锅炉熄火时，立即切断该炉的燃料供应，关闭电磁阀门，然后关闭各运行燃烧器的燃料供应阀门。操作时动作要快，以免燃料继续或恢复供应时，引起炉膛爆炸。加强锅炉通风，进行吹扫，吹扫时间大于 5 min，查明原因后，严格按照操作规程的点火程序恢复运行。

（七）炉膛爆炸

1. 爆燃后锅炉房内如未引起火灾，应立即熄灭周围明火，打开门窗通风。

2. 爆燃后锅炉房内如引起火灾，应按使用单位规定程序处理。

（八）受热面爆管

1. 炉管轻微破裂，如水位尚能维持，故障不会迅速扩大时，可短时间减负荷运行，至备用锅炉生火后再停炉。

2. 炉管爆破，不能维持水位和汽压时，应紧急停炉，当水位计中已见不到水位，炉膛温度又很高时，切不可给水，以免导致更大事故发生。引风机必须继续运行，排尽炉烟和蒸汽后方可停止。

3. 如有数台锅炉并列供汽，应将故障锅炉与蒸汽母管隔断。

（九）热水锅炉汽化

1. 停止锅炉运行。

2. 打开泄放阀或排气阀。

3. 检查热水锅炉和循环系统产生汽化的原因，并进行处理。

（十）燃气锅炉火灾事故

切断锅炉的油气供应，并按照消防安全的要求处理。

第六节　锅炉典型事故案例分析

【案例 2-1】锅炉水冷壁爆管事故

××××年×月×日，某电厂 4 号锅炉小修结束，汽轮机超速试验完毕准备并网时，突然炉膛一声巨响，汽包水位直线下降无法控制，被迫紧急停炉。检查发现前墙水冷壁爆管一根，爆口附近同一循环回路共有 25 根管产生不同程度的变形。经抢修更换爆破的和变形严重的水冷壁管 14 根。于三日后 18 时再次点火，次日 3 时 24 分带负荷 40 MW，主蒸汽压力 9.3 MPa，主蒸汽温度 490 ℃，电接点水位计指示+30 mm，炉内又发生一声巨响，汽包水位直线下降无法维持，再次紧急停炉。检查发现后墙水冷壁爆管一根，爆口周围 10 多根水冷壁管不同程度变形。

一、事故原因分析

两次爆管的情况基本相同，经检查外观爆口特征和金相分析，断定为短期超温爆管。事故是由于运行人员在锅炉启动过程中，两次未按规定清洗汽包就地水位计，而且未与电接点水位计核对，控制室内水位计不能正常投入运行，电接点水位计与就地水位计不符，出现假水位工况未能及时发现，致使锅炉严重缺水爆管。

二、预防同类事故的措施

1. 严防锅炉缺水和超温超压运行，严禁在水位表数量不足(指能正确指示水位的水位表数量)、安全阀解列的状况下运行。

2. 经常校对水位计，就地与远传数值基本一致。

3. 锅炉控制室内至少要有两支性能可靠的远传水位计。

4. 按规定及时冲洗水位计。

5. 当锅炉所有汽包水位表全部失灵，运行中无法判断锅炉汽包水位时，应立即紧急停炉。

6. 对于短期过热引起的爆管，一般要求防止锅炉汽包低水位、过量使用减温水引起过热器内水塞和作业工具、焊渣等异物进入锅炉管道而造成堵塞。

【案例 2-2】锅炉检修发生人员伤亡事故

××××年×月×日 0 时 20 分，某发电厂 8 号炉捞渣机在运行中因发生断链条故障停运抢修，0 时 35 分，司炉将 8 号炉捞渣机关断门甲侧密封挡板全部关闭，乙侧因机械卡涩有一块挡板未关上，并汇报值长，等待检修人员现场抢修；4 时 30 分，检修人员将捞渣机链条修复，要求试转。5 时 40 分，试转成功，但刮不上灰，检修判断链条从甲侧转角压链导轮下脱出，并要求反转和放掉捞渣机内的水。

值长未同意反转，只指挥运行人员用高压水冲洗压链导轮。在放水之前令司炉投一支油枪稳燃，压链导轮冲洗后，检修工撬链条复位未成功，准备采用割断链条复位的方法处理。6 时 40 分，炉内突然垮下大块焦渣，将关断门挡板接合部冲开一条缝，红灰从关断门挡板缝隙中喷射而出，将在捞渣机旁平台上做抢修准备工作的 4 人烧伤，事故致 3 人死亡，1 人重伤。

一、事故原因分析

1. 检修未执行安全规定。在捞渣机故障处理时，运行人员应采取投油稳燃，保持负压，并关闭关断门密封挡板等措施。

2. 检修未采取有效的应急措施。工作负责人由于技术业务素质不高，判断处理缺陷能力不强，对面临的不安全工作环境及“拖延时间越长，危害性就越大”的险情认识不足，未进一步采取防止突发事故的有效应急措施。

二、预防同类事故的措施

1. 定期对各级人员进行安全技术培训，提高安全技术防护水平。

2. 加强职工的自我保护意识的教育，在险情大的情况下要有应急措施；经常性进行经验教育，增加职工的经验知识。

3. 经常对职工进行安全思想教育，强化职工的安全意识，坚持反习惯性违章活动。

4. 各级人员要重视人身安全，认真履行安全职责，掌握各种作业的安全措施和要求，并严格遵守各项规章制度。

【案例 2-3】锅炉爆炸事故

××××年×月×日 8 时 50 分左右，某木业制品厂一台卧式 2 t 蒸汽锅炉在生产使用过程中发生爆炸，事故造成 2 人死亡，3 人重伤，1 人轻伤，直接经济损失 40 万元，间接经济损失 80 万元。爆炸造成锅炉全部倒塌，相邻的厂房倒塌或损坏。锅炉本体解体，锅筒全部开裂，烟管飞离锅筒。左联箱、左水冷壁炸毁，右联箱、右水冷壁损坏。

该锅炉于 1986 年制造，由使用单位于 2002 年 1 月自行安装并投入使用，未进行检验和登记注册。

一、事故原因分析

1. 锅炉发生爆炸时，车间处于正常生产状态，从分汽缸上通往车间的两根主蒸汽管道阀门打开，从分汽缸至车间用汽终端的所有阀门都处于全开状态，因此锅炉不存在超压爆炸的可能。

2. 经过对锅炉残骸进行检查，未发现腐蚀减薄处，锅炉水垢很少，同时未发现其他损伤。断口金相组织没有变化。未发现锅炉本体局部过热处，所以不存在锅炉不能承受正常工作压力而导致爆炸的可能。

3. 现场发现锅炉右侧集箱排污阀处于开启状态。据此推断，可能是由于司炉工排污时将锅炉水排干，发现锅炉缺水后又突然大量加水，水在炽热的锅炉钢板上急剧汽化造成锅炉内压力骤然增加而锅炉无法承受发生爆炸。同时在左侧的集箱中存有的高温水在压力突然降至大气压力时，再次汽化后造成伴随爆炸。这也是左侧集箱比右侧集箱爆炸能量大的原因，也验证了现场人员听见两个爆炸声音的现象。

因此，司炉工误操作导致锅炉缺水，又违反操作规程突然加水，是导致锅炉发生爆炸事故的直接原因和主要原因。

二、预防同类事故的措施

1. 加强对锅炉使用的安全管理，依法采购、安装、使用锅炉。

2. 加强对司炉人员安全教育，建立健全锅炉安全管理的各项规章制度，并教育司炉工严格遵照执行。锅炉未进行登记注册，不得投入使用。

3. 蒸汽锅炉应装设水位控制联锁保护装置等安全附件，且保持灵敏有效。

第三章　压力容器安全

第一节　压力容器概念及分类

一、基本概念

压力容器泛指在工业生产中用于完成反应、传质、传热、分离和储存等生产工艺过程，并能承受压力的密闭容器。压力容器被广泛用于石油、化工、能源、冶金、机械、轻工、纺织、医药、国防等领域。它不仅是工业生产和民用生活设施中的常用设备，同时又是有潜在爆炸危险的特种设备。

二、压力容器的分类

（一）按压力分类

压力容器按设计压力（P）分为低压、中压、高压和超高压四个压力等级。

1. 低压（代号 L）容器：0.1 MPa$\leqslant P<$1.6 MPa。
2. 中压（代号 M）容器：1.6 MPa$\leqslant P<$10 MPa。
3. 高压（代号 H）容器：10 MPa$\leqslant P<$100 MPa。
4. 超高压（代号 U）容器：$P\geqslant$100 MPa。

（二）按安装方式分类

压力容器按安装方式分为固定式压力容器和移动式压力容器。

1. 固定式压力容器：安装在固定地点的压力容器，如生产车间内的储罐、球罐、塔器、反应釜等。这些容器通常被固定在特定的位置，用于满足生产过程中的各种需求。

2. 移动式压力容器：单个或多个压力容器罐体与行走装置、定型汽车底盘或无动力半挂行走机构或框架构成，采用永久性连接，适用于铁路、公路、水道的运输设备，包含铁路罐车、汽车罐车、罐式集装箱、长管拖车等。这些容器可以移动，方便在不同的地点使用和运输。

（三）按壳体承压方式分类

压力容器按壳体承压方式分为内压容器和外压容器。

1. 内压容器：壳体内部受压的容器，根据壳体形状和结构的不同，内压容器可分为球形容器、圆筒形容器、圆锥形容器等多种类型。

2. 外压容器：壳体外部受压的容器，这类容器的特点是承受压力与容积的关系为反比，即容积增大时，承受的压力减小。

（四）按工艺用途分类

压力容器按工艺用途分为反应压力容器、换热压力容器、分离压力容器和储存压力容器。

1. 反应压力容器（代号 R）：主要是用于完成介质的物理化学反应的压力容器，如反应器、反应釜、合成塔、分解塔等。

2. 换热压力容器（代号 E）：主要是用于完成介质的热量交换的压力容器，如管壳式余热锅炉、热交换器、冷却器、冷凝器等。

3. 分离压力容器（代号 S）：主要是用于完成介质的流体压力平衡缓冲和气体净化分离的压力容器，如分离器、过滤器、集油器、吸收塔、干燥塔、汽提塔、除氧器等。

4. 储存压力容器（代号 C，其中球罐代号 B）：主要是用于储存、盛装气体、液体、液化气等介质的压力容器，如各种形式的储罐。

（五）按安全的重要程度分类

压力容器按安全的重要程度分为以下三类。

1. 第三类压力容器（代号Ⅲ）

（1）高压容器。

（2）中压容器（仅限毒性程度为极度和高度危害介质）。

（3）中压储存容器（仅限易燃或毒性程度为中度危害介质，且 $PV \geqslant 10\ \mathrm{MPa \cdot m^3}$）。

（4）中压反应容器（仅限易燃或毒性程度为中度危害介质，且 $PV \geqslant 0.5\ \mathrm{MPa \cdot m^3}$）。

（5）低压容器（仅限毒性程度为极度和高度危害介质，且 $PV \geqslant 0.2\ \mathrm{MPa \cdot m^3}$）。

（6）高压、中压管壳式余热锅炉，包括用途属于压力容器并主要按压力容器标准、规范进行设计和制造的直接受火焰加热的压力容器。

（7）中压搪玻璃压力容器。

（8）使用强度级别较高（指相应标准中抗拉强度规定值下限大于等于 540 MPa）的材质制造的压力容器。

（9）移动式压力容器，包括铁路罐车（介质为液化气体、低温液体）、罐式汽车（液化气体、低温液体或永久气体运输车）和罐式集装箱（介质为液化气体、低温液体）等。

（10）球形储罐（$V \geqslant 50\ \mathrm{m^3}$）与低温液体储存容器（$V \geqslant 5\ \mathrm{m^3}$）。

2. 第二类压力容器（代号Ⅱ）

（1）中压容器。

（2）低压容器（仅限毒性程度为极度和高度危害介质）。

（3）低压反应容器和低压储存容器（仅限易燃介质或毒性程度为中度危害介质）。

（4）低压管壳式余热锅炉。

（5）低压搪玻璃压力容器。

3. 第一类压力容器（代号Ⅰ）

除列入第三类、第二类的低压容器之外的所有低压容器。

第二节　压力容器构造及原理

一、压力容器构造形式

（一）球形容器

球形容器的本体是一个球壳，通常采用焊接结构，由于球形容器一般直径都较大，难以整体成形，大多由许多块预先按一定尺寸压制成型的球面板拼焊而成。

球形容器受力时其应力分布均匀，在相同的压力载荷下，球壳体的应力仅为直径相同的圆筒形壳体的1/2，即如果容器的直径、工作压力、制造材料相同时，球形容器所需的计算壁厚仅为圆筒形容器的1/2。此外，相同的容积，球形的表面积最小。综合面积及厚度的因素，故球形容器与相同容积、工作压力、材料的圆筒形容器相比，可节省30%～40%材料。

球形容器制造复杂、拼焊要求高，而且作为传质、传热或反应的容器时，因工艺附件难以安装，介质流动困难，故广泛用作大型贮罐；也可用作蒸汽直接加热的容器，可以节省隔热材料，减少热量损失。

（二）圆筒形容器

圆筒形容器的几何形状特点是轴对称，外观没有形状突变，因而受载应力分布也较均匀，承载能力较高，与球形容器相比，受力状态虽不如球形容器，但制造方便，质量易得到保证，工艺内件易于安排装拆，可用作任何用途的容器。与其他形式容器相比，受力状态较为理想。故圆筒形容器是目前使用最广泛的一种压力容器。

（三）箱形容器

箱形结构容器分为正方形结构和长方形结构两种。由于其几何形状突变，应力分布不均匀，转角处局部应力较高，所以这类容器结构不合理，较少使用。一般仅用作压力较低的容器，如蒸汽消毒柜及化纤设备的加热箱体。

（四）锥形容器

单纯的锥形容器在工程上很少见，其连接处因形状突变，受压力载荷时将会产生较大的附加弯曲应力。一般使用的是由锥形体与圆筒体组合而成的组合结构。这类容器在锥形体与圆筒体结合部仍存在较大局部应力，故这类容器通常因生产工艺有特殊要求时采用，锥形体作为收缩器或扩大器以逐渐改变流体介质的流速，或作为锥底以便于黏稠、结晶或固体物料排出。

二、压力容器构造组合

压力容器的结构一般比较简单，主要由一个能承受一定压力的壳体及必要的连接件、密封件和内件构成。另外，由于各种工艺用途不同，有时还需配置相应的工艺附件，但这些附件一般不承受介质的压力，对容器安全影响很小，只是作为附件。

常见压力容器一般由筒体、封头、法兰、接管、人（手）孔、支座等部分组成。压力容器的总体结构如图 3-1 所示。

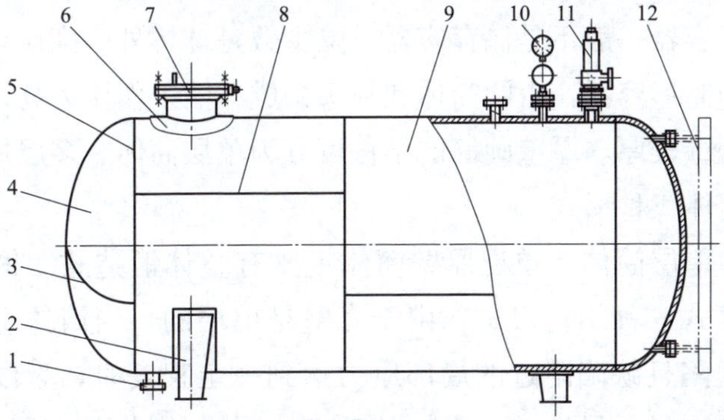

1—法兰；2—支座；3—封头拼接焊缝；4—封头；5—环焊缝；6—补强圈；7—人孔；8•纵焊缝；9—筒体；10—压力表；11—安全阀；12—液面计。

图 3-1　压力容器的总体结构

（一）筒体

筒体是压力容器最主要的组成部分，与封头或端盖共同构成承压壳体，是贮存物料或完成化学反应的压力空间。常见的圆筒形筒体是一个平滑的曲面，应力分布比较均匀，承载能力较高，且易于制造，便于内件的设置与装拆。

1. 薄壁圆筒壳

中、低压容器的筒体为薄壁圆筒壳。薄壁圆筒壳除了直径较小者可以采用无缝钢管外，一般都是焊接结构，即用钢板卷成圆筒后焊接而成。直径小的圆筒体只有一条纵焊缝，直径大的可能有两条甚至多条纵焊缝。同样，长度小的圆筒体只有两条以下环焊缝，长度大的则有多条环焊缝。圆筒体有一个连续的轴对称曲面，承压后应力分布比较均匀。

夹套容器的筒体由两个大小不同的内、外圆筒组成，外圆筒与一般承受内压的容器一样，内圆筒则是一个承受外压的壳体。在压力容器的压力界限范围内，虽然没有单纯承受外压的压力容器，但有承受外压的部件，如受外压的筒体、封头等。

2. 厚壁圆筒壳

高压容器一般不是储存容器。除少数是球体外，高压容器绝大部分是圆筒形容器，由圆筒体和封头构成。因工作压力高，所以高压容器壳壁较厚，厚壁圆筒的结构可分为单层筒体、多层板筒体和绕带式筒体三种形式。

（1）单层筒体。单层厚壁筒体主要有整体锻造式、锻焊式和厚板焊接式三种结构形式。由于壳壁是单层的，当筒体金属存在裂纹等缺陷且缺陷附近的局部应力达到一定程度时，裂纹将沿着壳壁扩展，最后导致整个壳体的破坏。同样的材料，厚板不如薄板的抗脆断性能好，综合性能也差一些。当壳体承受内压时，壳壁上所产生的应力沿壁厚方向的分布是不均匀的，壁厚越厚，内、外壁上的应力差别也越大。单层筒体无法改变这种应力分布不均匀的状况。

(2) 多层板筒体。多层板筒体的壳壁由数层或数十层紧密结合的金属板构成。由于是多层结构，可以通过制造工艺在各层板间产生预应力，使壳壁上的应力沿壁厚分布比较均匀，同时可以使壳体材料得到较充分的利用。如果容器内的介质具有腐蚀性，可采用耐腐蚀的合金钢作内筒，而用碳钢或其他低合金钢作层板，以节约贵重金属。当壳壁材料中存在裂纹等严重缺陷时，缺陷一般不易扩散到其他各层，同时各层均是薄板，具有较好的抗脆断性能。多层板筒体的制造工艺可以分为多层包扎焊接式、多层绕板式、多层卷焊式和多层热套式等形式。

(3) 绕带式筒体。绕带式筒体的壳体是由一个用钢板卷焊成的内筒和在其外表面缠绕的多层钢带构成。它具有一些与多层板筒体相同的优点，而且可以直接缠绕成较长的整个筒体，不需要由多段筒节组焊，因而可以避免多层板筒体所具有的深而窄的环焊缝。但其制造工艺较复杂，生产效率低，制造周期长，因而较少采用。

(二) 封头

在中、低压压力容器中，与筒体焊接连接而不可拆的端部结构称为封头，与筒体以法兰等连接的可拆端部结构称为端盖。而通常所说的“封头”则包含封头和端盖两种连接形式。压力容器的封头或端盖，按其形状可以分为三类，即凸形封头、锥形封头和平板封头。其中，凸形封头是压力容器中广泛采用的封头结构形式，锥形封头只用于某些特殊用途的容器，平板封头在压力容器中主要用作人孔及手孔的盖板。

1. 凸形封头

凸形封头有半球形封头、碟形封头、椭球形封头和无折边球形封头四种，形状如图 3-2 所示。

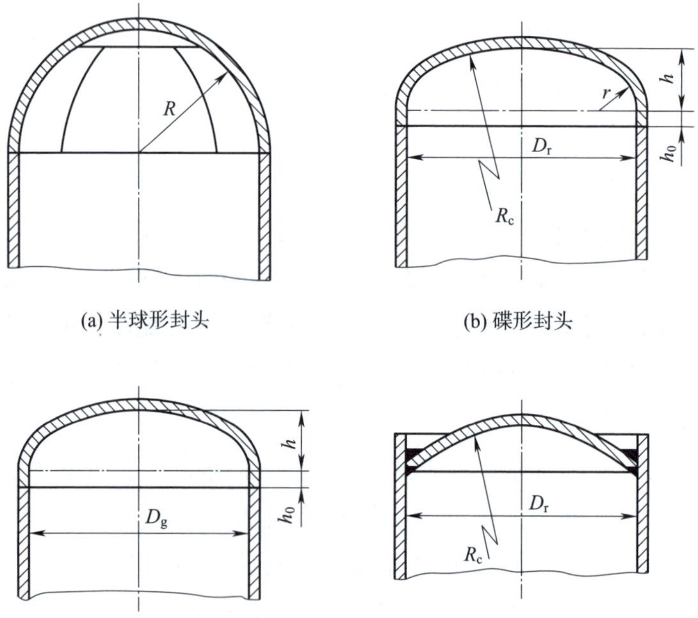

(a) 半球形封头　(b) 碟形封头　(c) 椭球形封头　(d) 无折边球形封头

图 3-2　凸形封头

（1）半球形封头是一个空心半球体，由于它的深度大，整体压制成型较为困难，所以直径较大的半球形封头一般都是由数块大小相同的梯形球面板和顶部中心的一块圆形球面板（球冠）组焊而成，如图 3-2（a）所示。中心圆形球面板的作用是把梯形球面板之间的焊缝隔开一定距离。半球形封头加工制造比较困难，只有压力较高、直径较大或有其他特殊需要的储罐才采用半球形封头。

（2）碟形封头又称带折边的球形封头，如图 3-2（b）所示，由几何形状不同的三部分组成：中央是半径为 R_c 的球面，与筒体连接部分是高度为h_0的圆筒体，球面体与圆筒体由曲率半径为r的过渡圆弧（折边）连接。

（3）椭球形封头是中低压容器中使用最为普遍的封头结构形式，它一般由半椭球体和圆筒体两部分组成，如图 3-2（c）所示。半椭球体的纵幅面中线是半个椭圆，它的曲率半径是连续变化的。椭球形封头的深度取决于椭圆长短轴之比（即封头直径D_g与封头深度h的两倍之比）。椭圆长短轴之比越大，封头深度越小。标准椭球封头的长短轴之比［D_g/（$2h$）］为 2，即封头深度（不包括直边部分）为其直径的 1/4。

（4）无折边球形封头是一块深度很小的球面壳体（球缺），如图 3-2（d）所示。这种封头结构简单，制造容易，成本也较低。但是由于它与筒体连接处结构不连续，存在很高的局部应力，一般只用于直径较小、压力很低的低压容器上。

2. 锥形封头

锥形封头有两种结构形式。一种是无折边的锥形封头，如图 3-3 所示。由于锥体与圆筒体直接连接，结构形状突然不连续，在连接处附近产生较大的局部应力，因此只有一些直径较小、压力较低的容器有时采用半锥角α小于等于 30°的无折边锥形封头，且多采用局部加强结构。局部加强结构形式较多，可以在封头与筒体连接处附近焊加强圈，也可以在筒体与封头的连接处局部加大壁厚。另一种为带折边的锥形封头，由圆锥体、过渡圆弧和圆筒体三部分组成（图 3-4）。标准带折边锥形封头的半锥角α有 30°和 45°两种，过渡圆弧曲率半径r与直径D_g之比值规定为 0.5。

3. 平板封头

平板封头结构简单，制造方便，但受力状况最差。中低压容器用平板作为人孔和手孔盖板；高压容器，除整体锻造式压力容器直接在筒体锻造出凸形封头及采用冲压成形的半球形封头外，多采用

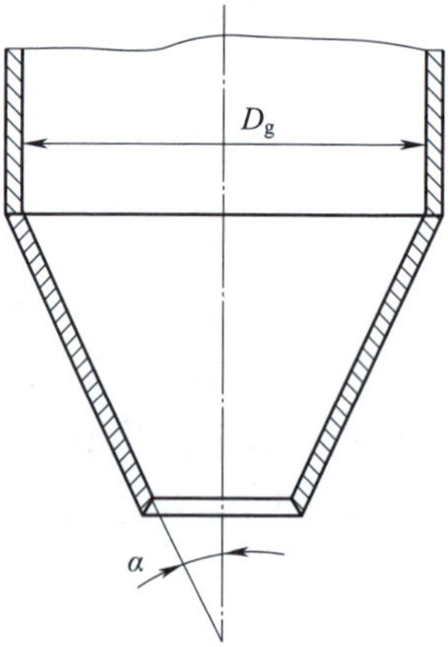

图 3-3　无折边的锥形封头

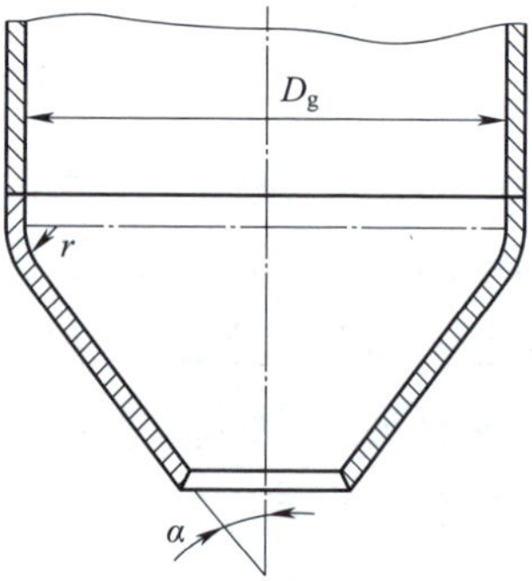

图 3-4　带折边的锥形封头

平板封头和平端盖，如图 3-5 所示。

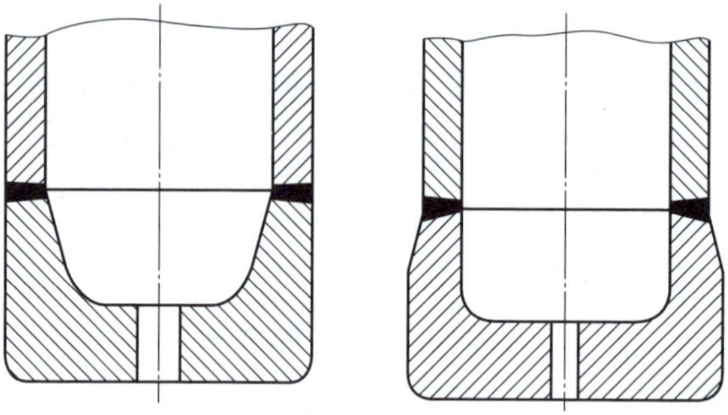

图 3-5　高压容器的平板封头

（三）法兰

1. 法兰连接

由于生产工艺需要和安装检修的方便，不少容器需采用可拆的连接结构，如压力容器的端盖与筒体之间、接管与管道之间的连接，通常采用法兰结构。法兰通过螺栓、楔口等连接件压紧密封件保证容器的密封。故法兰连接是由法兰、螺栓、螺母及密封元件所组成的密封连接件，如图 3-6 所示。

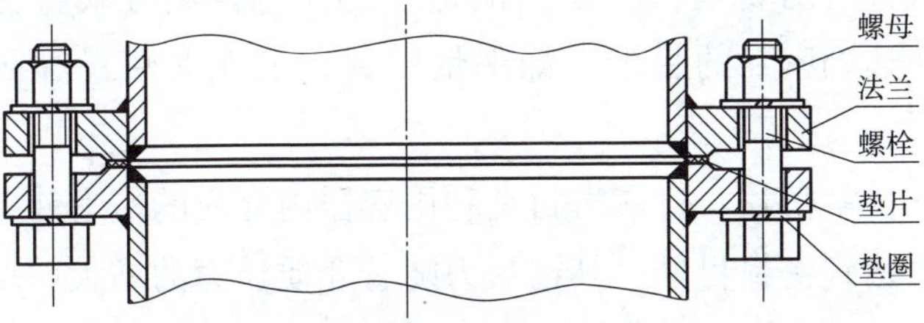

图 3-6 法兰连接

2. 法兰的分类

法兰按照所连接的部件可分为容器法兰和管道法兰。容器法兰用于容器的端盖与筒体连接，管道法兰用于接管（管道）与管道之间的连接。

法兰按其整体性程度分为整体法兰、松式法兰、任意式法兰，按其密封面形式分为平面法兰、凹凸法兰、榫槽法兰。

3. 密封元件的分类

密封元件是放在两法兰接触面之间或封头与筒体顶部的接触面之间，借助于螺栓等连接件的压紧力达到密封的目的。

密封元件按其所用材料的不同分为非金属密封元件（如石棉垫、橡胶垫、橡胶“O”形圈、聚四氟乙烯板等）、金属密封元件（如紫铜垫、铝垫、软钢垫等）和组合式密封元件（如铁包石棉垫、铜丝缠绕石棉垫等）。

密封元件按其截面形状分为平垫片、三角形垫片、八角形垫片、透镜式垫片等。

4. 密封结构

不同的密封元件和不同的连接件相组配，可构成各种不同的密封结构。

（1）强制密封：强制密封是通过紧固端盖与筒体法兰之间的连接螺栓或接管与管道法兰之间的连接螺栓等强制方式将密封面压紧，从而达到密封的目的。如平垫密封、卡扎里密封等属于强制密封。

（2）自紧密封：自紧密封是利用容器内介质的压力使密封面产生压紧力达到密封目的。其密封力随着介质压力的增大而增大，因而在较高的压力下也能保证可靠的密封性能。如组合式密封、“O”形环密封、“C”形环密封、楔形密封、八角形垫和椭圆垫密封、平垫自紧密封等。

（3）半自紧密封：它既利用容器内介质的压力又利用紧固件的联结，使密封面产生压紧力达到密封目的，如双锥密封就属于半自紧密封。

（四）接管

1. 用途

接管是为适应压力容器安全运行及工艺生产的需要而设置于封头（端盖）及筒体上的，用于介质的进出、安全附件的安装等的部件。

2. 接管形式

接管形式分为螺纹短管、法兰短管、平法兰短管三种。

（1）螺纹短管式接管是一段带有内螺纹或外螺纹的短管，短管插入并焊接在容器的器壁上，短管螺纹用来与外部管件连接。一般用于连接直径较小的管道，如接装测量仪表等。

（2）法兰短管式接管一端焊有管法兰，一端插入并焊接在容器的器壁上，法兰用以与外部管件连接。一般用于直径稍大的接管。

（3）平法兰接管是法兰短管式接管除掉直管的一种特殊形式，

实际上就是直接焊接在容器开孔上的一个管法兰，这种接管与容器的连接有贴合式和插入式两种形式。

（五）人孔和手孔

1. 用途

根据容器的结构、介质等情况，设置人孔或手孔等检查孔，供容器定期检验、检查或清除污物用。

2. 分类

人（手）孔按其形状分为圆形及椭圆形两种，按其封闭形式分为外闭式和内闭式。

3. 开孔处的补强

容器的筒体或封头开孔后，孔边的最大应力要比器壁上平均应力大数倍，对容器安全不利。为了补偿开孔处的薄弱部位，就需采取补强措施。开孔处的补强方法有整体补强和局部补强两种。容器上的开孔处补强一般均采用局部补强法，其原理是等面积补强。局部补强常用的结构有补强圈、厚壁短管和整体锻造补强等。

（六）支座

支座是用于支承容器重量并将其固定在基础上的附加部件，制作的结构形式决定于容器的安装方式、容器重量及其他载荷，一般分为三类，即立式容器支座、卧式容器支座和球形容器支座。

常用的立式容器支座有悬挂式支座（耳式支座）、支承式支座、裙式支座及腿式支座。其中裙式支座主要用于高大的直立容器（塔类）。

常用的卧式容器支座有鞍式支座、圈座和支承式支座等。支承式支座只适用于小型容器，大中型容器常用鞍式支座，圈座适用于薄壁容器及两个支撑的长容器。

常用的球形容器支座有裙式支座和柱式支座。

三、压力容器工作原理

压力容器是一种能够承受一定压力的密闭设备，其工作主要基于理想气体定律和强度学原理。

理想气体定律是指一定质量的理想气体，在恒定温度下，其压强与体积成反比。这意味着当容器内气体的体积增大时，其压强会相应减小；反之，当气体的体积减小时，其压强会相应增大。在压力容器中，由于密封性良好，容器内气体的体积和压强是受到严格控制的。

强度学原理是指在材料承受一定压力时，其变形与压力成正比关系。压力容器通常由金属或非金属材料制成，这些材料在承受压力时会产生变形。通过合理设计容器的结构和材料，可以确保容器在承受规定压力时不会破裂或变形过大，从而保证其安全性和可靠性。

总之，压力容器的工作原理是基于理想气体定律和强度学原理。通过对容器壁进行合理设计和制造，并确保容器内气体的体积和压强得到严格控制，可以实现压力容器的安全可靠运行。

第三节　压力容器安全装置及附件

一、压力容器安全装置

压力容器作为一种重要的工业设备，其安全运行对于工业生产的安全和稳定具有重要意义。为了确保压力容器的安全运行，需要配备一系列安全装置。

1. 紧急切断装置

紧急切断装置是压力容器安全装置的重要组成部分。它由紧急切断阀、联锁装置和触发机构组成。当压力容器发生异常情况时，紧急切断装置能够迅速切断容器的进气和出气管道，中止介质流入和流出容器，从而防止事故扩大。

2. 防爆装置

防爆装置是用于防止压力容器发生爆炸的装置。它通常由防爆片、安全阀和泄压阀等组成。防爆装置能够在容器内部压力超过安全范围时，及时释放部分压力，避免容器爆炸或破裂。

3. 内部保护装置

内部保护装置是安装在压力容器内部的装置，用于保护容器的内部结构和介质安全。常见的内部保护装置包括内部隔板、内部支撑杆和内部过滤器等。这些装置能够避免容器内部因介质流动不均、介质结晶和介质污染等问题导致的损坏。

4. 外部保护装置

外部保护装置是安装在压力容器外部的装置，用于保护容器的外部结构和人员安全。常见的外部保护装置包括保温层、防护罩、警示标识和安全附件等。这些装置能够避免容器外部因环境因素、人为因素等导致的损坏和危害。

5. 报警装置

报警装置是用于监测压力容器运行状态的重要装置。它通常由传感器、报警器和控制系统组成。报警装置能够实时监测容器的温度、压力、液位等参数，当参数超过预设范围时，及时发出警报并通知操作人员采取相应措施。报警装置能够帮助操作人员及时发现异常情况，避免事故发生或减轻事故后果。

二、压力容器安全附件

安全附件是承压设备安全、经济运行不可缺少的组成部分。根据压力容器的用途、工作条件、介质性质等具体情况装设必要的安全附件，可提高压力容器的可靠性和安全性。安全附件不合格的压力容器不允许投入使用。

压力容器的安全附件包括安全阀、爆破片、紧急放空阀、液位计、压力表、单向阀、限流阀、温度计、喷淋冷却装置、紧急切断装置、防雷击装置等，根据容器的结构、大小和用途分别装设相应的安全附件。

（一）安全泄压装置

压力容器在运行过程中，由于种种原因，可能出现器内压力超过其最高许用压力（一般为设计压力）的情况。为了防止超压，确保压力容器安全运行，一般都装有安全泄压装置，以自动、迅速地排出容器内的介质，使容器内压力不超过其最高许用压力。压力容器常见的安全泄压装置有安全阀和爆破片。压力容器安全泄压装置的安全泄放量必须达到相关要求，安全泄放量就是指压力容器在超压时为保证其压力不再升高，在单位时间内所必须泄放的气量。

1. 安全阀

压力容器在正常工作压力运行时，安全阀保持严密不漏；当压力超过设定值时，安全阀在压力作用下自行开启，使容器泄压，以防止容器或管线破坏；当容器压力泄至正常值时，它又能自行关闭、停止泄放。此外，安全阀开放时，由于容器内的气体从阀中高速喷出，常常发出较大的声响，从而也起到了自动报警的作用。

为了防止超压运行，除在运行中压力不可能超过设计压力的容器以外，原则上所有压力容器都应装设安全阀。

（1）安全阀的种类

安全阀按其整体结构及加载机构形式分为杠杆式和弹簧式两种。它们是利用杠杆与重锤或弹簧弹力的作用，压住容器内的介质，当介质压力超过杠杆与重锤或弹簧弹力所能维持的压力时，阀芯被顶起，介质向外排放，器内压力迅速降低；当器内压力小于杠杆与重锤或弹簧弹力后，阀芯再次与阀座闭合。

弹簧式安全阀的加载装置是一个弹簧，通过调节螺母，可以改变弹簧的压缩量，调整阀瓣对阀座的压紧力，从而确定其开启压力的大小。弹簧式安全阀结构紧凑，体积小，动作灵敏，对振动不太敏感，可以装在移动式容器上，缺点是阀内弹簧受高温影响时，弹性有所降低。

杠杆式安全阀靠移动重锤的位置或改变重锤的质量调节安全阀的开启压力。它具有结构简单、调整方便、比较准确，以及适用较高温度的优点。杠杆式安全阀比较笨重，难以用之于高压容器。

（2）安全阀的选用

《压力容器安全技术监察规程》规定，安全阀的制造单位，必须有国家主管部门颁发的制造许可证才可制造。安全阀出厂应当随带产品质量证明书，并且在产品上装设牢固的金属铭牌。安全阀的产品质量证明书与金属铭牌应当符合有关标准的要求。

安全阀的选用，应根据容器的工艺条件及工作介质的特性，从安全阀的安全泄放量、加载机构、封闭机构、气体排放方式、工作压力范围等方面考虑。安全阀的排放量是选用安全阀的关键因素，安全阀的排放量必须不小于容器的安全泄放量。从气体排放方式来看，对盛装有毒、易燃或污染环境的介质容器，应选用封闭式安全阀。选用安全阀时，要注意它的工作压力范围，要与压力容器的工作压力范围相匹配。

（3）安全阀的安装

安全阀应垂直向上安装在压力容器本体的液面以上气相空间部位，或与连接在压力容器气相空间上的管道相连接。安全阀确实不便装在容器本体上，而用短管与容器连接时，则接管的直径必须大于安全阀的进口直径，接管上一般禁止装设阀门或其他引出管。压力容器一个连接口上装设数个安全阀时，则该连接口入口的面积，至少应等于数个安全阀的面积总和。压力容器与安全阀之间一般不宜装设中间截止阀门，对于盛装易燃、毒性程度为极度、高度、中高度危害或黏性介质的容器，为便于安全阀更换、清洗，可装截止阀，但截止阀的流通面积不得小于安全阀的最小流通面积，并且要有可靠的措施和严格的制度，以保证在运行中截止阀保持全开状态。

选择安装位置时，应考虑安全阀的日常检查、维护和检修的方便。安装在室外露天的安全阀要有防止冬季阀内水分冻结的可靠措施。装有排气管的安全阀，排气管的最小截面积应大于安全阀内的出口截面积，排气管应尽可能短而直，并且不得装阀。安装杠杆式安全阀时，必须使它的阀杆保持在铅垂的位置。所有进气管、排气管连接法兰的螺栓必须均匀上紧，以免阀体产生附加应力，破坏阀体的同心度，影响安全阀的正常动作。

（4）安全阀的维护和检验

安全阀在安装前应由专业人员进行水压试验和气密性试验，试验合格后进行调整校正。安全阀的开启压力不得超过容器的设计压力。校正调整后的安全阀应进行铅封。

要使安全阀动作灵敏可靠和密封性能良好，必须加强日常维护检查。安全阀应经常保持清洁，防止阀体弹簧等被油垢脏物所粘住或被腐蚀。还应经常检查安全阀的铅封是否完好。气温过低时，检查安全阀有无冻结的可能性。对杠杆式安全阀，要检查其重锤是否松动或被移动等。如发现缺陷，要及时校正或更换。安全阀要定期检验，每年至少校验一次。

2. 爆破片

《固定式压力容器安全技术监察规程》（TSG 21—2016）规定：安全阀不能可靠工作时，应当装设爆破片装置，或采用爆破片装置与安全阀装置组合的结构。

爆破片是一种断裂型的安全泄压装置。爆破片具有密封性能好，反应动作快，以及不易受介质中黏污物的影响等优点。但它是通过膜片的断裂来卸压的，所以卸压后不能继续使用，容器也被迫停止运行。因此，它只是在不宜安装安全阀的压力容器上使用，例如：存在爆燃或异常反应而压力倍增、安全阀由于惯性来不及动作；介质昂贵、剧毒，不允许任何泄漏；运行中会产生大量沉淀或粉状黏附物，妨碍安全阀动作。

爆破片的结构比较简单。它的主零件是一块很薄的金属板，用一副特殊的管法兰夹持着装入容器的引出的短管中，也有将膜片直接与密封垫片一起放入接管法兰的。容器在正常运行时，爆破片虽可能有较大的变形，但能保持严密不漏。当容器超压时，膜片即断裂排泄介质，避免容器因超压而发生爆炸。

爆破片的设计压力一般为工作压力的 1.25 倍，对压力波动幅度较大的容器，其设计破裂压力还要相应增大。但在任何情况下，爆破片的爆破压力都不得大于容器设计压力。一般爆破片材料的选择、膜片的厚度，以及采用的结构形式，均是经过专门的理论计算和试验测试确定。

运行中应经常检查爆破片法兰连接处有无泄漏，爆破片有无变形。通常情况下，爆破片应每年更换一次，发生超压而未爆破的爆破片应及时更换。

（二）压力表

压力表是测量压力容器中介质压力的一种计量仪表。

1. 压力表的分类与结构

压力表的种类较多，按其作用原理和结构，可分为液柱式、弹性元件式、活塞式和电量式四类。压力容器大多使用弹性元件式的单弹簧管压力表。

弹性元件式压力测量仪表是利用弹性元件的弹性力与被测压力相互平衡的原理，根据弹性元件的变形程度确定被测的压力值。它的优点是结构牢固、密封可靠，具有较高的准确度，对使用条件的要求也不高。缺点是使用期间必须经常检修、校验，且不宜用于测定频率较高的脉动压力和具有强烈振动的场合。

根据弹性元件结构特点，这类压力测量仪表又可分为单（圈）

弹簧管式、薄膜式（又分为波纹平膜式和薄膜式）、螺旋形（多圈）弹簧管式、波纹筒式和远距离传送式等多种形式。目前，在压力容器中广泛采用单弹簧管式压力表。当工作介质具有腐蚀性时，也常采用波纹平膜式压力表。

①单弹簧管式压力表是将压力介质通入弹簧弯管内，利用弯管受内压变形，并经放大后读出其压力值，根据变形量的传递机构又可分为扇形齿轮式和杠杆式两种，如图 3-7 所示。

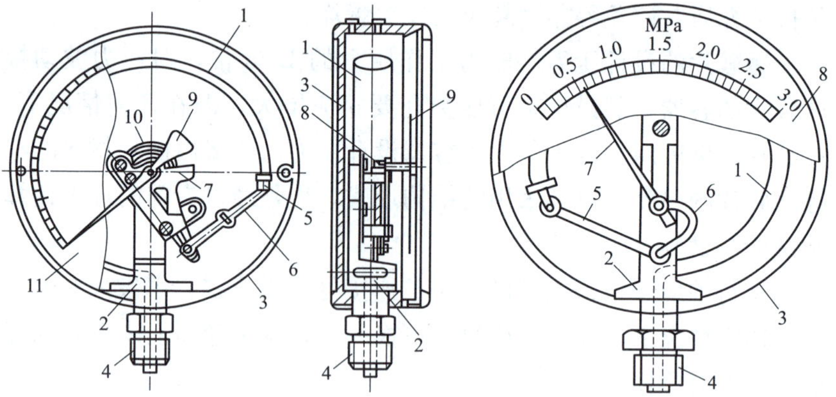

（a）扇形齿轮式

1—弹簧弯管；2—支座；3—表壳；
4—接头；5—带绞轴的塞子；6—拉杆；
7—扇形齿轮；8—小齿轮；
9—指针；10—油丝；11—刻度盘。

（b）杠杆式

1—弹簧弯管；2—支座；3—表壳；
4—接头；5—拉杆；6—弯曲杠杆；
7—指针；8—刻度盘。

图 3-7　单弹簧管式压力表

扇形齿轮式单弹簧管式压力表制造简单、轻便、操作可靠、价格低廉，有均匀易读的刻度，压力的测量范围广。因此，在无其他特殊要求的场合，一般都使用这种压力表。

杠杆式单弹簧管式压力表由于采用杠杆传动机构，将弹簧弯管在压力作用下的变形量按一定比例放大，因此它具有更高的准确度，而且比较耐振，但其指针只能在 90°的范围内转动。

②波纹平膜式压力表的结构如图 3-8 所示。它的弹性元件是波纹形的平面薄膜，当薄膜下侧通入压力介质时，薄膜受压向上凸起，通过传动机构，从而读出压力的数值。由于薄膜中心的最大挠度不能超过 1.5～2 mm，因此要用较高的传动比。

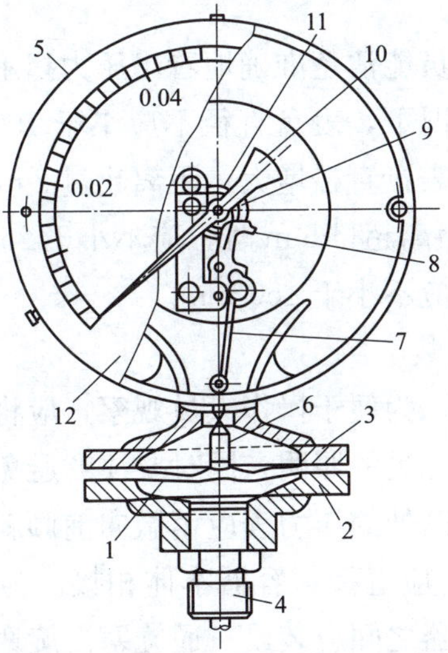

1—平面薄膜；2—下法兰；3—上法兰；4—接头；5—表壳；6—销柱；7—拉杆；8—扇形齿轮；9—小齿轮；10—指针；11—油丝；12—刻度盘。

图 3-8　波纹平膜式压力表

这种压力表对振动和冲击不太敏感，最主要的优点是它可在薄膜底面用抗腐蚀金属制成保护膜，因此在石油化工中常用来测量具有腐蚀性介质的压力。但波纹平膜式压力表的灵敏度和准确度都较低且不能应用于较高压力。其压力适用范围一般小于 3.0 MPa。

2. 压力表的选用

压力表应该根据被测压力的大小、安装位置的高低、介质的性质（如温度、腐蚀性质等）来选择精度等级、最大量程、表盘大小及隔离装置。

装在压力容器上的压力表，其表盘刻度极限值应为容器最高工作压力的1.5～3倍，最好为2倍。压力表量程越大，允许误差的绝对值也越大，视觉误差也越大。按容器的压力等级要求，设计压力小于1.6 MPa压力容器使用的压力表的精度不应当低于2.5级，设计压力大于等于1.6 MPa压力容器使用的压力表的精度不应当低于1.6级。

为便于操作人员能清楚准确地看出压力指示，压力表盘直径不能太小。在一般情况下，表盘直径不应小于100 mm，如果压力表距离观察地点远，表盘直径增大，距离超过2 m时，表盘直径最好不小于150 mm；距离超过5 m时，应不小于250 mm。超高压容器压力表的表盘直径应不小于150 mm。

3. 压力表的安装

安装压力表时，为便于操作人员观察，应将压力表安装在最醒目的地方，并要有充足的照明，同时要注意避免受辐射热、低温及振动的影响。装在高处的压力表应稍微向前倾斜，但倾斜角不得超过30°。压力表接管应直接与容器本体相接。为便于卸换和校验压力表，压力表与容器之间应装设三通旋塞。旋塞应装在垂直的管段上，并要有开启标志，以便核对与更换。蒸汽容器在压力表与容器之间应装有存水弯管。盛装高温、强腐蚀及凝结性介质的容器在压力表与容器连接管路上应装有隔离缓冲装置，使高温或腐蚀介质不和弹簧弯管直接接触，并依据液体的腐蚀性选择隔离液。

4. 压力表的使用

使用中的压力表，应根据设备的最高工作压力，在它的刻度盘上画明警戒红线，但注意不要涂画在表盘玻璃上，一则会产生很大的视差，二则玻璃转动导致红线位置发生变化，使操作人员产生错觉，造成事故。

压力表应保持洁净，表盘上玻璃要明亮透明，使表内指针指示的压力值能清楚易见。压力表的接管要定期吹洗。在容器运行期间，如发现压力表指示失灵、刻度不清、表盘玻璃破裂、泄压后指针不回零位、铅封损坏等情况，应立即校正或更换。

压力表的维护和校验应符合国家计量部门的有关规定。压力表安装前应当进行校验，在用压力表一般每六个月校验一次，通常压力表上应有校验标记，注明下次校验日期或校验有效期。校验后的压力表应加铅封。未经校验合格和无铅封的压力表均不准安装使用。

（三）液位计

一般压力容器的液面显示多用玻璃板液位计。石油化工装置的压力容器，如各类液化石油气体的储存压力容器，选用各种不同作用原理、构造和性能的液位指示仪表。介质为粉体物料的压力容器，多数选用放射性同位素料位仪表，指示粉体的料位高度。

不论选用何种类型的液位计或仪表，均应符合《固定式压力容器安全技术监察规程》（TSG 21—2016）规定的安全要求，具体包括以下八方面：

（1）应根据压力容器的介质、设计压力（或最高允许工作压力）和设计温度正确选用。

（2）在安装使用前，低、中压容器（设计压力小于 10 MPa）液位计，应进行 1.5 倍液位计公称压力的液压试验；高压容器（设计压力大于等于 10 MPa）液位计，应进行 1.25 倍液位计公称压力的液压试验。

（3）盛装 0 ℃以下介质的压力容器，应选用防霜液位计。

（4）寒冷地区室外使用的液位计，应选用夹套型或保温型结构的液位计。

（5）用于易燃、毒性程度为极度、高度危害介质的液化气体压力容器上，应有防止泄漏的保护装置。

（6）要求液面指示平稳的，不应采用浮子（标）式液位计。

（7）液位计应安装在便于观察的位置。如液位计的安装位置不便于观察，则应增加其他辅助设施。大型压力容器还应有集中控制的设施和警报装置。液位计的最高和最低安全液位，应做出明显的标志。

（8）压力容器运行操作人员，应加强对液位计的维护管理，经常保持完好和清晰。

应对液位计实行定期检修制度，使用单位可根据运行实际情况，在管理制度中具体规定。

液位计有下列情况之一的，应停止使用：①超过检验周期；②玻璃板（管）有裂纹、破碎；③阀件固死；④经常出现假液位。

此外，使用放射性同位素料位检测仪表，应严格执行国务院发布的《放射性同位素与射线装置放射防护条例》的规定，采取有效保护措施，防止使用现场放射危害。需要控制壁温的压力容器上，应当装设测试壁温的测温仪表（或温度计）。测温仪表应当定期校验。

（四）温度计

温度计是测温仪器的总称。常用温度计包括膨胀式温度计、压力式温度计、热电偶温度计和热电阻温度计。

其中，热电偶是一种感温元件，是一种仪表。它直接测量温度，并把温度信号转换成热电动势信号，通过电气仪表（二次仪表）转换成被测介质的温度。热电偶测温的基本原理是两种不同成分的材质导体组成闭合回路，当两端存在温度梯度时，回路中就会有电流通过（热电效应）。

温度计的使用和维护有以下规定：

（1）需要控制壁温或介质温度的设备，必须装设测温仪表（或温度计），安装前应进行校验。

（2）测温仪表（或温度计）应定期校验维护，校验周期随装置大修周期而定。

（3）测温仪表（或温度计）如果出现玻璃有裂纹和破碎，表盘刻度模糊不清，指针断裂或外壳腐蚀严重，超过校验有效期等情况时，应停止使用并更换。

（五）常用阀门

1. 截止阀

截止阀常用来截断流体和调节流量。优点是结构简单、密封性能好，制造和维护方便。缺点是流体阻力大，阀体较长，占地较大。

2. 节流阀

节流阀常用于压缩气体的节流、液化气体的装卸和钢瓶的角阀。优点是外形尺寸小、重量轻、制造精度高、密封好，能准确地调节流量和压力。缺点是加工困难。

3. 闸阀

闸阀常用于容器的放料阀、离心泵进口阀，介质双向流动的管道，要求介质输送阻力小的管道，阀体安装受限制的地方。优点是全启时介质流动阻力小，阀体较短。缺点是结构较复杂，密封面易磨损，检修较困难。只适宜截断流体，不适宜调节流量。

4. 止回阀（逆止阀、单向阀）

升降式止回阀：优点是结构简单、密封性能好，安装维修方便。缺点是阀芯容易被卡住。

摆动式止回阀：优点是结构简单、流动阻力小。缺点是噪声大、密封性能差。

5. 减压阀（节流调压阀）

常用的减压阀有弹簧式、杠杆式、气动式、薄膜式、活塞式和波纹管式。

减压阀常用在液化气体和蒸汽管道上，为调整压力方便，在减压阀前后加设压力表；为防止减压阀失灵引起低压端管道或容器超压爆炸，在低压部分应装设安全阀。

第四节 压力容器运用安全管理

压力容器工作条件特殊，如高温、高压，介质具有强腐蚀性、毒性及易燃、易爆性等，增大了发生事故的概率。因此，做好压力容器的安全技术管理工作，消除隐患，预防事故，对保证人身和财产安全，促进生产和经营具有重大意义。

一、生命周期全过程安全管理

（一）压力容器设计与制造管理

压力容器发生事故的直接原因一般有两种，即容器本身的不安全因素和操作人员的不安全行为，而容器本身的不安全因素主要源于设计和制造过程。因此，为保证压力容器的质量，减少容器本身的不安全因素，在容器设计和制造两个过程的各个环节上，需要进行全面的质量和安全管理，尽可能地消除影响压力容器质量的各种因素。

为确保压力容器的安全，由国家质量监督检验检疫总局颁布了《压力容器》（GB/T 150）、《固定式压力容器安全技术监察规程》（TSG 21—2016）等，作为压力容器安全技术监督和管理的标准，对压力容器的材料，设计、制造、安装、使用管理，以及安全附件等都做了严格而明确的规定。压力容器的设计和制造必须严格遵守其中的各项规定，否则不予验收和投产。

1. 压力容器的设计管理

压力容器的设计是否安全可靠，主要取决于设计过程中材料选择、结构安全设计和强度设计是否合理。另外，还应考虑适应生产能力，保证强度和稳定性、密封性，以及制造、运输、安装、检修的方便性和总体设计的经济性。

（1）压力容器设计单位的资格与审批。压力容器的设计单位应当具备下列条件，才可向主管部门提出设计资格申请：①有与压力容器设计相适应的设计人员、设计审核人员；②有与压力容器设计相适应的健全的管理制度和责任制度。

（2）设计单位的设计资格审批工作按以下程序进行：①设计单位应向主管部门和同级特种设备安全监察管理部门提出申请；②压力容器的设计单位，必须按压力容器的种类划分，实行分级审批；③设计单位经批准后，由批准机关发放压力容器设计单位批准书。主管部门和监察管理部门应每年对设计单位进行一次检查，发现违反规程、规定，设计资料不齐全，没有认真履行审批手续或设计错误等情况，应限期改进、责令整顿，或给以严肃处理，直至撤销设计资格。

（3）压力容器设计文件管理。压力容器的设计文件编制必须遵循现行规范、标准和有关规程的规定，其结构、选材、强度计算和制造技术条件均应符合《压力容器》和《固定式压力容器安全技术监察规程》的要求，必要时还可参考国外的规范和标准。压力容器的设计文件包括设计图、技术条件、强度计算书，必要时还应包括设计、安装或使用说明书。压力容器设计图应符合相应标准规定的内容和格式，且每台容器应单独出具图样，通常包括装配图和零部件图两部分。装配图除了表示容器的结构、尺寸、各零部件之间的装配和内外部连接关系外，还应按照《固定式压力容器安全技术监察规程》的要求，注明设计压力、最高工作压力、设计温度、介质名称（或其特性）、容积、焊缝系数、腐蚀裕度、主要受压元件材质、容器类别和充装系数等典型特性参数，以及制造、检验和试验等方面的技术要求。零部件图需表示零部件之间的关系、形状、尺寸加工和检验等要求。压力容器技术条件部分，对于较为复杂或结构新颖的压力容器，需要说明容器的工艺操作过程、结构特性、工艺原理、制造和安装要求、操作性能、维护与检修注意事项等。压力容器强度计算书至少应包括设计条件、所用规范和标准、材料、腐蚀裕量、计算厚度、名义厚度、计算应力等内容。装设安全阀、爆破片装置的压力容器，设计单位应向使用单位提供压力容器安全泄放量、安全阀排量和爆破片泄放面积的计算书。

2. 压力容器的制造管理

压力容器通用的制造工艺和程序包括准备工序，零部件的制造、整体组对、焊接、无损探伤、焊后热处理、压力试验、油漆包装、出厂证明文件的整理等。对于特殊材料或特别用途的容器，还需要进行特殊工艺处理。压力容器的零部件制造和组对主要采用焊接方法，因而焊接质量是压力容器制造质量的重要影响因素。焊接质量管理包括焊接方法的选择、焊接工艺管理、焊接工艺评定管理和焊接材料管理、焊工资格考核、产品试板管理、焊接缺陷返修和焊后热处理等。

（1）压力容器制造单位的资格与审批。压力容器制造和现场组焊单位必须具备下列条件，才可向主管部门和当地压力容器安全监察部门提出制造资格申请，并报送《压力容器制造与质量保证手册》：①具有与所制造的压力容器类别、品种相适应的技术力量、工装设备和检测手段。焊接工人必须经过考试，取得当地锅炉压力容器安全监察部门颁发的合格证，才能焊接受压元件；②具有健全的制造质量保证体系和质量管理制度；③能严格执行有关规程、规定、标准和技术要求，保证产品的制造质量。经审查后，由当地压力容器安全监察部门发放压力容器制造申请与批准书，填报审批。压力容器制造单位必须按压力容器的种类划分，实行分级审批。经省、市、自治区压力容器安全监察部门会同主管部门初审，报上一级主管部门和压力容器安全监察部门复审。复审合格后，在压力容器制造申请与批准书中填入批准制造的压力容器类别、品种名称，并签字盖章，发给制造单位和有关部门，同时给制造单位发放监察部门签署的压力容器制造许可证。制造单位只能按批准的范围制造和组焊，无证单位不得制造和组焊压力容器。

（2）压力容器制造产品质量的管理和监督。为确保压力容器的安全使用，制造过程应严格控制制造工作质量和产品质量。如焊工考核、材料可焊性鉴定、焊接工艺评定、材料标记及标记移植、材料复验、零部件冷热加工成形、焊接试板、筒节施焊、焊缝外观及无损检验、焊接返修、容器组装、容器整体或局部热处理、强度试验、气密性试验、包装等工作质量及产品质量的控制。

（二）压力容器安全使用管理

压力容器安全使用管理的目的是为达到正常、满负荷运行，生产合格产品，使压力容器的工艺参数、生产负荷、操作周期、检修、安全等方面良好，促使压力容器处于最佳工作状态。同时，使压力容器的最初投资、运行费用、检修、更换配件和改造更新的经济性最好，寿命周期费用最小，在保证安全前提下同时获得最佳经济效益。

压力容器的安全使用包括正确操作、维护保养和定期检修等。使用单位应制定合理的工艺操作流程，控制操作参数，确保压力容器在设计要求的范围内运行。在具体操作过程中，应做到以下六方面：

（1）平稳操作。在操作过程中，尽量保持压力容器的操作条件（如工作压力和工作温度）相对稳定。因为操作条件（尤其是工作压力）的频繁波动，对容器的抗疲劳破坏性能不利，过高的加载速度会降低材料的断裂韧性，即使容器存在微小缺陷，也可能在压力的快速冲击下发生断裂。

（2）防止过载。防止压力容器过载主要是防止超压。对于压力来自外部（如气体压缩机等）的容器，超压大多是由于操作失误引起的。为了防止操作失误，除了装设联锁装置外，可实行安全操作挂牌制度。在一些关键性的操作装置上挂牌，牌上用明显标记或文字注明阀门等的开闭方向、开闭状态、注意事项等。对于通过减压阀降低压力后才进气的容器，要密切注意减压装置的工作情况，并装设灵敏可靠的安全泄压装置。

由于内部物料的化学反应而产生压力的容器，往往因加料过量或原料中混入杂质，使反应后生成的气体密度增大或反应过快而造成超压。要预防这类容器超压，必须严格控制每次投料的数量及原料中杂质的含量，并有防止超量投料的严密措施。

对于贮存液化气体的容器，为了防止液体受热膨胀而超压，一定要严格计量液化气体的液位。对于液化气体贮罐和槽车，除了密切监视液位外，还应防止容器意外受热，造成超压。如果容器内的介质是容易聚合的单体，则应在物料中加入阻聚剂，并防止混入可促进聚合的杂质。物料贮存的时间也不宜过长。

（3）若发现故障，应紧急停车。压力容器在运行过程中，如果突然发生故障，并严重威胁设备及人身安全，操作人员应马上采取紧急措施，停止容器运行，并报告有关部门。

（4）制定合理的安全操作规程。为保证压力容器安全使用，切实避免盲目操作或误操作而引起事故，容器使用单位应根据生产工艺要求和容器的技术性能制定各种容器的安全操作规程，并对操作人员进行必要的培训和教育，要求他们严格遵照执行。

安全操作规程应至少包括以下内容：

①容器的正常操作方法。

②容器的操作工艺指标及最高工作压力、最高或最低工作温度。

③容器开车、停车的操作程序和注意事项。

④容器运行中应重点检查的项目和部位（包括使安全附件保持灵敏、可靠的措施），以及运行中可能出现的异常现象和预防措施。

⑤容器停用时的维护和保养。

⑥异常状态下的紧急措施。包括开启紧急泄放阀或安全阀、放料阀等，并报告有关部门。这里所指的异常状态包括：容器的工作压力、介质温度或壁温超过许可值，采取措施仍不能使之降低；容器主要受压元件发生裂缝、鼓包、变形、泄漏等缺陷危及安全；安全附件失效，接管端断裂、紧固件损坏，难以保障安全运行；发生火灾等突发事件威胁到容器的安全运行等。

（5）贯彻岗位安全生产责任制，实行压力容器的专责管理。压力容器的超压爆炸多是由于操作失误引起，如误将压力容器的出口网关闭，而压气机等仍不断地向容器输气，使容器压力急剧升高，加上泄压装置失灵，因而发生爆炸；或者误开不应开启的阀门，使较高压力的气体进入容器，或进入其他介质与容器内介质发生化学反应而引起爆炸。为了防止操作失误，除了装有联锁装置外，还需要贯彻岗位安全生产责任制，实行压力容器的专责管理。

压力容器的使用单位应根据本单位的情况，在技术负责人的领导下，由设备管理部门设专职或兼职技术人员负责压力容器的技术管理工作。压力容器专责管理人员的职责如下：

①贯彻执行国家有关压力容器的管理规范和安全技术规定。

②参与压力容器验收及试运行工作。

③监督检查压力容器的运行、维护和安全装置校验工作。

④根据容器的定期检验周期，组织编制容器年度检验计划，并负责组织实施。

⑤负责组织压力容器的改造、修理、检验及报废技术审查工作。

⑥负责压力容器的登记、建档及技术资料的管理和统计报表工作。

⑦参加压力容器的事故调查、分析和上报工作，并提出处理意见和改进措施。

⑧定期向有关部门报送压力容器的定期检验计划执行情况及容

器存在的缺陷等。

⑨负责对压力容器检验人员、焊工和操作人员进行安全技术培训和技术考核。

（6）建立压力容器技术档案。压力容器的技术档案是对容器设计、制造、使用、检修全过程的文字记载，可提供各个过程的具体情况，也是压力容器定期检验和更新报废的主要依据之一。完整的技术档案可帮助人们正确使用压力容器，能有效地避免因盲目操作而可能引发的事故。因此，对每台压力容器都应建立相应的技术档案。压力容器的技术档案包括以下五种资料：

①压力容器的设计资料。设计资料应包括压力容器的设计计算书、总装图、各主要受压元件的强度计算和某些特殊要求，如开孔补强、局部应力、疲劳、蠕变计算等。

②压力容器的制造资料。制造资料除了必须具有产品出厂合格证和技术说明书外，还应有详细的制造质量证明书，其内容包括主要受压元件所用材料的化学成分和机械性能的实际检验数据，焊接试板接头的机械性能、焊缝无损探伤记录和评定结果、焊缝返修记录（包括返修部位、次数及返修后的检验评定结论等），容器的水压试验、气密性试验和原始记录等。

③容器的操作工艺条件。如操作压力、温度及其波动范围、介质及其特性（如是否有腐蚀性）等。

④安全装置技术资料。安全装置的技术说明书应包括名称、形式、规格、结构图、技术条件（如安全阀的起跳压力、排放压力和排气量、防爆片的设计爆破压力等）及适用范围、安全装置检验或更新记录、检验或校验日期、检验单位及校验结果、下次检验日期等。

⑤压力容器使用情况记录。压力容器开始运行以后，应按时记录使用情况，存入技术档案内。

使用情况记录包括运行情况记录和检验修理记录两部分，其主要内容包括：压力容器开始使用的日期、每次开车和停车的日期、实际操作的压力、温度等；检修或检验的日期、内容；检验中的所发现的缺陷及消除情况，检验结论；强度试验、气密性试验情况及试验评定结论；主要受压元件的修理、更换情况等。

（三）压力容器安全运行管理

为了维持企业生产的顺利进行，充分保障国家财产和人民生命财产的安全，必须加强压力容器的投运、运行操作、停运全过程的安全管理。

（1）压力容器运行的工艺参数控制。在压力容器投运前，使用单位和有关人员应对压力容器本体、附属设备、安全装置等进行必要的检查，看是否完好无损并能正常工作，同时还应做好必要的管理工作，制定相关的管理制度和安全操作规程。

压力容器运行中，常伴随高温、高压及受介质影响，所以在压力容器投运后还必须严格控制工艺参数，包括温度、压力、液位、介质腐蚀、投料等参数。控制介质的成分及其杂质，减缓腐蚀速度，控制投料量、投料速度、投料顺序及物料配比等。

（2）压力容器安全操作和运行检查。压力容器的正确操作，不仅关系到容器的安全运行，而且还直接影响到生产稳定及容器使用寿命。正确地操作压力容器必须做到：严格控制工艺参数，将容器缺陷的产生和发展控制在一定的范围内，并保持连续稳定生产；平稳操作，即缓慢加载和卸载，保持载荷的相对稳定，避免容器产生脆性断裂和疲劳断裂；根据生产工艺要求，制定并严格执行操作规程；加强设备维护保养，运行中保持完好的防腐层，消除产生腐蚀的因素，消灭容器的“跑、冒、滴、漏”现象，经常保持容器外表及附件等完好。在压力容器运行中，除了正确操作外，还必须坚持做好定点、定线巡回检查，包括对容器本体和安全附件的检查。

（3）压力容器停止运行的要求。容器停止运行是指泄放容器内的气体和其他物料，使容器内的压力下降，并停止向容器内输入气体及其他物料。生产实际中有正常停运和紧急停运两种情况。对于系统中连续性生产的容器，紧急停运时必须做好与其他相关岗位的联系工作，停运时应精心而慎重地操作，否则可能会造成事故。

①正常停运：因为容器及设备按规定进行定期检验、检修、技术改造，原料、能源供应不上，内部填料定期处理、更新，或因工艺要求采用间歇式操作等正常原因，均属于正常停运。

正常停运时应注意：容器停运过程是一个改变操作参数的过程，正确地确定停运方案非常重要；停运中应严格控制降温、降压速度，避免造成过大的温度应力或材料机械性能变化；容器内剩余物料多是有毒、易燃、腐蚀性介质，因此必须清除剩余物料；准确执行停运操作，如开关阀门要缓慢；对于残留物料，特别是易燃和有毒物料，应妥善处理；停运操作期间，容器周围要严禁烟火。

②紧急停运：当容器发生压力、温度超过许用值而得不到有效控制，主要受压元件出现危及安全的缺陷，安全附件失灵，发生火灾等意外事故时，应立即采取紧急停运措施。

紧急停运时应注意：容器操作人员要熟练掌握本岗位紧急停运程序及操作要领，及时做好上报和前后岗位协同工作，并做好个人防护；对于压力来自器外的容器，应迅速切断压力来源，对于内部产生压力的容器，应迅速采取降压措施，如反应容器超压时立即停止投料。同时，两种情况下都需迅速开启放空阀、安全阀或排污阀泄压。停运后应立即查明问题原因，并迅速采取措施加以排除。

（四）在役压力容器的定期检验

在役压力容器的定期检验是指在压力容器的设计使用期限内，每隔一定时间，对压力容器本体及安全附件进行必要的检查和试验而采取的一些技术手段。压力容器在运行和使用过程中，要受到反复升压、卸压等疲劳载荷的影响，有的还要受到腐蚀性介质的腐蚀，或在高温、深冷等工艺条件下工作，其力学性能会随之发生变化，容器制造时遗留的小缺陷也会随之扩展。总之随着使用年限的增加，压力容器的安全性日趋降低。因此，除了加强对压力容器的日常使用管理和维护保养外，还需要对压力容器定期进行全面的技术检验，保证压力容器安全运行。

（1）在役压力容器定期检验的周期和内容。《固定式压力容器安全技术监察规程》将压力容器的定期检验分为外部检查、内外部检验和耐压试验三种。检验周期应根据容器的技术状况、使用条件和有关规定确定。

外部检查通常是指在役压力容器运行中的定期在线检查，每年至少一次。外部检查以宏观检查为主，必要时进行测厚、壁温检查和腐蚀性介质含量测定等项目检查。当发现危及安全的缺陷时，如受压元件开裂、变形、严重泄漏等，应立即停车，做进一步检查。外部检查的主要内容包括：容器的防腐层、保温层及设备铭牌是否完好；容器外表面有无裂纹、变形、局部过热等不正常现象；容器的接管焊缝、受压元件等有无泄漏；安全附件是否齐全、灵敏、可靠；紧固螺栓是否完好，基础有无下沉、倾斜等异常现象。检验人员必须掌握必要的专业知识，具有一定的检验经验并取得相应的资格。外部检查是容器操作人员巡回检查的日常工作，压力容器检验人员每年应至少检查一次。

内外部检验是指在役压力容器停机时的检验。内外部检验应由检验单位中有资格的压力容器检验员进行，其检验周期分为：安全状况较好的容器（指工作介质无明显腐蚀性及不存在较大缺陷的容器），每六年至少进行一次内外部检验；安全状况不太好的，每三年至少进行一次内外部检验。必要时检验期限可适当缩短。压力容器内外部检验的主要内容有：

①外部检验的全部项目。

②容器内壁的防护层（涂层或镀层）是否完好，有无脱下或被冲刷、剐落等现象；有衬里的容器，衬里是否有鼓起、裂开或其他损坏的迹象。

③容器的内壁是否存在腐蚀、磨损及裂纹等缺陷，缺陷的大小及严重程度。

④容器有无宏观的局部变形成整体变形，变形的严重程度。

⑤对于工作介质在操作压力和操作温度下对器壁的腐蚀有可能引起金属材料组织恶化（如脱碳、晶间腐蚀等）的容器，应对器壁进行金相检验、化学成分分析和表面硬度测定。

耐压试验是指压力容器停机检验时，所进行的超过最高工作压力的液压试验或气压试验，耐压试验应遵守《固定式压力容器安全技术监察规程》等有关规定。压力容器的液压试验每两次内外部检验至少进行一次。

（2）常用的在役压力容器定期的检验方法：

①宏观检查：利用直尺、卡尺、卷尺、放大镜、手锤等简单工具和器具，用肉眼观察或耳听对压力容器的结构、几何尺寸、表面质量进行直观检验的一种方法。

②测厚检查：利用超声波测厚仪对压力容器筒体、法兰、封头、接管等主要受压元件实际壁厚进行检查测量的方法。

③壁温检查：利用测温笔、远红外测温仪、热电偶测温仪等工具和仪器，对压力容器使用过程中实际器壁温度进行检查测定的方法。

④腐蚀介质含量测定：利用化学分析等方法，对腐蚀介质含量进行测定的方法。

⑤表面探伤：利用渗透剂对压力容器表面开口缺陷或利用电磁场对压力容器表面和近表面缺陷进行检测的方法。

⑥射线探伤：利用 X 射线或 γ 射线等高能射线穿透压力容器待检查部位，使被检部位内部缺陷投影到胶片上，通过暗室处理得到具有黑白反差的底片，从而检测出被检部位内部缺陷大小、数量和性质的一种检测方法。

⑦超声波探伤：利用超声波在工件中遇到异质界面产生反射、

透射和折射的原理，对压力容器材料和焊缝中的缺陷进行检测的方法。

⑧硬度测定：利用布氏、洛氏硬度计等对压力容器器壁硬度进行测定，借以考核压力容器器壁材料的热处理状态和材料是否劣化的一种检测方法。

⑨金相检验：利用酸洗、取样的方法，借助显微镜观察以检查压力容器器壁材料组织变化的检验方法，检查器壁材料表面金相组织。

⑩应力测定：利用应变片和接收仪器以测定压力容器的整体或局部区域应力水平的一种检测方法。

⑪声发射检测：利用传感器将压力容器器壁中缺陷在负载状态下扩展时发出的超声波信号予以接收、放大、滤波，以监控压力容器能否继续安全运行的一种监测手段。

⑫耐压试验：利用不会导致危险的液体或气体，对压力容器进行的一种超过设计压力或最高工作压力的强度试验。

⑬气密试验：利用惰性气体对盛装有毒或易燃介质的压力容器整体密封性能所进行的试验方法。

⑭强度校核：在对压力容器壳体进行测厚的基础上，根据其结构特点，利用不同时期的不同计算标准，对压力容器壳体应力水平进行复核计算，以确定压力容器能否满足使用要求。

⑮化学分析：通过取样并用化学分析法测定材料化学成分的检测方法。

⑯光谱分析：利用光谱仪对金属材料火花中各种合金元素谱线的测定分析，粗略估算金属材料种类的一种检测方法。

（3）压力容器安全状况等级评定。压力容器经定期检验后，应根据检验结果对其安全评定，并以等级的形式反映出来。

①压力容器的安全状况可划分为以下五个等级：

1级：压力容器出厂技术资料齐全；设计、制造质量符合有关法规和标准的要求；在法律规定的定期检验周期内，在设计条件下能安全使用。

2 级：出厂技术资料基本齐全；设计、制造质量基本符合有关法规和标准的要求；根据检验报告，存在某些不危及安全的可不修复的一般性缺陷；在法规规定的定期检验周期内，在规定的操作条件下能安全使用。

3 级：出厂技术资料不够齐全；主体材质、强度、结构基本符合有关法规和标准的要求；对于制造时存在的某些不符合法规或标准的问题或缺陷，根据检验报告，未发现由于使用而发展或扩大；焊接质量存在超标的体积型缺陷，经检验确定不需要修复；在使用过程中造成的腐蚀、磨损、损伤、变形等缺陷，检验报告确定其能在规定的操作条件下，按法规规定的检验周期安全使用；对经安全评定的，评定报告确定其能在规定的操作条件下，按法规规定的检验周期安全使用。

4 级：出厂技术资料不全；主体材质不符合有关规定，或材质不明，或虽选用正确，但已有老化倾向；经校核，强度尚满足使用要求；主体结构有较严重不符合有关法规和标准的缺陷，根据检验报告，未发现由于使用因素而发展或扩大；焊接质量存在线性缺陷；在使用过程中造成的磨损、腐蚀损失、变形等缺陷；其检验报告确定为不能在规定的操作条件下，按法规规定的检验周期安全使用；对经安全评定的，其评定报告确定为不能在规定的操作条件下，按法规规定的检验周期安全使用。必须采取有效措施，进行妥善处理，改善安全状况等级，否则只能在限定的条件下使用。

5 级：缺陷严重，难于或无法修复，无修复价值或修复后仍难以保证安全使用的压力容器，应予报废。

安全状况等级中所述缺陷是压力容器最终存在的状态，如果缺陷已消除，则以消除后的状态确定该压力容器的安全状况等级。压力容器只要具备安全状况等级中所述问题与缺陷之一，即可确定该容器的安全状况等级。

②评定压力容器安全状况等级的依据是检验结果，主要包括材质检验、结构检验、缺陷检验的检验结果。定级时，先对各分项检验结果划分等级，最后以其中等级最低的一项作为该压力容器的最后等级。

a. 材质检验：

主要受压元件的材质应符合设计和使用的要求，但检验中常遇到用材与原设计不符、材质不明、材质劣化三种情况，此时，安全状况等级划分如下。

用材与原设计不符。其定级的主要依据是判断所用材质是否符合使用要求。如果材质清楚，强度校核合格，经检验未查出新生缺陷，即材质符合使用要求，可定为 3 级；如使用中产生缺陷，并确认是用材不当所致，可定为 4 级或 5 级。

材质不明。在用压力容器中，经常遇到材料代用、混用的情况，彻底查清需花费较大代价。因而对于经检验未查出新的缺陷，应按钢号 Q235 的材料校核其强度合格，在常温下工作的一般压力容器，可定为 2 级或 3 级；若有缺陷，可根据相应条款进行安全状况等级评定。对于有特殊要求的压力容器，可定为 4 级。

材质劣化。压力容器使用后，如果因工况条件使容器产生石墨化、应力腐蚀、晶间腐蚀、氢损伤、脱碳、渗碳等脆化缺陷，材质已不能满足使用要求，可定为 4 级或 5 级。

b. 结构检验：

存在不合理结构的压力容器，其安全状况等级划分如下。封头主要参数不符合现行标准，但经检验未发现新生缺陷，可定为 2 级或 3 级；若有缺陷，可根据相应的条款进行安全状况等级评定。封头与筒体的连接形式采用单面对接焊的，且存在未焊透的情况，可定为 3～5 级；采用搭接结构的，可定为 4 级或 5 级；按规定应采用全焊透结构的角接焊缝或接管角焊缝，而没有采用全焊透结构的主要受压元件，若未查出新生缺陷，可定为3级，否则定为4级或5级。开孔位置不当，经检查未查出新生缺陷，一般压力容器可定为2级或3级；有特殊要求的压力容器，可定为3级或4级。若孔径超过规定，但补强满足要求，可不影响定级；补强不满足要求的，定为4级或5级。

c. 缺陷检验：

对检验中发现的内、外表面裂纹，处理以后定级的基本原则是：经打磨处理后不需补焊的，不影响定级；需动火补焊的，定为2级或3级。机械损伤、卡具焊迹和电弧灼伤，经打磨后不需补焊的，不影响定级；补焊合格的可定为2级或3级。变形可不处理的，不影响定级；根据变形原因分析，继续使用不能满足强度和安全要求者，可定为4级或5级。对低温压力容器的焊缝咬边，应打磨消除，不需补焊的，不影响定级，经补焊合格的，可定为2级或3级。错边量和棱角度超标，属一般超标的，可打磨或不做处理，可定为2级或3级；属严重超标，经该部位焊缝内外部无损探伤抽查，若无较严重缺陷存在，可定为3级；若伴有裂纹、未熔合、未焊透等严重缺陷，应通过应力分析，确定在规定的操作条件下和检验周期内，能安全使用的定为3级，否则定为4级或5级。若是均匀腐蚀，如按剩余最小壁厚（扣除到下一次检验期腐蚀量的2倍），校核强度合格的，不影响定级；经补焊合格的，可定为2级或3级。使用过程中产生的鼓包，应查明原因，并判断其稳定情况，可定为4级或5级。

耐压试验不合格，属于容器本身原因的，可定为5级。

二、压力容器的修理与改造

对压力容器的修理或改造，施工单位必须是取得相应制造资格的单位或是经省级安全监察机构审查批准的单位。施工单位的资格经专职管理人员审查合格后才能接受施工任务。施工单位应根据修理、改造方案编制施工方案，并经过专职管理人员审核和公司总机械师批准。重大修理（指主要受压元件的更换、矫形、挖补和筒体、封头对接接头焊缝的焊补）和重大改造（指改变主要受压元件的结构和压力容器的运行参数、介质或用途等）还需报安全监察机构审查备案（改变移动式压力容器的使用条件应经省级以上安全监察机构同意）。压力容器的修理与改造处理规程如下。

1. 结构调整

（1）如果压力容器的结构不合理或存在异常，需要进行结构调整。调整的内容包括改变容器的几何形状，修正不合理的结构尺寸等。

（2）在进行结构调整时，需要考虑到材料的力学性能、结构的稳定性及操作过程中的安全性。

2. 表面处理

（1）对压力容器的表面进行处理，以消除表面的裂纹、坑洼、腐蚀等缺陷。处理方法包括磨削、刷涂、喷涂等。

（2）在进行表面处理时，需要保证处理后的表面质量符合要求，且不会对容器的性能产生负面影响。

3. 焊接修复

（1）当压力容器出现裂纹或焊接缺陷时，需要进行焊接修复。修复的过程需要采用合适的焊接工艺和材料。

（2）在进行焊接修复时，需要保证修复的质量和安全性，避免产生新的焊接缺陷。

4. 更换部件

（1）对于损坏严重或不符合安全要求的部件，需要进行更换。更换的部件需要与原容器相匹配，并符合相关的安全标准。

（2）在更换部件时，需要保证更换过程的顺利进行，并确保更换后的部件性能达到要求。

5. 强度验证

（1）在修理和改造完成后，需要对压力容器进行强度验证。验证的方法包括压力试验、无损检测等。

（2）强度验证的目的是确保修理和改造后的容器能够满足安全使用的要求。如果验证不合格，需要进行进一步的修复或重新设计。

6. 密封性检测

（1）对压力容器的密封性能进行检测，以确认容器的密封性能是否符合要求。检测的方法包括压力试验、泄漏检测等。

（2）在进行密封性检测时，需要保证检测的准确性，并对检测结果进行详细地分析和处理。

7. 安全附件更新

（1）检查并更新压力容器的安全附件，如安全阀、爆破片、压力表等。更新后的附件需要符合相关的安全标准和技术要求。

（2）在更新安全附件时，需要考虑容器的实际使用情况和安全性能要求，选择合适的附件并进行正确的安装。

8. 防腐处理

（1）对压力容器进行防腐处理，以防止容器受到腐蚀损伤。防腐处理的方法包括涂层保护、电化学保护等。

（2）在进行防腐处理时，需要选择合适的防腐材料和方法，并确保处理后的防腐效果能够满足长期使用的需求。

9. 运行测试

（1）在完成修理和改造后，需要对压力容器进行运行测试以确认容器在实际运行中的性能表现。测试的内容包括容器的压力、温度、泄漏等性能指标。

（2）运行测试的过程需要严格按照相关的安全操作规程进行，并对测试结果进行详细地分析和处理。如果测试结果不符合要求，需要进行进一步地修复或调整。

三、停用与报废的处理

经检验报废的压力容器不得继续作为压力容器使用、转让或销售。

报废或因其他原因停止使用或不作为压力容器使用的压力容器，使用车间应报告专职管理人员，专职管理人员到安全监察机构办理注销手续。压力容器的停用与报废的处理要求如下。

1. 停用管理

(1) 当压力容器需停用或报废时，应按照相关规定进行申报和审批。

(2) 在停用期间，应对容器进行全面检查，包括容器内部和外部表面损伤、腐蚀、密封件老化等情况。

(3) 对于有残留物料的容器，应进行彻底清洗和消毒，确保容器清洁无污染。

(4) 对于需要长期停用的容器，应定期进行维护检查，包括清洁容器内部和外部表面，检查有无腐蚀和损伤，做好记录。

2. 报废评定

(1) 压力容器达到报废条件时，应进行报废评定。评估内容包括容器本体及附件的损坏程度、使用价值、安全性能等。

(2) 评估结果应由专业技术人员或专家进行审查，确认符合报废条件后方可进行下一步处理。

(3) 对于存在安全隐患或无法满足安全性能要求的压力容器，应立即进行报废处理。

3. 废弃物处理

(1) 报废的压力容器应按照相关规定进行废品处理。一般应交由有资质的废品处理单位进行拆除和回收利用。

（2）在废品处理过程中，应采取必要的环保措施，防止对环境造成污染。

（3）废品处理单位应具有相应的资质和设备，能够确保废品处理的安全性和环保性。

4. 记录存档

（1）在压力容器停用、报废及废品处理过程中，应做好相应的记录，包括检查记录、评估报告、拆除方案、废品处理合同等。

（2）记录应保存完好，以便于追溯和管理。

四、压力容器监督管理

压力容器属于最重要的一种特种设备，一旦发生事故，后果极其严重，因此，安全监督管理部门必须对其加强监督管理。压力容器的设计、制造、安装、改造、维修、使用、检验检测，均应当严格依据《固定式压力容器安全监察规程》等法规进行。各相关方及时输入数据到国家市场监督管理总局网站，包括：压力容器设计、制造、安装、改造、维修、使用单位和检验检测机构等，并应当按照特种设备信息管理的有关规定，及时将所要求的数据输入管理系统。

第五节　压力容器异常事故及处理

压力容器常会由于设计结构不合理，制造质量差，使用维护不当或其他原因而发生破裂，并且破裂事故的形式多样，且很多是在使用限期内发生。发生事故时，往往不仅容器本身遭到破坏，而且还会危及周围设施和人员的生命与健康，因此必须从各方面采取积极可靠的措施来保证其安全运行，防止事故的发生。

一、延性破裂

延性破裂是压力容器在内部压力作用下，器壁上产生的应力达到器壁材料的强度极限，从而发生断裂的一种形式。这种形式属韧性破裂，因此，该形式的破坏也称韧性破坏。

（一）机理

压力容器的金属材料在外力作用下引起的变形和破坏分为三个阶段。

1. 弹性变形阶段

弹性变形指当对材料施加的外力不超过材料固有的弹性极限值时，一旦外力消失，材料仍能恢复到原来的状态而不产生明显的残余变形。

2. 弹塑性变形阶段

弹塑性变形指对材料施加的外力超过材料固有的弹性极限值，材料将产生很大的塑性变形，外载荷消失后材料不再恢复原状，塑性变形仍将保留。

3. 断裂阶段

材料发生塑性变形后，如施加外力继续增加，当应力超过材料的强度极限后，材料将发生断裂。

（二）特征

发生延性破裂的容器，其承受的压力、变形程度、断口特点及破裂具有以下特征：压力容器发生延性破裂是在较高的应力下发生的，即容器内的压力先后超过最高工作压力、设计压力而达到了容器的爆破压力值，容器破裂时的实际爆破压力往往接近于计算的爆破压力值。若观察发生破裂的容器可知，由于容器在爆破前发生了明显变形，直径增大，破裂处的器壁显著减薄。发生延性破裂的容器一般无碎片飞出，只是裂开一个口，口的大小与容器爆破时所释放的能量有关。对于在液压试验中出现的延性破裂，由于液体的可压缩性极小，因此容器的裂口也比较窄，最大也不会超过半径。但容器由于内部气体压力急骤升高而引起的破裂，裂口通常比较宽。

（三）原因

压力容器延性破裂的原因主要包括壁厚过薄和内压过高。

（1）壁厚过薄可能是由于壁厚未经设计计算或因腐蚀而减薄。

（2）操作失误、液体受热膨胀、化学反应失控等可能会引起超压。

（四）事故预防

容器发生延性破裂是由于超压引起，因此容器在试压和使用过程中应严禁超压，严格按照有关规定进行压力试验与操作。同时，也应按规定安装合适的安全泄压装置，并保证其灵敏可靠；并加强对容器的维护与检查，发生器壁腐蚀、减薄、变形，应立即停止使用。

二、脆性破裂

脆性破裂指压力容器在破裂时没有显著的塑性变形，破裂时器壁的压力也远远小于材料的强度极限，有的甚至还低于材料的屈服极限。这种破坏与脆性材料的破裂很相似，故称为脆性破裂，又因在较低应力下发生，又称为低应力破坏。

（一）机理

（1）钢在低温下其冲击韧性显著降低，表明温度低时钢对缺口的敏感性增大，这种现象称为钢的冷脆性。钢由韧性状态转变为低温脆性状态极易产生断裂，这种现象称为低温脆性断裂。

（2）低碳钢在 300 ℃左右会出现强度升高、塑性降低，这种现象称为材料的蓝脆性。若在压力容器制造和使用时，正好在蓝脆温度范围内经受变形压力，就有可能产生蓝脆，导致断裂事故的发生。

（3）某些钢材长期停留在 400～500 ℃温度范围内以后冷却至

室温，其冲击值有明显下降，这种现象称为钢的热脆性。此时压力容器经受变形压力，也有可能导致脆性断裂。

（二）特征

（1）容器壁没有明显伸长变形。

（2）裂口齐平，断口呈金属光泽的结晶状。脆性断裂一般是正应力引起的解体断裂，所以裂口平齐，并与主应力方向垂直。

（3）容器常破裂成碎块。由于脆性破裂的容器材料多为高强度的，韧性较差，而脆性断裂的过程又是裂纹迅速扩展的过程。破裂往往是在一瞬间发生，容器内的压力难以通过一个小裂口释放，所以常常将容器爆裂成碎片飞出。因此，造成的危害也较延性破裂更大。

（4）由于金属材料的断裂韧性随温度降低而下降，所以脆性破裂事故一般发生在温度较低的情况下。

（三）原因

（1）温度。因为钢在低温下或某一特定温度范围内其冲击韧性将急剧下降。

（2）裂纹性缺陷。压力容器受压元件一旦产生裂纹，其尖端前缘产生很高的应力峰值，且应力状态也发生变化，变为三向拉伸应力，在此区域，实际应力要比按常规方式计算的数值高得多，材料的实际强度比无裂纹的理想材料强度低得多，所以即使材料有较高的冲击韧性，但当裂纹缺陷尺寸达到一定值时，仍可能发生脆性断裂。

（四）事故预防

（1）提高容器制造质量，特别是焊接质量，是防止容器脆性破坏的重要措施。

（2）容器材料在使用条件下，应有较好的韧性，材料的韧性差是造成脆性破裂的另一主要因素。

（3）加强压力容器的维护保养和定期检查工作，及时消除检验中发现的裂纹性缺陷，确保容器安全运行。

三、疲劳破裂

疲劳破裂指压力容器器壁在反复加热和卸压过程中受到交变载荷的长期作用，没有经过明显的塑性变形而导致容器断裂的一种破坏形式。疲劳断裂是突然发生的，因此具有很大的危险性，据统计，压力容器在运行中的破坏事故有75%是由疲劳引起的。

（一）机理

（1）低压力高周疲劳，材料循环周次在1×10^5次以上，而相应的应力值在材料的弹性范围内，可以承受周次的交变载荷作用而不会产生疲劳破坏。但当外载超过这个弹性范围的应力值极限后，材料就易发生断裂。

（2）高应力低周疲劳，材料承受的应力水平较高，交变应力幅度较大，但交变周次较少，当容器材料在较高应力水平下承受交变周次达到$1\times10^2\sim1\times10^5$次后，材料就易发生断裂。

（二）特征

（1）容器破坏时没有明显的塑性变形，这是由于容器的疲劳破坏也是在局部应力较高的部位或材料缺陷处开始产生微裂纹，然后在交变应力作用下微裂纹逐渐扩展为疲劳裂纹，最终突然断裂。

（2）疲劳断裂与脆性破坏的断口形貌不同，疲劳断口存在两个明显的区域，一个是疲劳裂纹产生及扩展区，另一个是最终断裂区。

（3）容器的疲劳破坏一般是疲劳裂纹穿透器壁而泄漏失效，不像韧性破裂时形成撕裂，也不像脆性破裂时产生碎片。

（4）疲劳破裂总是在经过多次的反复加压和泄压以后发生。因为压力容器开停车一次可视为一个循环周次，在运行过程中容器内介质压力的波动也是载荷，若交变载荷变化较大，开停车次数较多，容器就容易发生疲劳破坏。

（三）原因

（1）内部因素，即压力容器存在局部高应力区，其峰值应力会超过材料的屈服极限随着载荷的周期性变化，该部分将产生很大的应力变化幅，具备了微裂纹向疲劳裂纹扩展开裂的条件。

（2）外部因素，即压力容器存在着反复交变载荷，这种交变载荷的形式不是对称循环型，而是变化幅度大的非对称循环载荷。

（四）事故预防

（1）压力容器的制造质量应符合要求，避免先天性缺陷，以减少过高的局部应力。

（2）在压力容器安装中应注意防止外来载荷源影响，以减少压力容器本体的交变载荷。

（3）在运行中要注意操作正确性，尽量减少加压、卸压的次数，操作中要防止温度、压力波动过大。

（4）对无法避免的外来载荷，无法减少开停次数的压力容器，制造前应做疲劳设计，以保证压力容器不致发生疲劳破裂。

四、腐蚀破裂

腐蚀破裂指压力容器材料在腐蚀性介质作用下，引起容器壁由厚变薄或材料组织结构改变，力学性能降低，使压力容器承载能力不够而发生的破坏形式。

（一）分类

金属腐蚀分类如图 3-9 所示。

（二）机理

压力容器金属腐蚀就其腐蚀产生的机理而言，通常分为化学腐蚀和电化学腐蚀两大类。

1. 化学腐蚀

化学腐蚀指容器金属与周围介质直接发生化学反应而引起的金

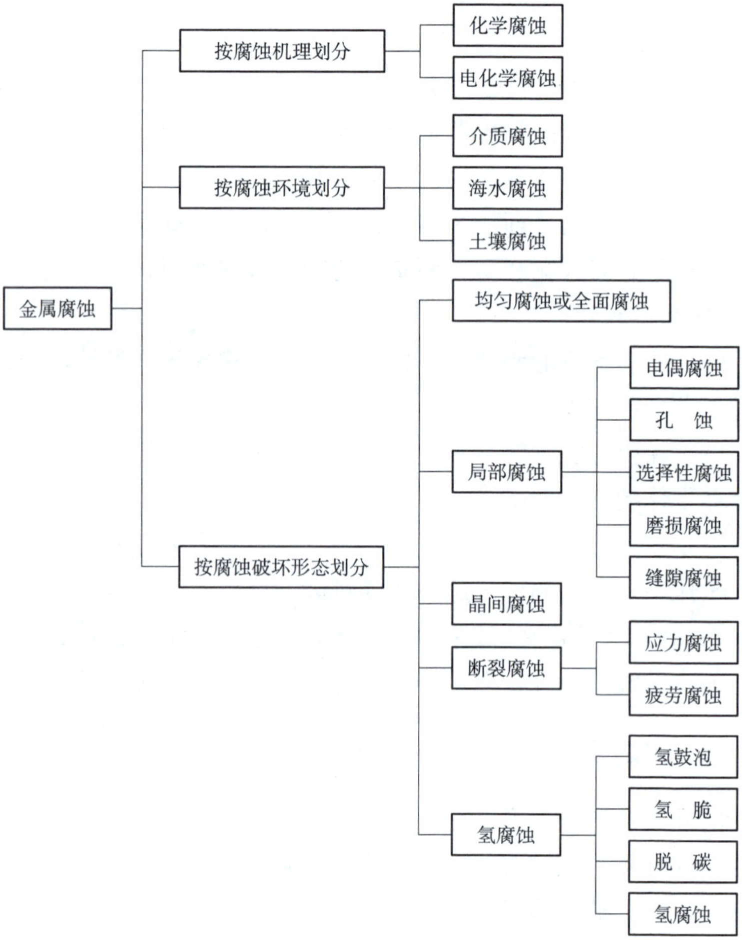

图 3-9　金属腐蚀的分类

属腐蚀，这类腐蚀主要包括金属在干燥或高温气体中的腐蚀及在非电解质溶液中的腐蚀。典型的化学腐蚀有高温氧化、高温硫化、钢的渗（脱）碳、氢腐蚀等。

（1）高温氧化指金属在高温下与介质或周围环境中的氧作用而

形成金属氧化物的过程。

(2) 高温硫化指金属在高温下含硫介质（如硫蒸气、硫化氢、二氧化硫）作用生成硫化物的过程。硫化作用较氧化作用更强，硫化物不稳定，易剥离，熔点低，且与氧化物、硫酸盐及金属生成不稳定价的低熔点共晶物，因此在高温下易造成材料破裂。

(3) 钢的渗碳与脱碳。高温下某些碳化物与钢铁接触时发生分解生成游离碳渗入钢内生成碳化物称为渗碳，它降低了钢材的韧性。钢的脱碳是由于钢种的渗碳体在高温下与介质作用被还原成铁发生脱碳反应，使得钢表面渗碳体减少，导致金属表面硬度和疲劳极限降低。

(4) 氢腐蚀指钢高温高压的作用引起组分的化学变化，使钢材的强度和塑性下降，断口成脆性断裂的现象。氢腐蚀的机理是氢分子扩散到钢的表面，分解为氢原子或氢离子而被化学吸附，扩散到钢材内部在空穴处生成甲烷。甲烷的扩散能力低，随反应继续进行，甲烷逐渐积聚，形成局部高压，引起应力集中并发展为裂纹。

2. 电化学腐蚀

容器金属在电解质中，由电化学反应引起的腐蚀称为电化学腐蚀。电化学腐蚀中既有电子的得失，又有电流形成。电化学腐蚀是指一个反应过程可以分为两个或更多氧化和还原反应。

电化学腐蚀是微电池的存在造成微电池腐蚀，绝大部分压力容器是由碳钢或不锈钢制造的。它们含有夹杂物，当其与电解质接触时，由于夹杂物的电位高成为微阴极，而铁的电极低，成为微阳极，形成许多微小的电池，称为微电池，它们造成的金属腐蚀为微电池腐蚀。

(三) 特征

(1) 腐蚀破裂通常是在腐蚀介质和应力的共同作用下发生的，其裂纹形态常呈现出细长、深度较大的特点。

（2）腐蚀破裂的发展速度相对较慢，但会导致材料内部强度下降，最终可能导致断裂事故。

（3）若是均匀腐蚀，则会使容器壁均匀减薄，当其厚度不能承受压力时破裂。这种破裂具有延性破裂的特征。

（4）晶间腐蚀是沿金属晶间局部腐蚀、破坏。应力腐蚀或疲劳腐蚀都是在腐蚀介质和应力共同作用下的一种破坏形式。

（四）原因

（1）压力容器维护不当。

（2）选材不当或未采取有效防腐措施。

（3）结构不合理或焊接不符合规范要求。

（4）介质中杂质的影响。

（五）事故防范

（1）根据介质选用合适厚度的防腐蚀材料的容器。

（2）对奥氏体不锈钢容器应严格控制氢离子含量，并避免在不锈钢敏感温度下使用，防止破坏不锈钢表面的钝化膜和防止晶间腐蚀的产生。

（3）选择有腐蚀隔离措施的容器以避免腐蚀介质对容器壳体产生腐蚀。

（4）选用结构合理，设计制造质量符合国家标准和要求的容器。

（5）使用中采取适当的工艺措施降低腐蚀速度。

五、压力冲击破裂

压力冲击破裂是指容器内的压力由于各种原因而急剧升高，是壳体受到高压力的突然冲击而造成的破裂爆炸，其产生的原因有可燃气体的爆炸，聚合釜内产生聚爆，反应器内反应失控产生的压力或温度的急剧升高，液化气体在容器内由于压力突然释放而产生的暴沸。

（一）机理

1. 可燃气体与助燃气体反应爆炸

（1）阀门零件泄漏。可燃气体通过关闭着的阀门流进空气或氧气容器内，或者可燃气体储罐的连接密封结构失效，漏入空气中。

（2）操作失误而造成可燃气体与助燃气体混合。

（3）两种气瓶混装。常见的是氢气瓶装氩气，或用氢气瓶充装氧气。因充装前没有认真检查，而原有的气瓶又有较多的剩余气体，结果造成混合气体爆炸，这种爆炸有时在直接充装中爆炸，有时在使用中爆炸。

2. 聚合釜的爆炸

单分子的聚合大都是放热反应，因此必须适当控制其反应速度并进行充分冷却，如果釜内反应失控，将会迅速聚合，放出大量的热量，使压力急速上升，造成“爆聚”，使聚合设备受压力冲击而断裂。

3. 压力容器内的反应失控

化工生产中很多工艺过程是放热的，特别是放热的分解反应，如果反应失控，反应后气体体积将会增加并产生大量的热，形成压力冲击，使容器断裂。

4. 液化气体的暴沸

盛装液化气体的压力容器，器内液化气体处于气、液两相相对平衡状态，但如果器内压力突然释放，如气态空间与大气相通，则器内饱和蒸气压骤减，气液平衡被打破，器内液体出现过热现象而瞬间急剧蒸发，产生大量的气体，而冲击器壁也会造成容器的压力冲击断裂。

（二）特征

（1）壳体破裂。压力冲击破裂的容器，常常产生大量的碎块，这是其主要特征。它的碎裂程度一般都超过脆性断裂的壳体。若是可燃性混合气体在器内爆炸而造成压力冲击断裂，还有可能是粉碎性爆炸。

（2）壳体内壁附有化学反应产物和痕迹。因为压力冲击断裂大多是由于器内物料发生燃烧或其他非正常化学反应而产生的。

（3）断裂时常伴有高温产生。放热反应产生的高温气体在壳体被压力冲击断裂后随即排出，会使周围的物料燃烧或被烘烤，还常常因此而产生火灾，断裂时壳体或碎块的温度也比较高。

（4）断口形貌类似脆性断裂。压力冲击破裂的断面一般没有或只有很薄的一层剪切唇，断口是平直的，开裂的方向也无一定的规律性。

（5）容器释放的能量较大。发生压力冲击破裂的压力容器，可根据其周围所造成的破坏情况，估算破坏能量，往往要比理论计算能量大得多。

（三）原因

（1）容器内介质压力的急剧升高，使得壳体受到压力的突然冲击而造成破裂爆炸。

（2）容器结构设计不合理、材料选用不当、制造工艺不良、有较大尺寸缺陷等，导致其无法承受压力冲击。

（3）容器受到高温或低温的影响，导致材料性能发生变化，如韧性降低、脆性增加等，从而易于发生破裂。

（4）操作失误或违章，如未按照规定程序操作、超负荷运行等，也可能导致容器破裂。

（5）缺乏预防措施和安全意识，如未定期检查和维护容器、未及时发现和处理缺陷等，也可能导致容器在压力冲击下发生破裂。

（四）事故预防

1. 完善规程和管理制度

（1）生产工艺设计、操作规程的管理制度。

（2）检修检测规程和管理制度。

（3）仪表安全附件保养规程。

2. 加强现场的管理和作业人员的培训

规程制度的健全还必须加强对规程制度的管理，包括检查和考核，杜绝违章现象。

六、蠕变破裂

蠕变破裂指压力容器的壁温高于某一限度时，即使压力低于屈服极限，容器材料也会发生缓慢的塑性变形，这种塑性变形经长期积累，最终会导致压力容器的破坏，此种破坏较少见，但对高温容器不可忽视。

（一）机理

金属材料在高温下其组织会发生明显的变化，晶粒长大珠光体和某些合理成分有球化或团絮状倾向，钢种碳化合物还能析出石墨等。有时还可能出现蠕变的晶间开裂或疏松微孔。某些情况下材料的金相组织发生改变，使韧性下降。蠕变破坏也可能无明显塑性变形。

（二）特征

(1) 蠕变破坏往往发生在容器温度达到或超过其材料熔化25%～35%的时候，一般碳素钢的蠕变温度界限为350～400 ℃，部分低合金钢的蠕变温度界限大于450 ℃。

(2) 蠕变破坏是高温及拉应力长期作用的结果，因而通常有明显的塑性变形，其变形量大小取决于材料的塑性。破坏时的应力值低于材料在使用温度下的强度极限。

（三）原因

(1) 压力容器发生蠕变破坏往往是由于容器长期在某一高温下运行，即使其应力低于材料的屈服极限，材料也能发生缓慢塑性变形。

(2) 压力容器因选材不当，结构不合理，造成蠕变破坏。

(3) 容器由于结垢、结碳、结疤等影响传热，造成局部过热。

（四）事故预防

（1）选择满足高温力学性能要求的合金钢材料制造压力容器。

（2）选择结构合理制造质量符合标准的压力容器。

（3）在使用中防止容器局部过热，经常维护保养，消除积垢结碳。

第六节　压力容器典型事故案例分析

【案例 3-1】换热器爆炸事故

××××年×月×日 17 时 40 分，某炼化公司装配车间在对一台管壳式换热器进行水压试验时，管程接管与封头的焊缝突然迸裂，造成在该设备上查看试验压力表的三名工人被释放出的强大冲击波冲击，从设备上飞出落地，造成三人当场死亡，接管端的封头飞离设备 35 m 远后落地（图 3-10）。

一、事故直接原因

1. 设备管程、壳程接管的密封结构，设计单位采用的是搭接焊接结构，没有采用全焊透结构，并且未强调焊接具体工艺要求；制造单位在工艺图纸转化时，未将单面奥氏体不锈钢与珠光体低合金钢的焊接按承压焊缝处理，也没有针对此焊缝制定详细的焊接工艺，只是强调采用通用工艺指导焊接，而且不完整。

2. 未规定球形封头与接管的组对装配尺寸精度，制造单位装配时，管程、壳程接管部分与封头组对尺寸深度不够，导致焊缝强度受到影响。

3. 缺少专用的水压试验工艺。在水压试验工艺设施使用上，缺少试验设备空气排空装置和压力表远程瞭望装置。

4. 水压试验发现漏水时，没有按《固定式压力容器安全技术监察规程》要求，分析原因并制定方案，严格执行返修工艺，再进行补焊。结果是焊工直接在现场补焊两次，而且返修后，连续三次进行水压升压试验，压力上升较快，导致焊缝根部脆性裂纹扩展，最终搭接接头的角焊缝破裂。

二、事故间接原因

1. 制造单位安全管理混乱。缺少必要的检查工艺和工序验收鉴证资料，工人焊接记录、装配记录不清。工艺纪律执行不严格，未严格执行返修工艺，随意多次补焊。安全意识淡薄，在试验压力下，检查人员到设备顶部检查试验压力。

2. 检验单位驻厂监检站未能严格执行《固定式压力容器安全技术监察规程》，对工厂的质量体系运行缺乏必要的控制。对于违规返修焊接不加制止。对于不合格的水压试验工艺，不经审查合格就同意开始水压试验。而且水压试验属过程监检，水压试验过程中，监检人员不应当离开监检现场。监检单位没有严格执行压力容器监督检验规定，没有落实监检把关的责任。

(a)

(b)

图 3-10　换热器爆炸事故照片

【案例 3-2】液氨球罐阀门破裂事故

××××年×月×日 0 时 02 分，某化工公司液氨球罐区，向 2 号液氨球罐输送液氨的进口管道中安全阀装置的下部截止阀发生破裂，底部一块直径 100 mm 的圆形阀体外壳破裂飞出，管道内液氨向外泄漏，导致 33 人因吸入氨气出现中毒和不适（图 3-11）。

(a) (b)

图 3-11　液氨球罐阀门破裂事故照片

注：现场检查发现事故阀门底部脆断飞出，断口呈圆形，直径 100 mm。宏观检查结果表明，阀体底部在爆裂时整体脱落，断裂部位未见塑性变形，呈明显脆断特征。目视检查断口，长 42 mm，深 8.5 mm，陈旧性裂纹，延内壁向外壁扩展，该部位实测壁厚为 11 mm，裂纹深度为壁厚的 77%。

一、事故直接原因

截止阀存在原始缺陷，在应力作用下，裂纹扩展，在达到临界尺寸时，裂纹贯穿，液氨泄漏。由于液氨汽化吸收热量，造成截止阀温度降低，导致阀体在低温下发生低应力脆性断裂，液氨大量泄漏。

二、事故间接原因

1. 安全阀设计配置不当

该管线介质为液氨，而安全阀选择为微启式安全阀，直接安装在管道上，一旦液氨介质超压，安全阀起跳，由于介质汽化吸热，容易造成安全阀冻结，失去安全泄放作用。

2. 管道元件设计选型错误

液氨球罐的设计压力为 2.6 MPa，而该管道截止阀的选型为 Pg2.5，降低了压力等级。

3. 制造质量低劣

按照《通用阀门　铁制截止阀与升降式止回阀》（GB/T 12233—2006）规定，对于公称压力为 2.5 MPa、公称通径为 80 mm的截止阀，阀体材料应选用球墨铸铁或铸钢，而制造厂家选用 HT100 灰口铸铁。

【案例 3-3】染色锅爆炸事故

××××年×月×日 13 时 00 分左右，某砂洗公司一台高温高压染色锅发生爆炸，气浪将染色机上锅盖连接件全部拉断，上封头冲向上方，撞击到离操作平台高 3.5 m 处的槽钢后，斜向弹回地面时，击中地面作业的一名搬砂工的头部，致其当场死亡。

染色锅上封头飞离距操作台 12 m 左右，上方有一电动葫芦工字钢被飞出的锅盖冲击弯曲，高温高压染色锅上方厂房屋顶被气浪掀翻。

事故发生前，设备表显温度为 117 ℃、压力为 0.15 MPa。GR90-50 型染色机容器内径 880 mm，高约 2 020 mm，设计压力为 0.35 MPa，设计温度为 140 ℃，材质为 1Cr18Ni9Ti。事故设备未经检验注册登记，由使用公司非法安装组织生产。

一、事故直接原因

1. 设备失修。高温高压染色机快开门联锁保护装置损坏失效，快开门装置的夹箍处于锁不住的状态，蒸汽管路上的减压阀失效。

2. 操作错误。无证操作人员未将高温高压染色机快开门联锁保护装置的插销抬上锁定，锅筒在保压过程中，夹箍在筒内蒸汽压力的作用下，向外做径向运动，由于连接两片夹箍的销子已严重磨损，销子强度不能承受径向剪切力作用，被剪切成三段，造成两片夹箍松脱，上封头在筒内蒸汽压力的作用下瞬间掀开，撕断连接筒体的连接支架，冲向上方，直接导致事故的发生。

二、事故间接原因

1. 企业管理者安全意识淡薄，企业安全管理混乱，没有快开门结构压力容器的安全操作规程。

2. 企业自行安装压力容器，未进行监督检验。

3. 未办理使用登记，未进行压力容器定期检验和安全阀、压力表等附件定期检查。

4. 压力容器作业人员未经培训考核，属无证操作。

【案例 3-4】高压干燥器爆炸事故

××××年×月×日 16 时，某化工公司作业人员在前一天停机后开始压缩车间维护工作。在准备拆除 9 号压缩机前，操作排除乙炔高压干燥器内余气及水分时，发生着火、瞬间燃爆，造成作业人员烧伤，当作业人员脱离现场约 1 min 后，该处的高压干燥器发生爆炸，掀翻乙炔压缩间的轻型铁皮屋面，震坏相邻值班室玻璃，并造成相邻高压干燥器出现胀鼓（图 3-12）。

一、事故直接原因

3 号高压干燥器排污阀下部与排污连通管的法兰连接处垫片损坏，打开排污阀（高压球阀）后，高压干燥器内的高压乙炔气体高速喷出，与金属摩擦产生静电火花，引起乙炔气体剧烈燃烧；在燃烧过程中，造成 3 号高压干燥器真空，进而产生回火现象，导致高压干燥器内的残余乙炔气发生爆炸。

二、事故间接原因

1. 违反安全操作规定

根据《溶解乙炔生产安全管理规定》，乙炔设备检修和高压干燥器补充、更换干燥剂时，必须先对系统进行降温、降压、氮气置换。但该公司作业人员在未将高压干燥器内的乙炔气体降压排净情况下，就打开排污阀排水，使大量高压乙炔气体喷出，产生静电火花引发燃烧爆炸。据了解，这种作业方式是该公司的一贯做法。

2. 高压干燥器不符合规范要求

根据《溶解乙炔设备》（JB/T 8856—2018）规定，高压乙炔设备的单元容积必须小于 40 L，容器内径必须小于 200 mm，试验压力 30 MPa。但该公司的高压干燥器容积为 200 L，内径 406 mm，试验压力 3.75 MPa。

由于该地区某设计公司设计安全系数选用较小，设备容积过大，设计耐压强度低（试验压力 3.75 MPa），导致参与分解反应的乙炔气量大，爆炸增压过高，加上爆破片直径偏小（容积单元容积小于 40 L，容器内径小于 200 mm，爆破片直径为 80 mm），扩大了事故后果的严重性。

3. 规章制度不完善

该公司制定的《高、低压干燥器油水分离器安全操作规程》和《设备、工装检修安全技术规程》内容极不完善，安全操作规程只有开车前的准备工作事项，检修安全技术规程只有设备检修的一般规定，不能指导作业人员安全作业。

4. 设备管理混乱

3 号高压干燥器排污阀下部法兰垫片泄漏已有较长时间，在每次排污时均有乙炔气体逸出，且静电接地不良等因素未引起管理人员和作业人员的重视。

5. 从业人员缺少安全教育和培训

从业人员安全素质低，对乙炔气体的理化性质和危险特性缺乏应有的认识，对设备长期存在的隐患未及时排除。

(a)

(b)

(c)

(d)

图 3-12　高压干燥器爆炸事故照片

第四章　电梯安全

第一节　电梯概念及分类

一、基本概念

垂直电梯是指服务于建筑物内若干特定的楼层，其轿厢运行在至少两列垂直于水平面或与铅垂线倾斜角小于15°的刚性轨道运动的永久运输设备。台阶式电梯踏步板装在履带上连续运行，俗称自动扶梯或自动人行道。电梯属于特种设备，国家市场监督管理总局对电梯使用管理与维护有严格的要求。如果电梯不按规定年检、委托不具备维保资质的单位进行维保，或者电梯“带病”运行等，都极易造成电梯故障，给乘客和作业带来安全风险。

二、电梯的分类

（一）按用途分类

1. 乘客电梯，为运送乘客设计的电梯，在载重能力及尺寸允许的条件下，也可运送物件和货物。一般有完善的安全设施和一定的轿内装饰。

2. 载货电梯，主要为运送货物而设计，承载空间较大，载重量较大。具有乘客电梯所具有的各种安全装置。

3. 医用电梯，为运送病床、担架、医用车而设计的电梯，轿厢具有长而窄的特点。

4. 杂物电梯，供图书馆、办公楼、饭店运送图书、文件、食品等设计的电梯。

5. 观光电梯，轿厢壁透明，供乘客观光用的电梯。

6. 建筑施工用电梯，建筑施工过程中运送人员和材料的电梯。

7. 船舶电梯，船舶上使用的电梯。

除上述常用电梯外，还有些特殊用途的电梯，如车辆电梯、冷库电梯、防爆电梯、矿井电梯、电站电梯、消防用电梯等。

（二）按运行方式分类

1. 升降电梯（垂直电梯）：垂直或与铅垂线倾斜角不超过 15°升降的载人、载货固定电力驱动的电梯。

2. 自动扶梯（或自动人行道）：水平或微倾斜角输送乘客的固定电力驱动的设备。

（三）按驱动方式分类

1. 交流电梯，用交流感应电动机作为驱动力的电梯。根据拖动方式又可分为交流单速、交流双速、交流调压调速、交流变压变频调速等。

2. 直流电梯，用直流电动机作为驱动力的电梯。这类电梯的额定速度一般在 2 m/s 以上。

3. 液压电梯，一般利用电动泵驱动液体流动，由柱塞使轿厢升降的电梯。

4. 齿轮齿条电梯，将导轨加工成齿条，轿厢装上与齿条啮合的齿轮，电动机带动齿轮旋转使轿厢升降的电梯。

5. 螺杆式电梯，将直顶式电梯的柱塞加工成矩形螺纹，再将带有推力轴承的大螺母安装于油缸顶，然后通过电动机经减速器（或皮带）带动螺母旋转，从而使螺杆顶升轿厢上升或下降的电梯。

6. 直线电动机驱动的电梯，其动力源是直线电动机。

（四）按速度分类

电梯无严格的速度分类，我国习惯上按下述方式分类：

（1）低速电梯，常指速度低于 1 m/s 的电梯。

（2）中速电梯，常指速度在 1～2 m/s 的电梯。

（3）高速电梯，常指速度在 2～5 m/s 的电梯。

（4）超高速电梯，常指速度超过 5 m/s 的电梯。

（五）按电梯有无司机分类

1. 有司机电梯，电梯的运行方式由专职司机操纵来完成。

2. 无司机电梯，乘客进入电梯轿厢，按下操纵盘上所需要去的层楼按钮，电梯自动运行到达目的层楼，这类电梯一般具有集选功能。

3. 有/无司机电梯，这类电梯可变换控制电路，平时由乘客操纵，如遇客流量大或必要时改由司机操纵。

（六）按操纵控制方式分类

1. 手柄开关操纵电梯，电梯司机在轿厢内控制操纵盘手柄开关，实现电梯的起动、上升、下降、平层、停止的运行状态。

2. 按钮控制电梯，是一种简单的自动控制电梯，具有自动平层功能，常见有轿外按钮控制、轿内按钮控制两种控制方式。

3. 信号控制电梯，是一种自动控制程度较高的有司机电梯。除具有自动平层、自动开门功能外，还具有轿厢命令登记、层站召唤登记、自动停层、顺向截停和自动换向等功能。

4. 集选控制电梯，是一种在信号控制基础上发展起来的全自动控制的电梯，与信号控制的主要区别在于能实现无司机操纵。

5. 并联控制电梯，多台电梯的控制线路并联起来进行逻辑控制，共用层站外召唤按钮，电梯本身都具有集选功能。

6. 群控电梯，是用计算机控制和统一调度多台集中并列的电梯。群控有梯群的程序控制、梯群智能控制等形式。

（七）按机房位置分类

1. 上机房电梯，机房在井道顶部。

2. 下机房电梯，机房在井道底部旁侧。

第二节　电梯构造及原理

一、升降式电梯构造及原理

（一）升降式电梯构造

升降式电梯作为一种复杂的机电产品，其结构可概括为四大空间、八大系统，如图 4-1 所示。四大空间，即：机房部分、井道及地坑部分、轿厢部分、层站部分；八大系统，即：曳引系统、导向系统、轿厢系统、门系统、重量平衡系统、电力拖动系统、电气控制系统、安全保护系统，各系统主要功能见表 4-1。电梯机房一般位于电梯井道的最上方或最下方，供装设曳引机、控制柜、限速器、选层器、配线板、电源开关及通风设备等。

轿厢是电梯中装载乘客或货物的金属结构件，它借助轿厢架立柱上、下四个导靴沿着导轨作垂直升降运动，完成载客或载货任务。轿厢由轿厢架、轿底、轿壁、轿顶和轿厢门等组成。除杂物电梯外，常用电梯轿厢的内部净高度应大于 2 m。

电梯门分为层门和轿厢门。层门装设在建筑物每层层站的门口，轿厢门与轿厢一起升降。按开门的方式，有水平滑动门和垂直滑动门两类。

井道部分由导轨、导轨架、补偿装置、对重、控制电缆、限位开关及减速开关等组成。

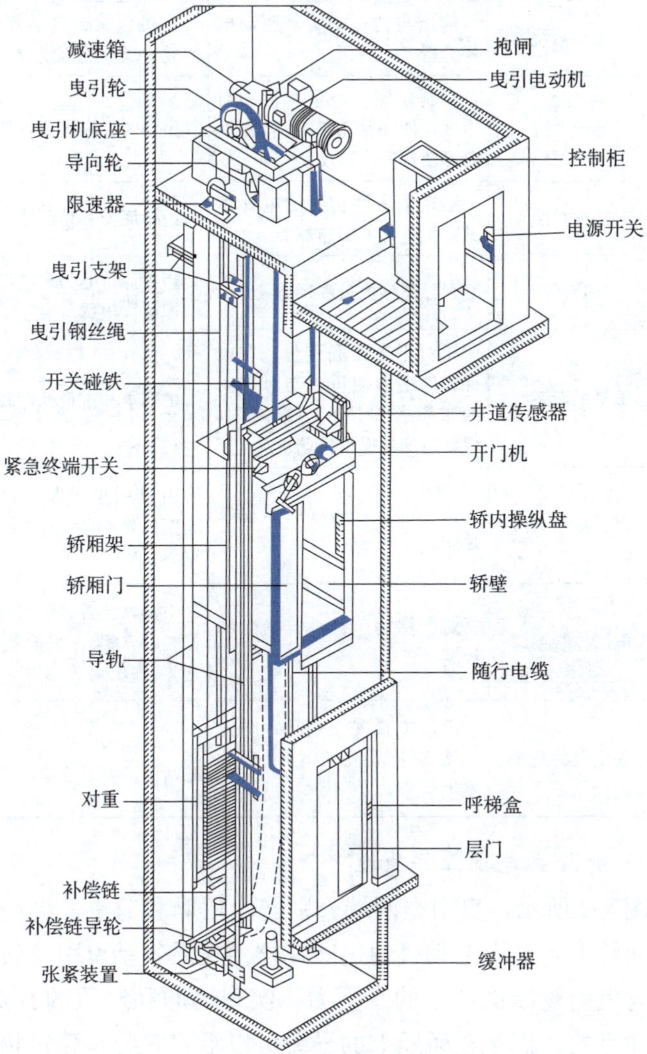
减速箱
抱闸
曳引轮
曳引电动机
曳引机底座
导向轮
控制柜
限速器
电源开关
曳引支架
曳引钢丝绳
开关碰铁
井道传感器
开门机
紧急终端开关
轿内操纵盘
轿厢架
轿厢门
轿壁
导轨
随行电缆
对重
呼梯盒
层门
补偿链
补偿链导轮
缓冲器
张紧装置

图 4-1　电梯基本结构

表 4-1　升降式电梯基本构造及功能

序号	系　统	功　能	主要构件及装置
1	曳引系统	输出与传递动力，驱动电梯运行	由曳引机、曳引钢丝绳、导向轮、反绳轮等组成
2	导向系统	限制轿厢和对重的活动自由度，使轿厢和对重只能沿着导轨作升降运动	由导轨、导靴和导轨架组成
3	轿厢系统	运送乘客和货物的电梯组件，是电梯的工作部分	由轿厢架和轿厢体组成
4	门系统	封住层站入口和轿厢入口	由轿厢门、层门、开门机、门锁装置组成
5	重量平衡系统	相对平衡轿厢重量，在电梯工作中能使轿厢与对重间的重量差保持在限额之内，保证电梯的曳引传动正常	由对重和重量补偿装置组成
6	电力拖动系统	提供动力，实现电梯速度控制	由曳引电动机、供电系统、速度反馈装置、电动机调速装置等组成
7	电气控制系统	对电梯的运行进行操纵和控制	由操纵装置、位置显示装置、控制屏（柜）、平层装置、选层器等组成
8	安全保护系统	保证电梯安全使用，防止一切危及人身安全的事故发生	由限速器、安全钳、缓冲器、端站保护装置等组成

（二）升降式电梯工作原理

如图 4-2 所示，曳引绳两端分别连着轿厢和对重，缠绕在曳引轮和导向轮上，曳引电动机通过减速器变速后带动曳引轮转动，靠曳引绳与曳引轮摩擦产生的牵引力，实现轿厢和对重的升降运动，达到运输目的。固定在轿厢上的导靴可以沿着安装在建筑物井道墙体上的固定导轨作往复升降运动，防止轿厢在运行中偏斜或摆动。常闭块式制动器在电动机工作时松闸，允许电梯运转，在失电情况下制动，使轿厢停止升降，并在指定层站上维持静止状态，供人员和货物出入。轿厢是运载乘客或其他载荷的箱体部件，对重用来平衡轿厢载荷、减少电动机功率。补偿装置用来补偿曳引绳运动中的张力和重量变化，使曳引电动机负载稳定，轿厢得以准确停靠。电气系统实现对电梯运动的控制，同时完成选层、平层、测速、照明工作。指示呼叫系统随时显示轿厢的运动方向和所在楼层位置。安全装置保证电梯运行安全。

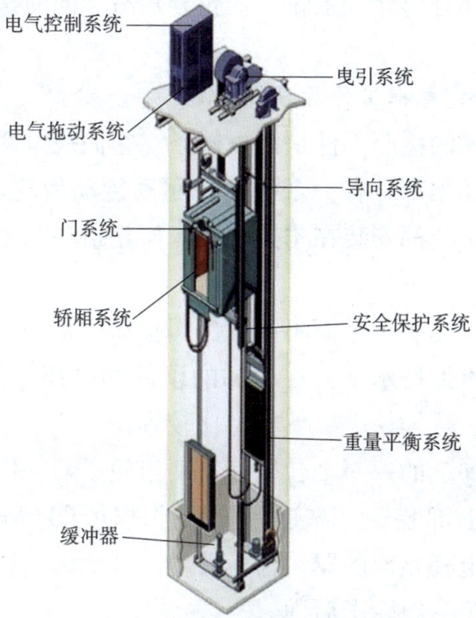

图 4-2　升降式电梯工作原理

二、台阶式电梯构造及原理

（一）台阶式电梯构造

台阶式电梯一般是斜置。行人在扶梯的一端站上自动行走的梯级，便会自动被带到扶梯的另一端，途中梯级会一路保持水平。扶梯在两旁设有跟梯级同步移动的扶手，供使用者扶握。

台阶式电梯由梯路（变形的板式输送机）和两旁的扶手（变形的带式输送机）组成。其主要部件有梯级、牵引链条及链轮、导轨系统、主传动系统（包括电动机、减速装置、制动器及中间传动环节等）、驱动主轴、梯路张紧装置、扶手系统、梳板、扶梯骨架和电气系统等。梯级在乘客入口处作水平运动（方便乘客登梯），以后逐渐形成阶梯；接近出口处阶梯逐渐消失，梯级再度作水平运动。这些运动都是由梯级主轮、辅轮分别沿不同的梯级导轨行走来实现的。

（二）台阶式电梯工作原理

台阶式电梯的核心部件是两根链条，它们绕着两对齿轮进行循环转动。在电梯顶部，有一台电动机驱动传动齿轮，以转动链圈。发动机和链条系统都安装在构架中，构架是指在两个楼层间延伸的金属结构。

与传送带移动一个平面不同，链圈移动的是一组台阶。链条移动时，台阶一直保持水平。在电梯的顶部和底部，台阶彼此折叠，形成一个平台。这样使上、下电梯比较容易。

台阶式电梯上的每一个台阶都有两组轮子，它们沿着两个分离的轨道转动。上部装置（靠近台阶顶部的轮子）与转动的链条相连，并由位于电梯顶部的驱动齿轮拉动。其他组的轮子只是沿着轨道滑动，跟在第一组轮子后面。

两条轨道彼此隔开，这样可使每个台阶保持水平。在自动扶梯的顶部和底部，轨道呈水平位置，从而使台阶展平。每个台阶内部有一连串的凹槽，以便在展平的过程中与前后两个台阶连接在一起。

除转动主链环外，台阶式电梯中的电动机还能移动扶手。扶手是一条绕着一连串轮子进行循环的橡胶输送带。该输送带是精确配置的，以便与台阶的移动速度完全相同，使乘用者感到平稳。

第三节 电梯安全装置及附件

一、电梯安全装置

（一）机电联动安全保护装置

机电联动安全保护装置是指电梯运行过程中或发生不安全状态时，通过机械和电气器件的联合动作，把机械信号转变为电信号以实现安全保护作用的装置。

1. 限速器及安全钳

正常运行的轿厢，一般发生轿厢坠落事故的可能性很小，但也不能完全排除这种可能。一般常见故障有以下五种：

（1）曳引钢丝绳因各种原因折断。

（2）蜗轮蜗杆的轮齿、轴、销折断。

（3）曳引摩擦轮绳槽严重磨损，造成当量摩擦系数急剧下降，而平衡失调，轿厢又超载，则钢丝绳和曳引轮打滑。

（4）轿厢超载严重，平衡失调，制动器失灵。

（5）因某些特殊原因，如平衡对重偏轻，轿厢自重偏轻，造成钢丝绳对曳引轮压力严重减少，致使轿厢侧或对重侧平衡失调，从而钢丝绳在曳引轮上打滑。

这五种可能中只要发生一种，就可能发生轿厢或对重急速坠落的严重事故。因此，按照国家有关规定，无论是乘客电梯还是载货电梯，都应装置限速器和安全钳。当轿厢下行速度超速时，要求限位器动作，夹住安全钳钢丝绳而使安全钳动作，从而阻止轿厢下滑，直至停止下降。同时，切断控制电源，迫使电动机停转，确保运行安全。

2. 轿厢上行保护装置

曳引驱动电梯上应装设符合要求的轿厢上行保护装置，这种装置应作用于电梯的轿厢、对重钢丝绳（悬挂绳和补偿绳）、曳引轮（或与曳引轮同轴的部件）中的一种或多种上。

轿厢上行保护装置是防止轿厢冲顶的安全保护装置，是对电梯安全保护系统的进一步完善。在对重重于轿厢的状态下，造成轿厢冲顶的原因有以下三种：

（1）制动器电磁铁及其机构卡阻，造成制动器失灵、抱闸失效，或制动力严重不足。

（2）曳引机蜗轮、蜗杆的齿轮、轴、键等发生折断，造成曳引轮与制动器脱开。

（3）曳引轮绳槽磨损严重，造成曳引绳在曳引轮上作用。

3. 层门安全保护装置

每个电梯层门上都应装设层门锁闭装置（钩子锁）、验证层门闭合的电气装置（电联锁开关）、验证被动门关闭位置的电气开关（副门锁开关）、紧急开锁装置和层门自动关闭装置（强迫关门）等。

4. 验证轿门闭合装置

当轿厢门关闭到位后，电梯才能正常起动运行；当运动中的轿厢门离开闭合位置时，轿厢立即停止运行或不能起动。验证轿门闭合装置非常重要，如果缺少这一装置或装置失效，电梯会在轿门开启的状态下运行，有可能使轿厢中的乘客与井道或层门发生碰撞，造成人身伤害。所以不论何种类别和型号的电梯都必须有这一装置。

（二）电气安全保护装置

电梯是以电为动力源的机电一体化的起重设备。最常用的电气安全保护装置有层门、轿门、安全门、检修门、安全窗等锁闭和验证安全装置；限速器安全钳保护开关、缓冲器复位开关；限速绳、选层器断带保护开关；行程极限开关、停止开关等。

电梯安全控制回路，应是安全电路，不能因电路本身的故障造成人身伤害事故。电气安全装置中的电气器件应是对安全有保障的安全触点、安全开关、安全继电器。安全电压按国家的有关规定设置，不应超出其规定，采用安全电压供电的场所，必须使用安全电压供电。此外，还有用于检查电梯各安全部件是否处于安全状态的电气安全装置。

1. 安全电路、安全触点、安全电压

（1）安全电路

为防止电梯出现不安全状态后发生事故，电气安全装置中应采用安全电路，其功能是当电梯出现不安全状态时，可以防止未运行的电梯起动，也可以使正在运行的电梯立即停止运行并制动。当不安全状态被排除后，电气安全装置恢复安全状态，电梯可投入运行。

国家标准规定，电梯安全回路，即串联所有电气安全装置的回路，应是独立的，该电路中不准并联其他电器件和控制电路。在用电梯中有在层门联锁中并联应急按钮等电器元件，这不符合安全要求，会造成开门走车引发事故。

（2）安全触点

电梯电气安全装置中，所使用的安全开关均应是安全触点传送的电气信号，如层门联锁触点、安全钳保护开关、限速器超速保护开关、张紧绳保护开关、轿顶和轿底停止开关等。安全触点是安全电路的基本元件之一。安全触点的静触点始终保持静止状态，动触点由驱动元件推动，当动触点、静触点在接触的初始状态时，两触点间产生一个初始压力，随着驱动元件的推进，动触点与静触点间产生一个最终压力，使触点有良好的接触，直至推动到位终止，触点在受压状态下工作。

安全触点动作时，两点断路的桥式触点有一定行程余量，断开时触点应能可靠地断开，即当所有触点的断开元件处于断开位置时，且在有效行程内，动触点和施加驱动力的驱动机构之间无弹性元件施加作用力，即为触点获得了可靠的断开。驱动机构动作时，必须通过刚性元件迫使触点断开，断开后触点间距应不小于4 mm，对于多分断点安全触点，其间距不得小于 2 mm。

此外，安全触点还应具备符合要求的绝缘性能、电气间隙等。电气安全系统是静态的，只在出现危险状态时才动作，所以安全触点工作时都处于常闭状态，当受外力作用时，触点应可靠断开。

（3）安全电压

安全电压是指人体与电接触时，对人体皮肤、呼吸器官、神经系统、心脏等各部位组织不会造成任何损害的电压。在我国，电梯属于位于建筑物场所的有高度触电危险的设备，其安全电压值为 36 V，绝对安全电压值为 12 V。

2. 电动机短路保护装置

我国在用电梯采用的短路保护有熔断器短路保护和自动断路器短路保护两种。

（1）熔断器短路保护。曳引电动机和电路的短路保护是由熔断器来完成的。熔断器利用低熔点、高电阻金属不能承载过大电流的特点，对电气设备起保护作用。

（2）自动断路器短路保护。自动断路器中有一过电流线圈，该线圈和负荷电路相串联。正常运行时，过电流线圈的磁力不能使铁心吸合，而当短路电流达到一定值时，过电流线圈立即吸引铁心，铁心带动自动断路器内的传动机构，使触点分断，从而起到保护作用。

短路保护的安全要求有以下三点：

①当采用熔断器做短路保护时，熔断体容量选取应适宜，容量过大或过小都会影响电梯正常运转，还会使故障扩大、设备受损。不能用铜丝代替熔体，也不得使用未标明额定电流的熔体。

②在半导体器件的电路中应采用的快速熔断体，不能用普通熔断体替代。

③当熔断器熔断体熔断后，必须查明原因，待故障被排除后，方可更换相同的熔断体，否则可能会损坏设备或使故障扩大。

3. 电动机过载保护装置

为防止电动机过载烧毁绕组而设置过载保护装置。我国在用电梯电动机过载保护装置有自动断路器、热继电器、热敏电阻和限时运行控制器四种形式。

（1）自动断路器过载保护。电梯供电电路中装有可切断电源的主开关，该开关常采用自动断路器，也称为空气开关，该开关既有短路保护功能，还有过载保护功能。

（2）热继电器过载保护。在用电梯电路中常采用双金属片式热继电器，适用于交流电压不大于 500 V、电流不大于 160 A 的长期工作或间断长期工作的一般交流电动机过载保护，同时还具有断相保护功能。

（3）热敏电阻过载保护。有的电梯曳引电动机采用由热敏电阻和半导体温度继电器组成的控制电路做过载保护。热敏电阻一般置于电动机定子绕组中，当电动机过载发热时，热敏电阻阻值发生变化，致使继电器动作而切断控制电路，达到过载保护的目的。

（4）限时运行保护。为防止电动机过载烧毁电动机绕组，在电动机低速运行状态时设置限时运行，这种保护措施在新、老在用电梯中都有采用，限时运行可分为人工限时和自动限时两种。

4. 断相、错相保护

《电梯技术条件》（GB/T 10058—2023）规定：各类电梯应具备供电系统断相、错相保护装置或保护功能。断相保护是为防止曳引电动机单相或低电压运行而被烧毁。错相保护是针对交流双速电梯、交流调速电梯因电源相序的改变造成电梯轿厢冲顶或蹾底而言。

5. 电气设备的接地保护

我国低压供电系统一般都采用中性点直接接地的三相四线制

（TV-C-S系统）和三相五线制（T-S系统）方式供电。从安全防护方面考虑，电梯电气设备采用接零保护。在中性点接地系统中，当一相接地时，接地电流成为很大的单相短路电流，保护设备能准确、迅速切断电源，从而保障人身和设备安全。接零保护的同时，零线还要在规定的地点采取重复接地。重复接地是将零线的一点或多点通过接地体与大地再次连接。当发生接地短路时，能降低零线的对地电压；当零线发生断路时，能使故障程度减轻。

6. 检修运行与轿顶优先

为便于检修和维护，应在轿顶装一个易于接近的控制装置。目前国内外生产的电梯不仅在轿顶设有检修运行装置，有的在轿厢操作盘内和机房控制柜上也设有检修运行装置。

（1）检修运行应满足下列条件：

①轿厢运行速度不应超过0.63 m/s，且只能点动运行。

②检修运行时应切断正常运行电路、外呼电路及层显电路。

③电梯运行（检修运行）应依靠安全装置，即安全电路均处于正常状态，尤其是电梯各层门、轿门必须全部关闭到位，否则不能运行。

④检修运行时，曳引电动机易发热，长时间慢速运行易损坏电动机绕组。有的电梯生产厂家对检修运行时间规定为连续检修运行时间不应超过30 s。也有的生产厂家将检修运行保护设置在电路内，对电动机进行保护。

⑤检修运行必须保证轿顶优先。

（2）轿顶优先。轿顶应装设一个检修运行装置，若轿内、机房也设有检修运行装置，应确保轿顶优先。当轿顶检修开关处于检修位置时，或者轿厢内和机房检修开关与轿顶检修开关同时处于检修位置时，只有轿顶慢上、慢下按钮起作用，而轿厢内和机房慢速按钮均不起作用。当轿顶检修开关处于正常位置时，机房和轿厢内慢速按钮才起作用，这一规定是为了确保轿顶检修操作人员的安全。

(3) 轿顶检修运行装置的安全技术。轿顶检修运行装置俗称轿顶操作盒，盒上装有检修运行开关、上下行按钮和能切断主电路控制电路的停止开关，以及电源插座、照明灯。

7. 主开关和停止开关

(1) 可切断电源的主开关。在机房中，每台电梯都应单独装设一只能切断该电梯所有供电电路的主开关。该开关应具有切断电梯正常使用情况下最大电流的能力。该开关不应切断下列供电电路：①轿厢照明或通风；②轿顶电源插座；③机房和滑轮间照明；④机房和滑轮间及底坑电源插座；⑤电梯井道照明；⑥报警装置。

该开关位置应能从机房入口处方便迅速地接近，若几台电梯共用同一机房，各台电梯的主电源开关应易于识别。易于识别的方法是将设备与相应开关在明显的位置进行编号，以防止停电、送电时错误操作。

(2) 电梯停止开关。在轿厢以外的轿顶、底坑、滑轮间等处应设置电梯停止开关。该开关应能使电梯停止并保持停止状态，开关应是双稳态非自动复位且带自锁功能的，以保障无意动作不能使电梯恢复运行。设置该开关是为保障检修人员操作时的安全，在需要时操作此开关使电梯处于停止状态以便维修，它不是专为发生紧急情况时操作的开关，但在必要时可以使用。电梯停止开关不论装设在何处，都应当是红色的非自动复位式的安全开关，其旁边还应标有“停止”字样。

8. 紧急报警、应急照明、井道照明

(1) 紧急报警装置。为使乘客能向轿厢外求援，轿厢内应装设乘客易于识别和触及的报警装置。报警开关按钮应是黄色的，并标以钟形符号加以识别。该装置应采用警铃、对讲系统、电话或类似形式的装置。该发声装置可装在值班室或安全保卫部门。电梯行程超过 30 m 的，轿厢和机房之间应设对讲系统或类似装置。报警装置的电源应是自动再充电式的，即当电梯照明电源停电时，报警装置仍应起作用。

(2) 应急照明。电梯要有自动再充电的紧急照明电源，在正常照明电源被中断的情况下，能至少供 1 W 灯泡用电 1 h。在正常照明电源发生故障的情况下，应自动接通紧急照明电源。

(3) 井道照明。封闭式井道应设置永久性的电气照明，在维护修理期间，即使门全部关上，井道亦能被照亮。并对灯位设置做了具体规定：井道最高和最低点 0.5 m 以内各装设一盏灯，中间每隔 7 m（最大值）设一盏灯。

距井道最高和最低点 0.5 m 以内，各装设一盏灯，是为了当轿厢运行至最低层或最高层，即使蹲底或冲顶时，轿厢上空间和轿厢下空间也能有一定的照度。而中间设灯，则是为了在层门全部关闭状态下，能保证井道内有足够的照度，便于检修和操作人员工作。

（三）机械保护和安全防护装置

电梯中的机械保护和安全防护装置主要有缓冲器、层门自动关闭安全装置、层门紧急开锁装置、对重和井道护栅等。

1. 缓冲器

当电梯轿厢向下运行时，由于各种原因可能导致事故发生，比如：①下部限位开关或越程开关不起作用；②断绳、超载、轿厢下滑、安全钳限速器不动作；③曳引轮和钢丝绳打滑；④轿厢超载制动器失效，没有制动力矩，轿厢掉落坑底。这时，设置在轿厢下方底坑中的缓冲器，可以减缓轿厢与底坑间的冲击，使轿厢停下来。当轿厢运行在井道上部时，如果顶部极限开关不起作用，处于冲顶状态时，对重跌落到它正下方的缓冲器上，可以减缓冲击作用，避免轿厢冲顶。

2. 层门自动关闭安全装置

在轿门驱动层门的情况下，当轿厢在开锁区域以外时，无论层门因为何种原因而开启，都应有一种装置（重块或弹簧）能确保该层门的自动关闭。即凡是装有自动门装置的电梯，都应装设层门自动关闭安全装置。当轿厢不在该层时，如果用紧急开锁钥匙或在井道内人为将该层门打开，层门应能迅速自动关闭，以防止坠落事故的发生。

3. 层门紧闭开锁装置

每个层门均应能从外面借助于一个开锁三角孔相配的钥匙开启。

4. 对重和井道护栅

电梯护栅有对重护栅和井道与电梯之间的护栅。为防止人员进入底坑对重下侧而发生危险，在底坑对重的两条轨道处应设置防护栅。在通井道的下部，不同电梯运动部件之间应设置隔障。

二、电梯安全附件

电梯作为一种现代化的运输工具，其安全性和可靠性至关重要。为了确保电梯的安全运行，需要配备一系列安全附件。

（一）超载限制器

电梯超载限制器是一种用于防止电梯超载运行的安全装置，通常安装在电梯的机房内，与电梯的控制系统连接。当电梯的负载超过额定重量时，超载限制器会发出警报或自动切断电源，防止电梯继续运行并避免事故发生。

超载限制器的种类和原理因电梯品牌和型号而异，但通常采用机械式或电子式。机械式超载限制器通过杠杆、弹簧等机械部件感受电梯的负载，当超过额定重量时，机械部件会动作切断电源或发出警报。电子式超载限制器则通过传感器感受电梯的负载，并将信号传输到控制系统，当超过额定重量时，控制系统会发出警报或自动切断电源。

在使用电梯时，应严格遵守额定载重量，不要超载运行。如果发现电梯出现超载情况，应立即停止使用并通知相关人员进行维修。

（二）电梯限速器

电梯限速器能够反映轿厢的实际运行速度，当速度达到极限速度值时（超过允许值）能发出信号并产生机械动作，切断控制电路或迫使安全钳动作。

限速器装置由限速器、限速器绳及绳头、绳张紧装置等组成。限速器多安装于机房，限速器绳绕过限速器绳轮，穿过机房地板上的限速器绳孔，竖直贯穿井道总高，延伸至底坑中限速器绳张紧轮并形成回路；限速器绳绳头连接到轿厢顶的连杆系统，并通过操纵拉杆与安全钳相连。

《电梯制造与安装安全规范　第2部分：电梯部件的设计原则、计算和检验》（GB/T 7588.2—2020）规定：限速器在轿厢速度至少等于电梯额定速度的115%时方可动作；限速器动作时，限速器绳的张力不得小于安全钳起作用所需力的两倍或300 N；限速器绳最小破断载荷与限速器动作时限速器绳张力安全系数应大于8，限速器绳公称直径不小于6 mm；限速器绳必须配有张紧装置，张紧轮上须装设导向装置。

电梯正常运行，轿厢与限速器绳同速升降，两者间无相对运动，限速器绳绕绳轮运行；当电梯超速并达到限速器设定值时，首先触发超速电气开关实施断电制动，若无效则限速器夹绳装置将限速器绳夹住，使其不能移动，随着轿厢的移动，限速器绳绳头与安全钳拉杆间出现相对运动，拉杆驱动安全钳制动元件，安全钳制动元件则紧密地夹持住导轨，通过摩擦力将轿厢制停在导轨上。

（三）电梯安全钳

电梯安全钳是电梯的安全保护装置，在限速器的操纵下，当电梯速度超过电梯限速器设定的限制（或额定）速度，或在悬挂绳发生断裂和松弛的情况下，将轿厢紧急制停并夹持在导轨上的一种安全装置。它对电梯的安全运行提供有效的保护作用，一般将其安装在轿厢架或对重架上。电梯安全钳分为瞬时式安全钳和渐进式安全钳。

瞬时式安全钳常与刚性甩锤式限速器配套使用，其中拉杆与限速器的钢丝绳相连，在正常情况下，由于拉杆弹簧的张力大于限速器钢丝绳的张力，因而安全钳处于静止状态，楔块与导轨之间保持一个恒定的间隙（2～3 mm）。当电梯出现故障时，轿厢迅速下降，从而使限速器动作，带动连杆系统，继而使安全钳的楔块相对上提，将轿厢卡在导轨上。这种安全钳制停速度快，制停距离短，极易对轿厢及乘载的人或物体产生较大的震动与冲击，同时对导轨的损伤较大，因此不能用于较高速电梯，多用于低速电梯上。

渐进式安全钳与弹性甩锤式限速器配套使用。渐进式安全钳的工作原理与瞬时式安全钳大体相同，不同之处在于它装有弹性元件，能使制动力限制在一定范围内，并使轿厢在制停时有一段滑动距离，从而避免了轿厢急停而引起的强烈震动，对导轨也起到一定的保护作用，因此多用于快速、高速电梯上。

限速器和安全钳连接在一起联动。限速器是速度反应和操作安全钳的装置，安全钳必须由限速器来操纵，禁止使用由电气、液压或气压装置操纵的安全钳。电梯运行时，电梯轿厢的上下垂直运动就转化为限速器的旋转运动，当旋转运动的速度超出极限值时，限速器就会切断控制回路，使安全钳动作。

（四）电梯缓冲器

缓冲器是电梯极限位置的最后一道安全装置，设在井道底坑的地面上。在轿厢和对重装置下方的井道底坑地面上均设有缓冲器。当轿厢或对重失控竖直下落，具有相当大的动能，为尽可能减少和避免损失，就必须吸收和消耗轿厢或对重的能量，使其安全、减速平稳地停止在底坑。所以缓冲器的原理就是使轿厢或对重的动能、势能转化为一种无害或安全的能量形式。采用缓冲器将使运动着的轿厢或对重在一定的缓冲行程或时间内逐渐减速停止。电梯缓冲器分为蓄能型缓冲器和耗能型缓冲器。

1. 蓄能型缓冲器又称弹簧式缓冲器。缓冲器受到轿厢（对重）的冲击后，弹簧变形吸收轿厢（对重）的动能，并储存于弹簧内部；当弹簧被压缩到最大变形量后，弹簧对轿厢（对重）产生反弹并反复进行，直至能量耗尽弹力消失，轿厢（对重）完全静止。蓄能型缓冲器的特点是缓冲后有回弹现象，存在着缓冲不平稳的缺点，所以蓄能型缓冲器仅适用于额定速度小于 1 m/s 的低速电梯。

2. 耗能型缓冲器又称油（液）压缓冲器。当耗能型缓冲器受到轿厢和对重的冲击时，柱塞向下运动，压缩缸体内的油，油通过环形节流孔喷向柱塞腔。当油通过环形节流孔时，由于流动截面积突然减小，就会形成涡流，使液体内的质点相互撞击、摩擦，将动能转化为热量散发掉，从而消耗了轿厢或对重的能量，使轿厢或对重逐渐缓慢地停下来。耗能型缓冲器具有缓冲平稳，有良好的缓冲性能的优点，在使用条件相同的情况下，耗能型缓冲器所需的行程可以比蓄能型缓冲器减少一半，所以耗能型缓冲器适用于快速和高速电梯。

（五）电梯门联锁

电梯门联锁是一种电梯安全装置，在电梯运行过程中，当门未完全关闭时，电梯不能起动。这主要是为了避免乘客在电梯运行时落入电梯井道的危险。

门锁闭联锁通常由两部分组成，即门锁装置和门锁闭导向装置。门锁装置是指通过锁片和锁杆将门扇固定在门框上的装置。当门锁装置处于锁闭状态时，门扇就无法被打开。当电梯门关闭时，门锁装置会自动锁闭，确保电梯门的关闭状态。门锁闭导向装置可以引导电梯门的关闭，并防止电梯门在关闭过程中受到阻碍。如果电梯门在关闭过程中遇到阻碍，门锁闭导向装置会检测到并停止电梯的运行，直到阻碍被移除。

第四节 电梯运用安全管理

一、电梯安全要求

电梯的安全状态是由组成电梯的各部分零部件的功能和状态来保证的，是通过对电梯各部分及其安全装置的安全要求及安全信息的顺利传递来实现的。

电梯的基本使用功能是在建筑物内垂直升降运输人员或货物。安全运行需要电梯合理的结构形式和组成零部件具有足够的机械强度来保证，即在额定满载情况下，考虑全部静载荷、动载荷，以及意外采用紧急措施所产生的载荷作用下，不发生破坏。与安全关系较大的部位和元件有井道、机房、轿厢、层门和曳引绳等。

电梯安全保护可分为机械保护、电气安全保护和安全防护三个方面。机械保护装置有限速器、安全钳、层门自闭安全装置、缓冲器等。其中有些装置是与电气保护装置配合共同承担保护任务。电气安全保护装置除一些与机械保护装置协同工作外，还有一些是电气系统的自身保护，如电动机短路保护、接地接零保护等。安全防护有机械设备的防护装置，如对旋转轴、转动的齿轮的保护，以及各种护栏、护栅等安全防护装置。

二、电梯使用安全管理

（一）一般管理要求

使用电梯的单位应当建立一套完善可行的管理制度，这是电梯安全使用的首要条件。

1. 配备专职人员

（1）对有驾驶员的电梯，应配有专职驾驶员。驾驶员应受过技术培训，具备必要的电梯知识，能正确操纵电梯和处理运行中出现的各种紧急状态，并能排除一般性的常见故障。

（2）应有专职维修保养人员，并建立值班制度，维修人员应受过技术培训，掌握电梯的工作原理，以及电梯各部分的主要构造与功能，能处理及排除各种故障，能对电梯进行日常性的维修保养。

2. 建立严格的检查保养制度

（1）日检查保养制度，包括以下四点：

①每天进行清扫和巡视检查，及时发现和排除各种不正常现象。

②保持轿厢与厅门口的清洁卫生，特别注意地坎槽是否掉入杂物，以免影响门的正常开合。

③每日在启用电梯前，驾驶员或维修人员应首先将电梯上下运行一次，注意观察是否有异常。

④应设有电梯工作日志，实行交接班记录。

（2）月检查保养制度，包括以下两点：

①每月对电梯的主要安全装置的工作状况进行一次检查，发现问题及时处理。

②每月对各润滑部位进行一次检查。

（3）季度检查保养制度，包括以下三点：

①应对电梯各传动部分（曳引机、导向轮、曳引绳、导靴、门传动系统等）进行全面检查，并进行必要的调整与维修。

②对各安全装置进行必要的调整，如电磁制动器、限速器张紧装置、安全钳等。

③对电路控制系统进行工作情况检查，包括各种接触器、继电器、保险器、电阻等元件及各接线端子。

（4）年检查保养制度，包括以下两点：

①组织一次全面性的技术检查（包括外壳接地及电器耐压等），并对电梯工作状态做出评价，制订年保养计划。

②修理及更换磨损或损坏的主要部件。

(5) 临时性检查保养制度，指电梯停用较长时间及地震、火灾后，需进行全面性检查才能投入使用。

3. 制定维修保养工作规程

(1) 进行季检和年检时，应由两人以上进行，确保工作安全及检查可靠。

(2) 电梯在检修时（包括加油），应在首层厅门口悬挂“检修停用”的标示牌。在做检修性运行时，不准载客、载货。

(3) 当进入底坑检修时，应将底坑检修箱的急停开关断开。

(4) 当进入轿顶检修时，应将安全钳开关或轿顶检修箱的急停开关断开。

(5) 在检修时，使用的工作灯必须为 36 V 以下的安全电压。

(6) 严禁维修人员在井道外探身到轿顶，或处于厅门与轿门之间进行工作。

(7) 在厅门开启的情况下，轿厢以检修速度运行时，其上离厅门踏板距离不应超过 400 mm。

(二) 日常使用注意事项

1. 电梯驾驶员或专职管理人员在每天开启厅门进入轿厢前，应确定轿厢是否确实已停稳在该站，切忌莽撞踏空。

2. 有驾驶员的电梯必须由专职驾驶员操纵，当驾驶员需暂停轿厢时，应将轿厢电源开关关闭，并关闭厅门。

3. 应保证电梯在额定载重范围内工作，对于无超载装置的电梯，驾驶员应时刻掌握电梯的载重量。

4. 客梯不应作为货梯使用，轿厢不允许装运易燃、易爆的危险物品。

三、电梯维护保养安全技术

电梯维修保养的目的是使电梯始终保持良好的工作状态。这是一项长期细致的工作，保养得好就能减少故障，延长使用寿命，因此电梯维护保养是十分重要的工作。维修保养工作应按日、周、季、年检的程序进行。

（一）电梯维护的一般要求

电梯的驾驶员或维护人员除应在每日工作前对电梯做准备性的试车外，还应每日对机房内的机械和电气设备做巡视性检查，并对电梯做定期维护，根据检查日期、范围和内容的不同，一般可分为每周检查、季度检查和年度检查三种。

1. 每周检查

电梯维护人员应对电梯主要设备的动作可靠性和工作准确性进行每周一次的检查，并进行必要的修正和润滑，其内容如下：

（1）轿厢按钮和停车按钮：检查其动作是否灵活。

（2）轿厢照明、信号（指示器、方向箭头、蜂铃）：检查并在必要时调换灯泡。

（3）平层机构：检查平层准确度。

（4）轿厢门：检查门的开关动作。自动门：检查门的重开线路（按钮、安全触板、光电管等）。

（5）厅门：检查门锁是否灵活，触点之间是否正常，在必要时进行调换。

（6）门导轨：检查其中有无杂物。

（7）制动闸：检查制动盘与制动闸瓦之间的间隙是否正常，是否有磨损，必要时调整或更换制动闸瓦。

（8）曳引机和电动机：检查油位是否在油位线上，必要时进行加油。

（9）接触器：检查触头、衔铁接触情况是否良好，是否有污物。

（10）驱动电动机：检查其中有无异常噪声或过热现象。

（11）导向轮、选层器：检查其润滑、运行情况。

（12）开门机：检查其动作是否灵活。

2. 季度检查

在电梯每使用三个月后，维护人员应对比较重要的机械和电气设备进行较细致的检查、调整和修理。

（1）机房。检查内容包括以下五点：

①蜗轮蜗杆减速箱及电动机轴承端润滑是否正常。

②制动器动作是否正常，制动闸瓦与制动盘之间的间隙是否正常。

③曳引钢丝绳是否因渗油过多而引起滑移。

④限速器钢丝绳、选层器钢带运行是否正常。

⑤继电器、接触器、选层器等工作情况是否正常，触头是否清洁，主要的紧固螺钉有无松动。

（2）轿厢顶和井道。检查内容包括以下八点：

①检查门的操作、调节和清洁门驱动装置的部件，如电动机带轮的传送带、电动机、磁笼、速度控制开关、门悬挂滚轮、安全开关和弹簧等。

②清洁轿门、厅门门槛和上槛（门导轨）。

③检查全部门刀和门锁滚轮之间的间隙与直线度情况。

④调节和清洁全部厅门及其附属件，如尼龙滚轮、触杆、开关门铰链、门滑轮、橡胶停止块、门与门槛之间的间隙等。

⑤检查并清洁全部厅门门锁、开关触点及井道内的接线端子。

⑥检查对重装置和轿厢连接件（补偿链）。

⑦检查轿厢、对重导靴的磨损情况和安全钳与导靴之间的间隙，必要时予以调换和调整。

⑧检查每根曳引钢丝绳的张紧是否正常，并做好清洁工作（如井道传感器、水磁感应器等）。

（3）轿厢内部。检查内容包括以下六点：

①检查轿厢操纵箱（盘）上的按钮和停车按钮的工作情况。

②检查轿厢照明、轿厢信号指示器、方向指示箭头的工作情

况等。

③检查轿厢门的开关动作和自动门的重开线路情况（按钮、安全隔板、灯光管等）。

④检查紧急照明装置。

⑤检查并调节电梯的性能，如起动、运行、减速和停止运行是否舒适良好。

⑥检查平层准确度。

（4）层站。检查停靠层厅门旁的按钮及厅外楼层指示器的工作情况。

3. 年度检查

电梯每次在运行一年之后，应进行一次技术检验。由有经验的技术人员负责，维护人员配合。按技术检验标准，详细检查所有电梯的机械、电气、安全设备的情况和主要零部件的磨损程度，换装或修配磨损量超过允许值的已损坏的零部件。

（1）调换开、关门继电器的触头。

（2）调换上、下方向接触器的触头。

（3）仔细检查控制屏上所有接触器、继电器的触头，若有灼痕、拉毛等现象要予以修复或调换。

（4）调整曳引钢丝绳的张紧均匀程度。

（5）检查限速器的动作速度是否准确，安全钳是否能可靠动作。

（6）调换厅门、轿门的滚轮。

（7）调换开、关门机构的易损件。

（8）仔细检查并调整安全回路中各开关触点的工作情况。

（二）电梯维修保养要领

1. 电梯维修和保养规定

（1）维修保养时不得载客或载货，各层门处悬挂检修停用的指示牌。

（2）电梯维修保养应断开相应位置的开关，如在机房时应将电源总开关断开；在轿顶时应合上检修开关；在底坑时应将底坑急停开关断开，同时将限速器张紧装置安全开关也断开。

（3）使用的手灯必须带护罩并采用不大于 36 V 的安全电压；在机房、底坑、轿顶或轿底应装设检修用的低压插座。

（4）操作时应由两人协同进行，操作时若需驾驶员配合进行，驾驶员要精神集中，严格服从维修人员的指令。

（5）严禁维修人员站在井道外探身到井道内，严禁在井道外或在轿厢地槛处较长时间地在轿厢内外各站一只脚进行检修工作。

2. 电梯维修保养仪器要求

（1）万用表内阻在 200 kΩ 以上。

（2）交流电流表量程为 AC100 A。

（3）交流电压表量程为 AC300 V，对于指针式，输入阻抗在 300 kΩ 以上。

（4）高压兆欧表应使用电池式，电压为 500 V，内阻在 200 kΩ 以上，禁止使用手摇式兆欧表。

（5）转速表量程为 0～50 000 r/min。

3. 电梯维修和保养的注意事项

切断电源后，进行主回路方面的作业时，应确认电解电容器端子电压为零后再开始作业。

（三）电梯部件日常维护与保养

1. 曳引机

在电梯中最重要的动力设备是曳引机，因此曳引机能否正常工作非常重要。

曳引机安装在机房内，电梯维护人员每天应到机房巡视。进入机房后，先用听、看、摸等手段，初步判定曳引机是否正常工作。

（1）听：用耳朵听一听曳引机的工作是否正常。正常工作的曳引机应是运行平稳、无异常响动的。

（2）看：用眼看蜗轮减速器、电动机的运转状况，应平稳而无振动。若发现某部位异常振动，说明该部位可能存在问题，应立即与操作人员取得联系，采取有效措施，避免事故的发生。

（3）摸：在正常工作情况下，机件、轴承的温度应不高于60 ℃。若某些机件部位手不能靠近，则说明该部位工作异常，应立即采取措施。

对于有蜗轮减速器的曳引机，当电梯经较长时间的运行后，由于磨损，蜗轮副的齿侧间隙会增大，或由于轴承磨损造成轴向窜动，从而使电梯换向运行时产生较大的冲击。此时应检测蜗轮、蜗杆轴向游隙是否符合技术规定。

对经常使用的电梯，每年应更换一次减速箱的润滑油。对新投入使用的电梯，前半年内应经常检查箱内润滑油的黏度和杂质情况，以确定换油时间。

2. 曳引钢丝绳

曳引钢丝绳连接着轿厢和对重，对于电梯的安全运行有着举足轻重的作用。曳引绳所受的张力应当保持均匀。在日常保养中，若发现松紧不一的情况，应及时用绳头锥套上的螺母调整弹簧的松紧度，以使其张力平衡。

钢丝绳的绳芯有存储润滑油的作用。钢丝绳工作时，绳芯向外渗油。停用时，向内吸油。新的钢丝绳，无须加油。但经过较长时间的运行后，绳芯储油渐少甚至耗尽，钢丝绳的表面将出现干燥甚至锈斑等现象。此时，应每 2～3 个月在绳的表面薄淋一次机油。浇油不能太多，绳表面有轻微的渗透润滑即可。尤其注意不能涂钙基润滑油，以免由于摩擦力减少而引起钢丝绳打滑，甚至出现轿厢不能起运的故障。

平时应保持钢丝绳的清洁，当发现其表面有砂土等污垢时，应用煤油擦净。

若钢丝绳表面有严重的锈蚀、发黑、斑点、麻坑，以及外层钢丝松动现象，或钢丝绳表面磨损或腐蚀占直径的 30%时，必须立即予以更换。

曳引绳轮用来悬挂曳引钢丝绳，应注意检查和保养。要经常检查各曳引绳的张力是否均匀，以防由于曳引绳的张力不匀，造成曳引绳的磨损量不一致。要经常测量各曳引绳顶端至曳引轮上轮缘间的差距，若出现 1.5 mm 以上差距时，应就地重车或是更换曳引绳轮。

3. 曳引电动机

曳引电动机是曳引机的主要部件。电梯正常运行时，只能由高速绕组启动。在保养检修时，可以用低速绕组启动，但转动的时间不能超过 3 min，否则将有可能烧坏电动机。

在日常保养中，应经常检查电动机与底座的连接螺栓是否松动，若发现松动，应及时紧固。电动机轴与蜗杆的连接，其轴度不同，对于刚性连接的误差应不大于 0.02 mm，对于弹性连接的误差应不大于 0.1 mm。

对于采用滑动轴承的电动机，其油槽内润滑油的油位应不低于油镜中线，并应经常检查油的清洁度，若发现杂质应及时更换新油。换油时，应将油槽中的油全部放出，不应保留原来的油渣，并用汽油洗净后，方可注入新油。

当由于轴承磨损而产生不均匀的异常噪声或出现电动机转子（或电枢）的偏摆量超过 0.2 mm 时，应及时更换轴承。

每三个月要用兆欧表检测一次电动机的绝缘电阻，其阻值应不小于 0.5 MΩ。若绝缘电阻值低于 0.5 MΩ，应做干燥处理。

4. 制动器

制动器的动作应灵活可靠。要确保制动器正常动作，各个活动部位必须保持清洁，并每周加一次润滑油。每月检查一次电磁铁可动铁心与铜套间的润滑情况。

制动器抱闸时，闸瓦应紧密地与制动轮工作表面贴合；松闸时，闸瓦应同时离开制动轮的工作面。制动带（闸皮）应无油污，紧固制动带的铆钉应埋入沉坑中以防与制动轮接触。

四、电梯安全常识

1. 注意超限过载。电梯不能超载，电梯超载非常危险，当电梯报警时，就应该主动退出，等下一趟再乘坐。

2. 当电梯门快关上时，千万不要强行冲进电梯，阻止电梯关门，切忌一只脚在内一只脚在外停留，以防受到伤害。

3. 乘坐电梯时，儿童和宠物必须由成人陪同，避免发生意外。

4. 电梯正常运行时，严禁按应急按钮。

5. 禁止非专业人员拆卸和维修电梯，或使用厅门开锁三角钥匙，以免发生意外事故。

6. 乘坐电梯时，若遇电梯门没有关上就运行的情况，应立即打电话报修，不能乘坐。

7. 电梯发生故障或停电被困时，应保持镇静，使用电梯内报警装置报警后，等待救援。严禁擅自强行撬门逃离。

8. 电梯维修和保养时，禁止乘梯，以免发生伤亡事故。

9. 在发生火灾时，禁止使用电梯逃生，而要从楼梯安全出口处逃生。

10. 电梯停稳后，乘客进出电梯时应注意观察电梯轿厢地板和楼层是否水平，如果不平，说明电梯存在故障，应及时通知检修。

11. 呼叫电梯时，乘客仅需要按所去方向的呼叫按钮，请勿同时将上行和下行方向按钮都按亮，以免造成无用的轿厢停靠，降低电梯的总输送效率。同时也是为了避免安全装置错误动作，造成乘客被困在轿厢内，影响电梯正常运行。

12. 电梯门开启时，一定不要将手放在门板上，以防门板缩回时挤伤手指，电梯门关闭时，切勿将手搭在门的边缘，以免影响关门动作甚至挤伤手指。带小孩时，应当用手拉紧或抱住小孩乘坐电梯。

13. 乘坐电梯时应与电梯门保持一定距离。电梯运行时，由于电梯门与井道相邻，相对速度非常快，电梯门一旦失灵，在门附近的乘客会相当危险。

14. 严禁在电梯里蹦跳。电梯轿厢上设置了很多安全保护开关。如果在轿厢内蹦跳，轿厢就会严重倾斜，有可能导致保护开关动作，使电梯进入保护状态。这种情况一旦发生，电梯会紧急停车，造成乘梯人员被困。

15. 切勿用身体挡电梯门，否则挡门时间过长，电梯有可能会报警，甚至停下来。所以比较恰当的做法是进入电梯以后，按住开门按钮，使门保持开启状态，等人上完后松开按钮。

16. 发生坠落事故时，首先是要设法固定自己的身体。这样发生撞击时，不会因重心不稳而造成摔伤。其次是要利用电梯墙壁作为脊椎的防护，紧贴墙壁，可以起到一定的保护作用。最重要的，可以借用膝盖弯曲来承受重击压力。这是因为韧带是人体富含弹性的组织，比骨头更能承受压力。因此，背部紧贴电梯内壁，膝盖弯曲，脚尖踮起的保护动作可以有效保护人体。

17. 电梯蹾底，就是电梯的轿厢在控制系统全部失效的情况下，急速下降并越过首层平层位置而继续向下行驶，直至蹾到底坑的缓冲器上停止。这样的情况很少发生，可一旦发生，后果会十分严重，巨大的惯性很可能会导致乘梯者全身骨折而危及生命。一般情况下，如果电梯在下降过程中突然急速下坠，电梯的安全保护装置会使电梯停下。

18. 当发生电梯困人事故时，电梯管理人员通过电话或喊话，与被困乘客取得联系。务必使其保持镇静，耐心等待维修人员的救援。轿厢远离电梯层站时，进入机房关闭电梯电源开关，在电梯轴上安装盘车手轮，一人用力把住盘车手轮，另一人手持制动释放杆，轻轻撬开刹车制动。注意观察平层标志，使轿厢逐步移动至最接近厅门为止。当确认刹车制动无误时，用层门钥匙开启层门、轿门，协助乘客离开轿厢，并重新关好厅门。

19. 严禁使用电梯装运易燃、易爆的危险物品。若遇特殊情况，需经有关管理部门的同意，并采取必要的安全保护措施后才可运装。

第五节 电梯异常事故及处理

一、事故类型

电梯事故主要有人身伤害事故、设备损坏事故和复合性事故。

1. 人身伤害事故

电梯人身伤害事故的主要表现形式有以下六种：

(1) 坠落。如因层门未关闭或从外面能将层门打开，轿厢又不在该楼层，造成受害人失足从层门处坠入井道。

(2) 剪切。如当乘客迈入或踏出轿门的瞬间，轿厢突然起动，使受害人在轿门与层门之间的上、下门槛处被剪切。

(3) 挤压。常见的挤压事故有：受害人被挤压在轿厢围板与井道壁之间，受害人被挤压在底坑的缓冲器上，或是人的肢体部分（比如手）被挤压在转动的轮槽中。

(4) 撞击。常发生在轿厢冲顶或蹾底时，使受害人的身体撞击到建筑物或电梯部件上。

(5) 触电。受害人的身体接触到控制柜的带电部分，或施工操作中人体触及设备的带电部分或漏电设备的金属外壳。

(6) 烧伤。一般发生在火灾事故中，受害人被火烧伤。在使用电焊和气焊的操作时，也会发生烧伤事故。

2. 设备损坏事故

电梯设备损坏事故多种多样，主要有以下四种：

(1) 机械磨损。常见的有曳引钢丝绳将曳引轮绳槽磨损使绳槽尺寸过大或钢丝绳断丝；有齿曳引机蜗轮蜗杆磨损过大等。

(2) 绝缘损坏。电气线路或设备的绝缘损坏或短路，烧坏电路控制板；电动机过负荷其绕组被烧毁。

(3) 火灾。使用明火时操作时不慎引燃易燃物品，或电气线路绝缘损坏，造成短路、接地打火引起火灾发生，烧毁电梯设备，甚至造成人身伤害。

(4) 湿水。常发生在井道或底坑，由于进水造成电气设备浸水或受潮甚至损坏，使机械设备锈蚀。

3. 复合性事故

复合性事故是指事故中既有对人身的伤害，同时又有对设备的损坏。比如发生火灾时，既造成了人的烧伤，也损坏了电梯设备；制动器失灵，造成轿厢坠落损坏，轿厢内乘客受到伤害等。

电梯事故中人身伤害事故较多，伤亡者中电梯操作人员和维修工所占比例大。电梯门系统的事故发生率较高，因为电梯的每一运行过程都要经过开门动作两次、关门动作两次，使门锁工作频繁，老化速度快，久而久之，造成门锁机械或电气保护装置动作不可靠。

二、事故原因

电梯事故的原因，一是人的不安全行为，二是设备的不安全状态，两者又互为因果。人的不安全行为可能是教育或管理不够引起的。设备的不安全状态则是长期维修保养不善造成的。在引发事故的人和设备的两大因素中，人是第一位的，因为电梯的设计、制造、安装、维修、管理等，都是人为的。人的不安全行为，比如操作者将电梯电气安全控制回路短接，使电梯处于不安全状态，这个处于不安全状态的电梯，又引发人身伤害或设备损坏事故。

1. 民用电梯中存在早期生产的设备陈旧、安全设施不健全、应淘汰的非标准电梯数量多等问题，长期得不到解决。甚至有些设备落后的厂家生产劣质电梯，使国家明令淘汰的品种和型号的电梯流入市场。

2. 安装环节问题多，一些电梯生产企业重生产、轻安装，大多数电梯的安装是由与生产企业无直接关系的单位承担，形成电梯安装与生产相割裂的局面，导致出现问题后相互推诿，安装质量无保障。

3. 电梯维修保养单位或人员没有严格执行“安全为主，预检预修，计划保养”的原则。电梯技术含量高、使用频率高，必须进行很好的维护保养才能进行正常运行。按规定，电梯应三年一中修、五年一大修，但实际上很少做到，早期高层建筑在设计上都是单部电梯，没有备用电梯，造成电梯过度使用，加速老化，甚至有些十几年都从未维修保养过。一些电梯安全装置失灵，却仍在使用。

4. 管理人员非专业化，忽视对技术人员和电梯工安全教育与培训，缺乏安全意识，疏于对电梯设备的管理。

5. 维修人员违章操作，安全意识淡薄。例如，层门开启而无人看守、不设标志、无防护，使人误入井道；检修期间未将控制开关转至“检修”状态，或将门开关联锁短接；门未关而轿厢运行伤人；机房、轿厢、轿顶呼应不够等。

6. 乘客的不安全行为，一些乘客对电梯的无知和不文明行为，对电梯造成损害。例如，踢门、打门、扒门，随意按紧急呼叫按钮，破坏电梯设施；乱配电梯层门开锁钥匙等。另外当电梯出现故障时，惊慌失措、自作主张扒门都属于危险行为。

7. 电梯门系统事故发生的主要原因是门锁工作频繁、老化速度快，容易造成门锁机械或电气保护装置不可靠。

8. 冲顶或蹾底事故一般是由于电梯的制动器发生故障所致，制动器是电梯十分重要的部件，如果制动器失效或带有隐患，那么电梯将处于失控状态。

9. 其他事故主要是个别装置失效或不可靠造成的。

三、电梯事故的预防

电梯安全管理工作也必须在“安全第一，预防为主”的安全生产方针指导下工作。

1. 电梯事故是可以预防的

电梯事故的发生有其发生、发展的规律，掌握其规律，事故是可以预防的。比如坠落事故，许多都是在层门可以开启或已经开启的状态下，轿厢又不在该层时，误入井道造成坠落事故。若能吸取教训，改进设备，使其处于安全状态，只有当轿厢停在该层时，该层层门才能被打开，即可杜绝此类事故的发生。

2. 预防电梯事故需全面治理

因为产生事故的原因是多方面的，既有操作者的原因，也有设备本身的原因，还有管理原因；有直接原因，也有间接原因；有社会原因，也有历史原因。例如，电梯安装及维保工作交由不具备相应资质的单位或个人承担，而导致事故的发生，这就是社会原因。在我国，有的在用电梯出厂在先，国家标准出台在后，电梯产品不符合国家标准要求，这是发生事故的历史原因。所以，预防电梯事故必须全方位综合治理。

3. 预防电梯事故的措施

预防电梯事故最根本的是要做好教育措施、技术措施和管理措施三个方面的工作。

（1）教育措施。教育措施是指通过教育和培训，使操作者掌握安全知识和操作技能。目前实施的电梯作业人员安全技术培训考核管理办法，就是一项行之有效的措施。随着科学技术的进步，新产品、新技术不断涌现，知识更新教育也是重要的培训内容。

（2）技术措施。技术措施是指对电梯设备、操作等在设计、制造、安装、改造、维修、保养使用的过程中，从安全角度应采取的措施，这些措施主要有以下五点：

①坚持设计标准，满足安全要求。

②产品质量必须符合国家标准。

③提高安装质量，坚持验收、试验标准和检验标准。

④有完好的安全装置和防护装置。

⑤做好维修保养工作，及时消除设备缺陷，对不符合安全要求的部件或电路，及时予以技术改造，使之符合安全要求。

（3）管理措施。管理措施是指国家和地方行政管理部门制定和颁布的有关安全方面的法律、法规、标准；企业单位制定的规章制度，都必须予以认真贯彻执行。主要工作有以下五点：

①建立、健全安全工作管理机构，明确安全管理人员的职责。

②坚持“安全第一、预防为主”的指导方针，建立、健全安全管理制度。

③定期组织学习有关法律、法规，使作业人员了解标准、掌握标准、执行标准。

④制订安全计划、开展安全活动，对电梯事故进行分析，总结经验，吸取教训。

⑤做好劳动防护用品的使用管理工作。从事电梯电气设备的运行维修工作时，应按低压电气运行管理规程的要求，穿戴好防护用品，如工作服、绝缘鞋等。

四、电梯事故应急措施

（1）电梯运行中因供电中断、电梯故障等原因而突然停驶，乘客被困轿厢内时，应通过警铃对讲系统、移动电话或电梯轿厢内的提示方式进行救援，不得擅自行动，以免发生剪切、坠井等事故。

（2）为解救被困的乘客，应由维修人员或在专业人员指导下进行盘车放人操作。盘车时应缓慢进行，尤其当轿厢轻载状态下往上盘车时，要防止因对重侧重造成溜车。当对无齿轮曳引机的高速电梯进行盘车时，应采取“渐进式”，一步步松动制动器，以防止电梯失控。

（3）电梯运行中因机械和电气故障出现冲顶或礅底时，工作人员应叮嘱轿厢乘客保持镇定，远离轿门，拨打求救电话或大声呼喊，等待救援。

（4）发生火灾时，应当立即向消防部门报警；按动有消防功能电梯的消防按钮，使消防电梯进入消防运行状态，以供消防人员使用；对于无消防功能的电梯，应当立即将电梯直驶至首层并切断电源，或将电梯停于火灾尚未蔓延的楼层。

（5）发生震级或强度较大的地震时，一旦有震感应当立即就近停梯，乘客迅速离开电梯轿厢；地震后应当由专业人员对电梯进行检查和试运行，正常后方可恢复使用。

第六节 电梯典型事故案例分析

【案例 4-1】电梯冲顶事故

××××年×月×日一幢 24 层楼的电梯，由于维修工在作业时忘记拔出开闸扳手，随着电梯运行的震颤，扳手越插越紧，最终导致了抱闸无法闭合。这时电梯回到一层，维修工正欲从轿厢里撤出，却发现电梯自动上行，正犹豫间电梯移动得越来越快。他按下轿顶急停开关，但无济于事。电梯失控后，加速冲顶，维修工立即将身体收拢，蜷伏在轿顶的最低处，避免了重伤。

事故原因：这起事故是由于电梯的制动器发生故障所致，制动器是电梯十分重要的部件，如果制动器失效或带有隐患，电梯将处于失控状态，后果不堪设想。为有效地防止冲顶事故的发生，必须加强制动器的检查、保养和维修。

【案例 4-2】电梯坠落事故

××××年×月×日 13 时左右，一男童从某商场 7 楼的两台并行自动扶梯之间的一条宽 23 cm 的缝隙中摔到地下室。

事故原因：这起坠落事故的主要原因是楼层与自动扶梯两侧之间和两台扶梯之间的间隙过大且没有可靠的安全防护措施。

【案例 4-3】电梯运行中发生逆转事故

××××年×月×日，某地地铁一台提升高度 8 m 的扶梯在向上运行时突然发生故障，并逆转向下溜车，造成梯上 14 名乘客摔倒，其中 1 人轻伤。

事故原因：该逆转事故原因是扶梯驱动电机与减速箱之间的弹性联轴器中橡胶垫损坏，导致齿轮啮合失效，造成扶梯及主链下滑。而引起橡胶垫损坏的主要因素是该地铁站较大的客流量和极端高温天气，使得设备运行工况恶劣，加速橡胶垫的老化。同时该台扶梯提升高度达到了 8 m，按照检验规程的要求应设置附加制动器，由于没有设置从而导致了事故的发生。

【案例 4-4】电梯机械部件间隙产生挤压事故

××××年×月×日 10 时左右在某地铁车站入口处，2 岁大的女孩和婆婆下自动扶梯时，右脚不慎卷入扶梯的挡板下。经医生诊断，其伤势严重，可能需要截肢。事发时小孩自己站在运动的扶梯上，到扶梯末端时，孩子没有抬脚，脚趾顺势滑进挡板与活动台阶的缝隙中。但扶梯并未停下，而是继续向下运动。当有人制动扶梯时，小孩的小腿几乎完全夹进缝隙中。

事故原因：上述事故发生在扶梯出口梳齿板与围裙板的相交处。其原因可能为以下四点：

（1）围裙板的强度及刚度不够，受到挤压后与梯级之间的间隙变大，使脚夹入，由于围裙板具有弹性，在将脚取出后，即恢复到原来的间隙；

（2）梯级下沉，使其与梳齿板的间隙增大；

（3）梳齿断齿，使其与梯级踏面的间隙增大；

（4）梯级驱动轮磨损，左右磨损量增大，当与围裙板之间夹入异物时将梯级推向另一边，使其间隙更大，而当被夹物取出后其又回到原位运行。

【案例 4-5】乘客跌倒事故

××××年×月×日 13 时左右，某医院门诊大楼一台扶梯发生一起病人摔倒事件，未造成伤害。该名病人（60 岁）在乘扶梯上二楼时，站在梯级左侧，左手紧握扶手带，由于扶手带的运行速度滞后于梯级运行速度，而该病人感觉到身体向后时更加紧张地握紧扶手带不放，最后摔倒在梯级上，并被梯级拖曳。

事故原因：该事故的主要原因是扶手带的运行速度与梯级运行速度不一致，并且超过了标准要求的 2%，加上乘客年老体弱，精神慌张，造成了事故的发生。

第五章　起重机械安全

第一节　起重机械概念及分类

一、基本概念

起重机械是指用于垂直升降或者垂直升降并水平移动重物的机电设备，其范围规定为额定起重量大于或者等于 0.5 t 的升降机；额定起重量大于或者等于 3 t（或额定起重力矩大于等于 40 t·m 的塔式起重机，或者生产率大于等于 300 t/h 的装卸桥），且提升高度大于或者等于 2 m 的起重机等。它是一种重要的物料搬运工具，在工业、建筑、航空、港口等领域得到广泛应用。

二、起重机械的分类

（一）按结构形式分类

常用起重机械按结构形式可分为以下类别：

1. 桥式起重机：一种横架在车间、仓库和料场上空的起重机械，其两端支撑在高架上，形状似桥，故称为桥式起重机。

2. 门式起重机：其主梁两端有一对高大的支腿，支腿下装有活动支腿，可以沿地面的轨道运行，形成门架形状。

3. 流动式起重机：一种工作场所经常变换，能在带载或空载情况下沿无轨路面运行，并依靠自重保持稳定的臂架型起重机。

4. 塔式起重机：一种臂架式起重机，其吊臂形状像塔，故称为塔式起重机。

5. 门座式起重机：一种沿地面轨道运行，通过两侧支腿支撑在地面上的起重设备。

6. 升降机：在垂直通道上载运人或者货物升降的平台或者半封闭平台的提升机械设备。

7. 桅杆式起重机：一种简易的、移动不方便且需拉设较多缆风绳保持稳定的起重和安装用起重机。

8. 缆索式起重机：一种挂有取物装置的起重小车沿架空承载索运行的起重机。

（二）按运行方式分类

1. 固定式起重机械：塔式起重机、悬臂起重机等。

2. 移动式起重机械：桥式起重机、轮胎式起重机、履带式起重机、铁路起重机等。移动式起重机械可分为有轨式和无轨式两种。

第二节　起重机械构造及原理

一、桥式起重机

桥式起重机是一种在固定跨间内，沿铺设在两侧高架上的轨道横向运行的起重设备，也是使用范围最广、数量最多的一种起重机械。桥式起重机如图 5-1 所示。

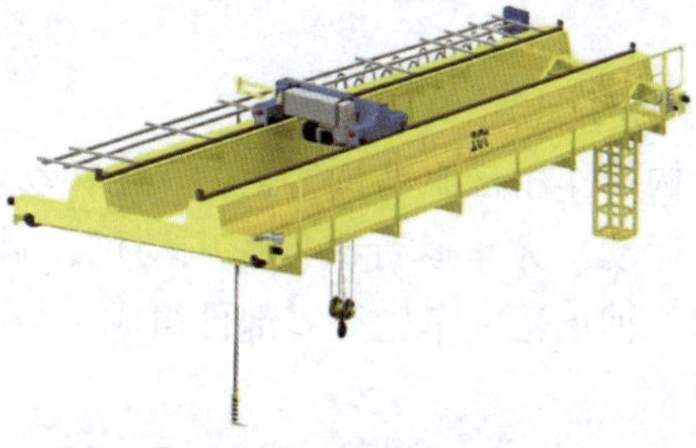

图 5-1　桥式起重机

（一）桥式起重机的特点

1. 两端坐落在高大的水泥柱或者金属支架上，形状似桥。

2. 沿铺设在两侧高架上的轨道纵向运行，可以充分利用桥架下面的空间吊运物料，不受地面设备的阻碍。

（二）桥式起重机的构造

桥式起重机是由桥架、驾驶室（包括操纵机构和电气设备）、大车运行机构和起重小车（包括起升机构和运行机构）四大部分组成。

1. 桥架

桥式起重机的桥架是金属结构，它一方面承受着载货的起重小车的轮压作用，另一方面又通过支承桥架的运行车轮，将载货的起重机全部重量传递给固定跨间支柱上的轨道和建筑结构。桥架的结构形式不仅要求自重轻，有足够的强度、刚性和稳定性，还应考虑先进制造工艺的应用，达到结构合理、质量好和成本低的要求。

2. 驾驶室

驾驶室是一个金属结构的小室，内部装有起重机各机构的电气控制设备及保护配电盘、紧急开关、电铃按钮和照明设备等。驾驶室是起重机驾驶员对起重机的各机构的运转进行操纵的地方，它可靠地悬挂在桥架靠近端梁附近一侧的走台下面，一般都设在无导电裸线的一侧。

3. 大车运行机构

大车运行机构的作用是驱动桥架上的车轮转动，使起重机沿着轨道做纵向水平运动。大车运行机构由电动机、制动器、减速箱、联轴器、传动轴、轴承箱和车轮等零部件组成。

4. 起重小车

起重小车是桥式起重机的一个重要组成部分。它包括小车架、起升机构、小车运行机构和车轮四个部分。

（三）桥式起重机的机构

桥式起重机主要包括起升机构、小车运行机构和大车运行机构。

1. 起升机构

起升机构是用来升降重物的，由取物装置钢丝绳卷绕系统和驱动装置等部分组成。

起重量超过 10 t 的，通常设置两个起升机构，起重量大的称为主起升机构，起重量小的称为副起升机构。副起升机构的起重量常为主起升机构的 20%～30%；主起升机构的起升速度较慢、副起升机构的起升速度较快，但其结构形式基本相同，主、副起升机构可分别工作，也可协同工作。

2. 小车运行机构

在中、小起重量的起重机中，其小车运行机构的传动形式有两种：一种为减速箱在两个主动车轮中间，另一种是减速箱装在小车的一侧。减速器装在两个主动车轮中间，使传动轴所承受的扭矩比较均匀；减速箱装在小车一侧，使安装与维修工作比较方便。小车有四个车轮，其中两个主动车轮与驱动装置相连接，另两个是从动轮，能自由转动，四个车轮通过角形轴承箱装在小车架横梁的两端。

3. 大车运行机构

大车运行机构常见的驱动方式有三种：集中低速驱动、集中高速驱动和分别驱动。其中，分别驱动的特点是在大车的运行机构中，中间没有很长的传动轴，而在走台的两端各有一套驱动装置，左右对称布置。每套驱动装置由电动机通过制动轮、联轴器、减速箱与大车车轮连接。因为省去了很长的传动轴，减轻了自重，分别驱动的安装与维修比较方便，目前应用比较广泛。

（四）桥式起重机工作原理

桥式起重机的工作原理可以分为起重机械运动原理和电气控制原理两部分。

1. 起重机械运动原理

（1）起重机械的起升运动。起重机械的起升运动由起重机钩和卷筒组成。电动机通过减速机驱动卷筒旋转，使钢丝绳缠绕在卷筒上，从而实现货物的起升。起重机钩与卷筒通过滑轮和钢丝绳相连，当卷筒旋转时，钢丝绳会缠绕或解开，从而实现货物的升降。

（2）起重机械的横向移动。起重机械的横向移动由起重机车和铁轨组成。起重机车通过电动机驱动轮组的旋转，使起重机械沿着铁轨进行横向移动。起重机车上的电动机通过减速机驱动轮组，使起重机车前后移动，从而实现货物的横向移动。

（3）起重机械的行走。桥架上的起重机车可以沿着桥架的轨道进行行走。起重机车通过电动机驱动轮组的旋转，使其行走轮与轨道接触，从而实现起重机的行走。

2. 电气控制原理

桥式起重机的电气控制系统通过控制电动机的启停、正反转和各种动作，实现起重机的运行和各种操作。电气控制系统通常由主控制柜、操作控制盒和传感器等组成。主控制柜中配备有接触器、继电器和控制器等设备，用于控制电动机的运行和各项动作。操作控制盒则用于操作人员对起重机进行控制和监控。传感器用于对起重机状态的监测和反馈。

二、门式起重机

门式起重机是一种应用十分广泛的起重设备。它可用于铁路货场进行件货的装卸工作。门式起重机种类繁多，特点各异，如图 5-2所示。

（一）门式起重机的特点

1. 适合在露天、有较大开阔度的场地进行吊装作业，如钢铁、煤炭、矿石等装卸场所。

2. 门架呈门形，吊装作业时围绕支腿地面进行旋转，支腿如

图 5-2　门式起重机

同支架，可以在一定范围内进行吊装与搬运作业。

3. 支腿是起重机的关键部件，一般采用箱形结构作为支腿，且设计有上下滚轮及滚动轴承，能够降低运行时的摩擦力。

4. 门式起重机的起升机构、小车运行机构和驾驶室等均安装在主梁上，从而保证起重机具有较大净空高度。

5. 相对于其他类型的起重机，门式起重机具有较大的吊装高度，因此吊装净空高度较高。

（二）门式起重机的构造

门式起重机尽管种类繁多，但其构造却大同小异，都包含电气设备、起重小车、大车运行机构、门架和大车导电装置五大部分，抓斗门式起重机有时还设置有煤斗车。

1. 电气设备

门式起重机的动力源是电力，靠电力进行拖动、控制和保护。电气设备是指轨道面以上起重机的电气设备，大部分安设在驾驶室和电气室内。

2. 起重小车

门式起重机起重小车一般由小车架、小车导电架、起升机构、小车运行机构、小车防雨罩等组成，以实现小车沿主梁方向的移动、取物装置的升降、吊具自身的动作，并适应室外作业的需要。起重小车根据主梁形式的不同而异，主要有以下三种：

（1）双梁门式起重机的小车：双梁门式起重机的小车形式，与桥式起重机小车形式基本相同，都属于四支点形式。

（2）单主梁门式起重机的小车：单主梁门式起重机的小车，分为垂直反滚轮式小车和水平反滚轮式小车两种。为了防止小车突发性倾翻，小车的车架尾部都设有刚性的安全钩。

（3）具有减振装置的小车：运行速度大于 150 m/min 的装卸桥小车，为了减小冲击，设置有减振装置。为保证起动、制动时驱动轮不打滑，小车一般都采用全驱动形式，四个车轮均为驱动轮。

3. 大车运行机构

门式起重机的大车运行机构都是采用分别驱动的方式。车轮分为主动车轮和被动车轮。车轮的个数与轮压有关，主动车轮占总车轮数的比例，是以防止起动和制动时车轮打滑为前提而确定的。一般门式起重机的驱动为 1/2 驱动，也有 1/3 驱动、2/3 驱动或全驱动的。

4. 门架

门式起重机的门架是指金属结构部分，主要包括主梁、支腿、下横梁、梯子平台、走台栏杆、小车轨道、小车导电支架、驾驶室等。门架可分为单主梁门架和双梁门架两种。

（1）单主梁门架。它由一根主梁、两个支腿（或两个刚性腿，或一个刚性腿加一个挠性腿）、两个下横梁、自地面通向驾驶室和主梁上部的梯子平台、主梁侧部的走台栏杆、小车导电滑架、小车轨道、驾驶室、电气室等部分组成。

（2）双梁门架。它的主梁多为两根偏轨梁，两主梁间由端梁连接，形成水平框架。主梁一般为板梁箱形结构，也有桁架结构。其支腿设有上拱架，与下横梁一起形成一次或三次超静定框架。双梁门式起重机不单独设置走台，主梁上部作为走台用，栏杆、小车导电滑架皆安装在主梁的盖板上。桁架式主梁若为四桁架式，走台铺设在上水平桁架上；若为“Π”形梁式，走台设在两片竖直桁架的中间部位。

5. 大车导电装置

大车导电装置是用来将地面电源引接到起重机上以实现起重机拖动、控制和保护的装置。大车导电装置种类较多，导电形式由使用单位要求设置。

(1) 电拖滑线导电装置。从起重机设计来说，这种导电装置比较容易实现，但对使用单位来说，则需设立数根电线杆，将地面电源线架起，建设费用较高，且由于电源线架空较高（约 10 m 以上），维修比较困难。

(2) 电缆卷取装置。这种装置对使用单位来说，只要在地面预埋电缆并引出起重机全行程所需电缆即可，较易实现。起重机上设卷取装置，将引出电缆缠绕到卷取装置上，随起重机的运行进行卷缆和放缆，实现起重机的电气驱动与控制。电缆卷取装置一般称电缆卷筒，包括重锤式电缆卷筒、一般电动机驱动的电缆卷筒、力矩电动机驱动的电缆卷筒、无电动机驱动的电缆卷筒等。

(三) 门式起重机的机构

门式起重机与桥式起重机一样，主要包括起升机构、小车运行机构和大车运行机构。

1. 起升机构

起升机构的主要形式及构成如下：

(1) 吊钩门式起重机的起升机构。吊钩门式起重机的起升机构与桥式起重机的起升机构基本相同。

(2) 抓斗门式起重机的起升机构。抓斗门式起重机的起升机构，由四绳抓斗的开闭机构和抓斗的起升机构组成。它与吊钩起升机构的区别是四绳抓斗机构的钢丝绳缠绕倍率为 1，无定滑轮，卷筒钢丝绳直接连到抓斗上，一卷筒上两根绳为开闭绳，另一卷筒上两根绳为起升绳。

(3) 电磁门式起重机的起升机构和三用门式起重机的起升机构。电磁门式起重机的起升机构是在吊钩门式起重机的起升机构基础上发展起来的，它在减速器输出轴上加一个惰轮，在卷筒旁设置一个带外齿的电缆卷筒，电磁吸盘挂在吊钩上，随之升降。电磁吸盘上设电源插座，电缆一端插入电磁吸盘，另一端缠绕到电缆卷筒上，电缆随吊钩同步升降。为保证其同步性，要求速比匹配准确。

如果吊钩上不挂电磁盘，挂上抓斗就成为三用门式起重机的起升机构。只不过电磁门式起重机可挂电磁吸盘，而三用门式起重机既可挂电磁吸盘，又可挂抓斗。

(4) 两用门式起重机的起升机构。两用门式起重机的起升机构是指吊钩起升机构和四绳抓斗机构的组合，这是两个独立的机构，其吊钩起升机构和抓斗起升、开闭机构同前。

2. 小车运行机构

门式起重机的小车运行机构，分为双梁小车运行机构和单主梁小车运行机构两种。

(1) 双梁小车运行机构。门式起重机的双梁小车运行机构与桥式起重机的小车运行机构相同。

(2) 单主梁小车运行机构。单主梁小车有垂直反滚轮式和水平反滚轮式，它们的小车运行机构类似。单主梁小车运行机构由电动机、制动器、套装减速器、传动轴、联轴器、轴承箱、车轮、导向轮、垂直反滚轮、有安全钩的平衡梁、水平轮等组成。如果条件允许、空间不受限制，最好在套装减速器与电动机之间加一个传动轴。这两种小车的主轨道上都有两个车轮，一个为主动车轮，一个为被动车轮，驱动机构只有一套。

3. 大车运行机构

一般的门式起重机的大车运行机构车轮有四个，布置在下横梁的四个角上。同一轨道上两轮中心距称为轮距，一般来说，轮距与跨度之比在1/6～1/4。当车轮轮压大时，可采取增加四个角上车轮数量的形式，两个车轮组成一个平衡台车与下横梁铰接。如果四个车轮同在一个角上，可由两个平衡台车组成一个大的平衡台车与下横梁铰接。车轮的布置形式很多，应由设计者根据整机轮压计算情况并考虑使用单位的要求确定。

当前国际上一般采用“三合一”结构的驱动形式，即减速器、制动器、电动机合为一体。“三合一”的形式也有多样的，电动机还可以在减速器上方，以减小车轮轴向尺寸。这种“三合一”结构对零部件的加工要求较高。

（四）门式起重机的工作原理

门式起重机的工作主要是通过电气控制系统来实现的。控制系统驱动大车运行机构和起升机构，使大车在轨道上左右行走，小车在起重机主梁上左右行走，二者共同完成物体的搬运工作。同时，通过改变驱动机构和起升机构电动机的转速和转向，可以实现起重机的升降和移动，从而完成货物的装卸操作。

三、流动式起重机

流动式起重机是臂架类型起重机械中无轨运行的起重设备。它具有自身动力装置驱动的行驶装置，转移作业场地时不需拆卸和安装。随着液压传动技术、控制工程理论及计算机在工程设备中的广泛应用，明显提高了流动式起重机的工作性能和安全性能，使其在所有起重设备中的使用量越来越大，某些专用的流动式起重机也应运而生。流动式起重机如图5-3所示。

（一）流动式起重机的特点

1. 机动性能好。流动式起重机采用滑移或轮胎自带移动方式，具有移动方便、快速，操作简便的特点。其结构紧凑，移动灵活，适用于在工地各种限制条件下的作业。

图 5-3 流动式起重机

2. 适用范围广。流动式起重机适用于建筑工地、码头、仓库、工厂等地方的货物吊装、搬运和装卸。该设备适用的工件重量范围从几吨到几百吨不等，可以应对各种场合的要求。

3. 操作简单、安全性能高。流动式起重机的操作相对简单，仅需少量人即可完成。同时，该设备具有高度自动化，可以避免操作人员的失误，保证安全性能。

（二）流动式起重机的构造

流动式起重机是通过改变臂架仰角来改变载荷幅度的旋转类起重机。与一般的桥式、门式起重机不同，流动式起重机的结构由起重臂、回转平台、车架和支腿四部分组成。

1. 起重臂

起重臂是起重机最主要的承载构件。由于变幅方式的不同，流动式起重机的起重臂可分为桁架臂和伸缩臂两种。

（1）桁架臂。这种臂架由只受轴向力的弦杆和腹杆组成。由于采用挠性的钢丝绳变幅机构，变幅拉力作用于起重臂前端，使臂架主要受轴向压力，自重引起的弯矩很小。因此，桁架臂自重较轻。若起重臂很长，又要转移作业场地，则需将起重臂折成数节，运输到新作业场地后再组装，准备时间较长，不能立即投入使用。因此，这种起重臂多用于不经常转移作业场地的起重机，如轮式起重机、履带式起重机上。

（2）伸缩臂。这种起重臂由多节箱形焊接板结构套装在一起而成。各节臂的横截面多为矩形、五边形或多边形。通过装在臂架内部的伸缩液压缸或由液压缸牵引的钢丝绳使伸缩臂伸缩，从而改变起重臂的长度。所以，这种形式的起重臂既可以满足流动式起重机运行时臂架长度较小以保证起重机有很好的机动性的要求，又可尽量缩短起重机从运行状态进入起重作业状态的准备时间。因此，汽车起重机、全路面起重机、现代轮式起重机和部分履带式起重机均采用这种形式的臂架。

由于臂架长度是连续可变的，所以伸缩臂均采用与桁架式起重臂的变幅机构不同的液压缸，从而使伸缩臂呈悬臂受力状态。这就要求这种臂架有很大的抗弯强度。所以，伸缩臂的自重较大。为了缓解这一问题，伸缩臂多装有一节或多节可折叠式桁架式副臂。

2. 回转平台

回转平台通常称为转台。它的作用是起重机工作时为起重臂的后铰点、变幅机构或变幅液压缸提供足够的约束，将起升载荷、自重及其他载荷的作用通过回转支承装置传递到起重机底架上。因此，回转平台要有足够的强度和刚度，并且要为各机构及配重的安装提供方便。此外，对于运行速度较高的流动式起重机，回转平台还要能承受整个回转部分自重及起重机运行时的动载作用。

3. 车架

车架是整个起重机的基础结构，其作用是将起重机工作时作用在回转支承装置上的载荷传递到起重机的支承装置（支腿、轮胎、履带）上。因此，车架的刚度、强度将直接决定起重机的刚度和强度。

对于轮式起重机、履带式起重机和采用专用底盘的汽车起重机，车架也是运行部分的骨架。而采用通用底盘的汽车起重机，车架（也称副车架）是专为承受起重机工作时的载荷作用而设置的，通过固定部件固定在通用汽车底盘上。

另外，对于有支腿的流动式起重机，车架也是支腿的安装基础。

4. 支腿

支腿结构是安装在车架上可折叠或收放的支承结构。它的作用是在不增加起重机宽度的条件下为起重机工作时提供较大的支承跨度，从而在不降低流动式起重机机动性的前提下提高其起重特性。

老式的支腿多为折叠式或摆动支腿，通过人工收放。目前，液压技术广泛应用，大部分流动式起重机的支腿均采用液压传动，按其结构特点可分为"H"形支腿、"X"形支腿、蛙式支腿、辐射式支腿四种。

（三）流动式起重机的机构

以轮式起重机为例，其主要机构包括起升机构、变幅机构、回转机构、行走机构。

1. 起升机构

轮式起重机的起升机构由动力装置、减速装置、卷筒及制动装置等组成。动力装置除用来驱动起升机构外，也用来驱动行走机构、回转机构和变幅机构。这种驱动形式称为集中驱动，具有工作可靠、操纵较麻烦的特点。

轮式起重机的动力装置常采用内燃机装置，其发动机多数是柴油机。有的轮式起重机的发动机带动发电机，供电给电动机，再通过减速器带动起升机构。由于液压理论的提高及密封技术的进步，液压传动得到了广泛的应用。在液压传动的起升机构中，一般采用液压发动机及减速器带动起升机构的方案。

轮式起重机起升机构的制动器多布置在低速轴上，其所需的制动力矩虽稍大些，但制动时比较平稳。特别是布置在低速轴上时，可以利用卷筒侧板作为带式制动器的制动轮，使得结构比较紧凑。

2. 变幅机构

变幅机构是改变起重机工作半径的机构，其扩大了起重机的工作范围，有利于提高起重机的生产率。

为满足装卸工作需要，提高起重机的生产率，要求轮式起重机能在吊装重物时改变起重机的幅度。其所用的变幅机构要求有较大的驱动功率。除此之外，还装有限速和防止超载的安全装置，其制动装置更应安全可靠。

轮式起重机在各种工作幅度下所允许起吊的重量不同。在小幅度时，允许起吊较大的载荷；而在大幅度时，允许起吊的载荷大致按反比例关系减小。

3. 回转机构

回转机构是轮胎式起重机中必不可少的机构，有了回转机构，才能将起重物件送到一定半径范围内的任一位置。它能使整个回转平台在回转支承装置上进行360°的回转，这种回转运动可以是顺时针方向的，也可以是逆时针方向的。

原动机通过起减速作用的传动装置带动回转机构，回转小齿轮与回转支承装置上的大齿圈啮合，从而实现回转平台的回转运动。

起重机的回转部分是由回转支承装置支承的。轮式起重机一般多采用转盘式回转支承装置。转盘式回转支承装置有支承滚轮式和滚动轴承式两种。支承滚轮式回转支承装置，构造、加工比较简单，但重量较大，其承载能力也比较大。滚动轴承式回转支承装置的特点是回转时摩擦阻力力矩小，高度低，承载能力大。借助滚动轴承式回转支承装置，轮式起重机的重心有所降低，使得整台起重机的稳定性能有所改善。

滚动轴承式回转支承装置的滚动体有单排结构的，也有双排结构的。将回转机构布置在回转平台上并随其一起绕回转支承装置的大齿圈回转时，大齿圈的滚圆是固定在底盘车架上的，此时，回转小齿轮既绕着大齿圈运动，又相对自身的齿轮轴自转。这种布置形式使得回转机构的维修比较方便。也可以把大齿圈的滚圈与回转平台连接在一起，而把回转机构固定在底盘车架上，于是，通过小齿轮可以带动大齿圈回转。这种布置方式的缺点是维修不方便。

轮式起重机在行驶时，应将回转平台固定在一定的位置，可使用机械的插销定位装置，使回转平台不会左右摆动。

4. 行走机构

轮胎式起重机通常是由发动机经行走机构将所产生的动力传递给驱动车轮。轮胎式起重机一般采用后轮驱动。

轮式起重机上实际上只有一台发动机，其起升、变幅、回转、行走等动作都是由这台发动机经过不同的传动路线将其所产生的动力传递到各个部位。驾驶员操纵相应的离合器，便可获得所需的动作。由于行走部位位置较低，因而从总传动箱到驱动车轮之间的传动齿轮较其他机构要多。

轮式起重机行走时的转向，一般由驾驶员操纵方向盘使位于轮式起重机前部的转向桥上的车轮转向。在转向时，驱动车轮因差速器的作用使内侧车轮走得慢些，外侧车轮走得快些，于是，整台轮式起重机的行驶方向便会一致。

轮式起重机自身的质量较大，有的重达 35 t。如此巨大的质量，不是任何轮胎都能支撑。于是可采用增加轮胎帘布层、车轮数量或驱动轮轴的办法，使其承载能力增加。

轮式起重机自重大，故其行驶速度不宜太高，一般控制在 10 km/h 左右。

（四）流动式起重机的工作原理

流动式起重机的工作主要是通过控制系统和驱动机构来实现的。控制系统通过操作人员的指令，驱动起重机的起升、变幅、回转和行走等机构，完成货物的升降、平移和旋转等操作。驱动机构一般采用电机、柴油机或液化气等作为动力，通过减速器和传动装置驱动起重机的各个机构运转。同时，起重机的行驶机构和支腿也可以通过控制系统进行精确操作，以保障起重作业的安全性和稳定性。

四、履带式起重机

履带式起重机因其本身具有自重大、稳定性好、可不用外伸支腿、能在松软泥泞的工作场地行驶、操作简易、维修方便等优点而被广泛用于铁路装卸等领域，是目前起重作业中不可缺少的起重机械。履带式起重机如图 5-4 所示。

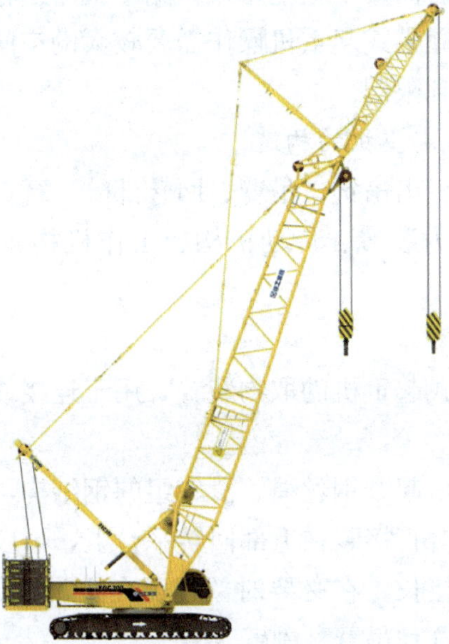

图 5-4　履带式起重机

（一）履带式起重机的特点

1. 履带式起重机由于其特殊的构造，使其具有较大的灵活性。它可以在崎岖不平或不平坦的地面上工作，也可以在短距离内进行转移。

2. 履带式起重机通常具有较大的起重能力，其起重能力通常超过其自身重量，这使得它能够处理更重的负载。

3. 履带式起重机由于其接地压力低，可以在不平整或松软的地面上保持较好的稳定性。

4. 履带式起重机操作相对简单，只需要一个操作人员和一个简单的控制面板即可进行操作。

5. 履带式起重机可以通过更换不同的工作装置来实现多种功能，如挖掘、装载、卸载、打桩等。

6. 履带式起重机的行走速度相对较慢，对路面破坏性较大，进行长距离转移时需要平板拖车或铁路平板车运输。

另外，由于履带式起重机操作需要较大的空间，在狭窄的区域工作时可能会受到限制。

（二）履带式起重机的构造

履带式起重机由吊钩、吊臂、回转部分、行走部分、回转支承部分、配重、动力装置、传动机构、工作机构、控制装置等部分组成。

1. 吊钩

吊钩是履带式起重机的取物装置，用于连接或悬挂货物。

2. 吊臂

吊臂用来支承起升钢丝绳、滑轮组的钢结构，它可以俯仰以改变工作半径。吊臂直接装在上部回转平台上，可以根据施工需要在基本吊臂基础上接长。在必要时，还可在主吊臂的顶端装一吊臂，扩大作业范围，这种吊臂称副臂。

3. 回转部分

回转部分是在起重作业时可以回转的部分，包括装在回转平台上除吊臂、配重、吊钩等以外的全部机构和装置。

4. 行走部分

行走部分是履带式起重机的下部行走部分，是履带式起重机的底盘，同时也是回转部分的基础。主要有履带、驱动轮、导向轮、支重轮、上托轮、行走发动机、行走减速箱、履带张紧装置、履带伸缩油缸等组成。

5. 回转支承部分

回转支承部分是安装在下车底盘上用来支承上车回转部分的，包括回转支承装置的全部回转、滚动和不动的零部件，以及用来固定回转支承装置的机架等（不包括四转小齿轮）。

6. 配重

配重是安装在起重机回转平台尾部的具有一定形状的铁块，目的是确保起重机能稳定地工作。在必要时，这些铁块可以卸下后单独搬运。

7. 动力装置

动力装置即为动力源。履带式起重机主要的动力装置为四冲程柴油发动机。内燃机的机械能经液压油泵转变为液压能，经液压油管和各种控制阀将液压能传给液压发动机和液压油缸，液压发动机和液压油缸再将液压能转变为机械能驱动各工作机构。

8. 机械传动部分

机械传动部分把内燃机的动力传递给液压油泵，再把液压发动机、液压油缸的液压能变成机械能，带动各工作机构。机械传动部分主要由分动箱、减速箱、离合器、卷筒、轴、轴承、滑轮等部分组成。

9. 液压传动部分

液压传动部分主要由液压泵、液压发动机、液压油缸、控制阀、液压油管、液压油箱等组成。液压油泵把内燃机的机械能转变为液压能，液压发动机把液压能转化为机械能驱动各工作机构。由于液压传动调速方便，传动平稳，操纵轻便，元件体积小，重量轻，具有限速、自锁功能、总体布置合理等优点，在履带式起重机上被广泛应用。

10. 控制装置

控制装置是用以操纵和控制起重机各工作机构，使各机构能按要求进行启动、调速、换向、停止，从而实现起重机作业的各种动作。控制装置主要由操纵杆、控制阀、按钮、开关、控制器等组成。

11. 工作机构

履带式起重机的工作机构主要包括卷扬机构、变幅机构、回转机构等。卷扬机构可以实现吊钩的垂直上下运动；变幅机构可以实现吊钩在垂直平面内移动；回转机构可以实现吊钩在水平平面内移动。以上三种机构的组合，能够实现吊钩在起重机能及范围内的任意运动。

12. 操纵机构

离合器、回转制动、变幅制动、行走制动、锁止机构等由储能器所储存的工作油操纵，而储能器的液压油由发动机后部的一个液压泵控制。从储能器出来的压力油被分配给电磁阀、液压阀和离合器阀，通过操纵操作室中相应的控制杆和开关控制这些阀，从而控制相应的机构。

13. 电气系统

电气系统可分为主电路、控制电路、监测器电路、制动控制电路、力矩限制器电路和自动停止电路等部分。

14. 安全装置

履带式起重机上的安全装置主要是为了实现起重机的安全操作。履带式起重机上的安全装置主要有钩过卷保护装置、吊臂过倾保护装置、力矩限制器、吊臂角度指示器、卷扬棘抓、变幅棘爪、制动器、回转锁销等。

（三）履带式起重机的机构

1. 动力传递机构

起重机整个机器包括上部机构、回转装置和底盘，操作均为液压式。三个液压泵直接与发动机相连，液压泵将液压压力传递给驱动负载卷扬、主臂（第三卷鼓）、回转及行走等各个液压发动机。

各液压回路中均设有一安全阀，以防止由于过负荷或冲击压力损坏液压设备。所有的减速齿轮机构均为油浴式润滑。

2. 操纵机构

离合器、圆盘制动器、锁止机构由储能器所储存的工作油操纵，而储能器由装在发动机后部的第四个油泵操纵。从储能器出来的压力油被分配给电磁阀、液压阀和离合阀。这些阀通过操纵室中的相应控制杆和开关控制，从而控制相应的机构。在履带主动轮一侧，回转发动机和主臂发动机处装有圆盘制动器。

3. 卷扬机构

主卷鼓和辅卷鼓装在一根轴上。液压发动机通过装在卷鼓轴中间的正齿轮减速一级，再通过内胀带式离合器将动力传给主卷鼓或辅卷鼓，两卷鼓分别装在卷鼓轴的两端，为液动式。负载的卷上和卷下是由操纵相应的卷鼓离合器及卷扬发动机正、反转来进行控制。

通过将卷扬控制杆推至相应的位置，即可实现高、低速的选择。通过双控制阀的油被导入三联控制阀的卷扬回路，以提高卷上和卷下的速度，与此同时行走牵引和第三卷鼓不起作用。

当卷扬操纵杆扳回到空挡位置时，卷扬发动机的工作油被平衡阀切断，卷鼓停转。外抱带式卷扬制动器通过联结杆与制动踏板联锁。当卷上和卷下时，制动应松脱，而当维持起吊的负载不动时，制动应起作用。

当将离合器操纵杆扳到分离位置时，制动松开，即可实现自由下落。在行走中操纵卷扬或吊臂起俯时，供给单控制阀的油液导入三联控制阀的吊臂起俯和卷扬回路，因此时液压阀已先被牵引和组合控制开关所接通，故可实现行走中的吊臂起俯或负荷卷扬的操纵。

4. 主臂起俯机构

主臂起俯（变幅）发动机的速度通过行星齿轮和正齿轮传动而减速两级后，直接驱动变幅卷鼓。

通过改变发动机的转向，即可实现吊臂的起升和俯下的转换。当吊臂变幅杆扳至空挡时，平衡阀关闭了变幅发动机油路，卷鼓停转。

与此同时，装在发动机和减速机之间的圆盘制动器自动制动，从而确保了安全。在变幅卷鼓一侧的凸缘上带有棘轮机构，棘轮与一棘爪相嵌时便锁住了变幅卷鼓。

当行驶中操作变幅（或卷扬）操纵杆时，供给单控制阀的液压油便将被导入三联控制阀的变幅式卷扬回路，前提是液压阀已通过行走和组合操纵开关而接通。

5. 回转机构

回转发动机通过行星齿轮减速两级后带动回转主动小齿轮，小齿轮装在花键出轴上，带动大齿圈。改变回转发动机的转向，即可改变回转的方向。当回转操纵杆扳到空挡位置时，由于惯性，回转还将继续一段。

通过驾驶室中的一个开关控制由蓄能器来的油流，便可控制回转发动机和减速齿轮间的圆盘制动器的制动和松脱。回转锁操纵杆为机械式，可锁住回转装置连同其上部结构，锁住位置任意。

6. 行走机构

行走发动机通过减速机（正齿轮）三级减速后直接带动驱动轮，减速机与履带架为一体结构。

通过改变左、右行走发动机的回转方向，即可实现吊车的前进、倒退、原地旋转及转弯的动作。当行走操作杆扳到空挡时，制动阀切断了发动机油路，履带即停止转动。

装在发动机和减速机之间的圆盘制动器，可通过驾驶室中的一个开关控制由蓄能器来的油流，从而实现制动作用的控制。

通过选择阀可选择行走的高、低速度。在高速行走时，蓄能器向此阀供油；在低速行走时，油从此阀排出。

7. 自动停止机构

（1）吊钩防过卷停止装置。当吊钩过卷而碰到重块时，微动开关的触点闭合而触动了卷扬自动停止继电器。这时，卷扬自动停止电磁阀去磁而卸载，卷扬释放阀开启，从而使油泵的油流回油箱，即停止了卷扬发动机。

（2）吊臂变幅过卷停止装置。当吊臂变幅角超过最大许可角时，变幅微动开关闭合而触动了变幅自动停止继电器。此时，吊臂变幅自动停止电磁阀去磁而卸载，释放阀开启，从而使油泵的油流回油箱，即停止了变幅发动机的运转。

（3）自动停止解除。为将变幅或卷扬由于过卷而自动停止的状态复原到正常操作状态，可按下复位按钮，并在保持此按钮处于按下状态的情况下，将变幅杆或卷扬杆朝相应的降低方向扳动，直到各自的微动开关开启为止。一旦微动开关开启，各相应的电磁阀和释放阀即关闭，液压油路便恢复到正常工作状态。两套自动停止装置的解除均用同一复位按钮。

（四）履带式起重机的工作原理

履带式起重机的工作主要是通过起重机构和行走机构来实现的。起重机构由电动机驱动，通过离合器、制动器、钢丝绳卷筒和大、小齿轮带动履带板转动，实现履带起重机的移动和起重作业。同时，通过操纵手柄控制各机构的运动，实现重物的提升、降落和移动。

行走机构采用履带式结构，可以适应各种地形，并且具有较好的稳定性和通过性。在行走时，电动机通过减速器和行星齿轮减速机构驱动履带轮，实现起重机的移动和转向。

五、塔式起重机

塔式起重机是一种间歇动作的机械，常用于房屋建筑和工厂设备安装等用途。起重臂安装在塔身上部，高出建筑物，并可安装在靠近建筑物的一侧，因此它的有效幅度要比履带式起重机和轮式起重机的有效幅度大得多。

塔式起重机的起重高度一般为 40～60 m，一般可在 20～30 m

的旋转半径范围内吊运。塔式起重机在我国建筑安装工程中使用广泛，是一种主要的施工机械。塔式起重机如图 5-5 所示。

图 5-5　塔式起重机

（一）塔式起重机的特点

1. 工作幅度大，工作面广。

2. 可吊运高度高，吊运性能好。

3. 视野开阔，塔式起重机驾驶室随着建筑物上升而上升，驾驶员可以看到吊装作业的全过程，因此有利于操作。

（二）塔式起重机的构造

塔式起重机由起重臂、塔身、塔帽和支架、平衡臂和回转台、底座、套架、附着装置等基本构件组成。由于结构形式不同，其组成部分也不一样。

1. 起重臂

起重臂主要有压杆式、小车式两种。压杆式起重臂的载荷始终在起重臂的顶端。随着起重臂仰角的变化而变幅，起重臂始终受压故称为压杆式起重臂。压杆式起重臂的结构形式可分为实腹式、桁架式两种。小车式起重臂的载荷，由在起重臂上行走的小车担负，靠小车行走进行变幅。这种起重臂既受弯又受压。

不论采用实腹式还是桁架式起重臂，都要求设法减轻起重臂的重量，减少起重臂自重，以增加起重量，这对起重机的使用具有重要意义。

2. 塔身

塔身按照受力状况可分为中心受压、偏心受压两种。

上回转装置的起重机，塔身为偏心受压，此时除风载荷引起的弯矩外，起重力矩或平衡重力矩都使塔身受弯，整个塔身相当于偏心受压杆件。上回转装置的塔身，其高度可以随着建筑物升高而升高，可将整个塔身做成许多标准节段，在施工中进行逐节安装。

下回转装置的起重机，塔身为中心受压，但严格地讲，纯粹中心受压的塔身是没有的，由于风载作用使塔身受弯，也相当于偏心受压。下回转装置的塔身，其高度往往固定不变，整个塔身做成多段拼接起来。下回转装置也可通过下加节提高起重机的起升高度，但由于不能附着，所能增加的高度有限。

塔身也可分成实腹式、桁架式两种。实腹式用于上回转装置塔身的标准节段中；桁架式结构用得较多，几乎各种形式的塔身都可采用桁架式结构。

3. 塔帽和支架

塔帽和支架是起重臂和平衡臂的支承结构。起重臂一端直接或间接支承在塔身上，另一端通过拉绳与塔帽或支架连接。因此，塔帽或支架所受的载荷，除风载荷外，主要是由起重臂或平衡臂的拉绳传来的载荷。

塔帽或支架在起重臂平面内主要受单向或双向拉绳之力，拉绳内力来自起重臂或平衡臂，塔帽或支架在垂直于起重臂平面方向内的力，则主要是风力。因此，塔帽或支架做成空间桁架结构或门式结构。

4. 平衡臂和回转平台

平衡臂和回转平台的功能相似，都是放置平衡重和起升机构的。

设置平衡重的目的是利用平衡重引起的后倾力矩来抵消塔式起重机的一部分前倾力矩，从而减轻塔身的负载。平衡重的设置应使起重机的塔身在工作状态下和非工作状态下的弯矩都尽可能小，平衡重数量要尽量少，以减轻起重机重量和减少塔身压力。

平衡臂长度与回转平台尺寸和平衡重数量及其位置有关，一般情况下，平衡臂长度约为幅度的 1/3～1/2。原则上要求平衡臂（回转平台）长度尽可能短。平衡臂最常用的是反三角形桁架结构形状，由于平面桁架形结构简单、制造方便，所以有时也采用平面桁架形结构。

回转平台除了放置平衡重外，其功能与平衡臂相同。此外，它还承受塔帽支架与起重臂传来的力。回转平台与塔帽支架、起重臂一起相对塔身（或底座）进行回转，因此，回转平台的受力情况与构造都比平衡臂要复杂。

5. 底座

底座的作用是把大齿圈以上的载荷传到地面，底座有固定式与活动式两种。固定式底座一般用在建造高层建筑的塔式起重机中。

6. 套架

自升塔式起重机一般都有一只套架，套架的作用是在自升过程中支承结构以上部分的重量，通过套架将负重传给塔身来实现自升（即顶升时的传力作用）。

套架是一种空间桁架结构，其外形与塔身基本一致，若塔身是圆筒形，套架也做成圆筒形；若塔身是四边形，套架也做成四边形。

套架的受力比较复杂，在使用过程中，要求套架不仅要有足够的强度，还要有一定的刚性。

7. 附着装置

附着装置用于自升塔式起重机中，一般采用两道或三道附着装置，第一道附着装置一般设在离地 15～20 m 处，之后每隔 15～

20 m设置一道，顺次移置。直到塔身加高到允许的最大高度。

附着装置的构造形式有两种：一种是在附着高度处的塔身上加一节塔身节，通过连接销及销座使附着杆的一端与建造物相连，另一端用螺栓固定在塔身节上。另一种附着装置呈框形结构，以便在塔身的任意高度处固结，附着杆的一端用销轴与附着装置联结，另一端与建筑物联结。

（三）塔式起重机的机构

塔式起重机的机构可以分为三部分：工作机构、金属结构、动力装置与控制系统。

1. 工作机构

塔式起重机的工作机构通常包括起升机构、变幅机构、回转机构、液压顶升机构和行走机构。起升机构主要实现重物的垂直上、下运动；变幅机构和回转机构负责重物在两个水平方向的移动；液压顶升机构则实现标准节的增加或减少，从而升高或者降低塔身；行走机构则负责重物在塔式起重机力所能及的范围内任意空间的运动。

2. 金属结构

塔式起重机的金属结构主要包括底架、塔身、套架、上下支座、吊臂、平衡臂、塔顶等主要构件。这些金属结构构成了塔式起重机的骨架，它承受起重机的自重及作业时的各种外载荷。

3. 动力装置与控制系统

塔式起重机的动力装置主要是电动机，通过外接电源提供动力。控制系统包括操纵装置和安全装置，负责控制塔式起重机的各种动作。

（四）塔式起重机的工作原理

塔式起重机的工作是应用杠杆原理和滑轮原理。其结构部件主要包括塔体、塔帽、平衡臂、吊臂等，通过拉杆与塔帽相连。塔式起重机的工作过程一般包括起升、运行、下降和返回原位等步骤。

起升机构是塔式起重机的重要组成部分，它包括电动机、减速器、卷筒、制动器等部件，通过外接电源提供动力，将重物提升或下降。在起升过程中，滑轮和钢丝绳起到关键作用，滑轮通过钢丝绳的牵引使重物垂直升降。

平衡臂和吊臂通过拉杆与塔帽相连，且两者长度相等，可以平衡塔身所承受的载荷，保证塔式起重机的稳定性。同时，平衡臂和吊臂上的滑轮还可以改变重物的位置和方向。

在塔式起重机的工作过程中，电力驱动是最常见的驱动方式。电力驱动可以使塔式起重机的起升、回转、变幅等动作更加平稳、准确、快速。

六、门座式起重机

门座式起重机是以其门形机座而得名。在门形机座上装有起重机的旋转机构，门形机座实际上是起重机的承重部分。门形机座的下面装有运行机构，可在地面设置的轨道上行走。在旋转机构的上面还装有起升机构的臂架和变幅机构。四个机构协同工作，可进行货物的装卸作业。门座式起重机如图 5-6 所示。

图 5-6　门座式起重机

(一) 门座式起重机的特点

1. 门座式起重机有单臂架和四连杆两种类型，可以满足件杂货、散货及集装箱的装卸作业要求。

2. 门座式起重机的起升、变幅、回转和行走四大机构均采用交流变频调速，整机采用 PLC 控制，使用性能优越。

3. 四连杆门座式起重机采用最佳优化的组合臂架系统，具有水平落差小、变幅平稳、功耗低的特点。

4. 单臂架门座式起重机结构简单、起重量大、自重轻。

5. 门座式起重机的额外起重能力规模很宽，一般在 5～100 t。

6. 门座式起重机运用功率高，每昼夜可工作 22 h，台时功率也很高，一般可达 100 t/h 以上。

(二) 门座式起重机的构造

门座式起重机的门形机座又叫作门架，一般是用钢材焊接而成。门架承受着自身的重量、货物的质量和风的载荷，此外，各种运动所产生的惯性力及由此引起的力矩也均由门架承受。因此，门架必须有足够的刚性和强度。门架一般采用以下三种形式。

1. 八杆门架

八杆门架顶部是钢质圆环，中部有八根由型钢或钢板焊制而成的支杆，下部的门座则用钢板焊成箱形结构。八杆式门架的特点是门架的重量轻、结构简单、制造比较方便。

2. 交叉门架

交叉门架的顶部常是箱形断面的圆环，在这个圆环上装有圆形轨道及齿轮。其中部常有两层水平放置的十字梁，用以支撑四条立腿。上层的十字梁主要用来装置转柱的下支承座。

交叉门架的构件少、刚性好，制造也比较简单，是目前用得较多的一种门架。这种门架的十字梁及门腿都受到较大的弯矩，因此都采用较大的截面，这样会使起重机的自重增加，也势必增大车轮的轮压。

3. 圆筒门架

圆筒门架的中间部分是大直径的钢筒。在其顶面上装有相应尺寸的滚动轴承和大齿轮。在大直径钢筒内部可装设登高用的电梯。这种门架的外形简单、自重轻、制造和安装都比较方便。门架各支腿支承力的大小和起重机部分在门架上的位置有关，特别是与臂架转过的角度有关。

（三）门座式起重机的机构

1. 起升机构

起升机构是由电动机、制动器、减速器、卷筒和钢丝绳卷绕系统组成。对于起重量较大的起重机，除主起升机构外，还有副起升机构。主起升机构的起重量大，但起升速度较慢。副起升机构起重量较小，但起升速度较快。副钩的起重量一般是主钩起重量的25%左右。

门座式起重机的取物装置可以是吊钩，也可以是抓斗。为了使门座式起重机用途更广泛，通常把起升机构设计成双卷筒结构，每一个卷筒都用一台电动机驱动。两个卷筒上的绳槽方向相反，左边的卷筒作为支持绳卷筒，使用左旋钢丝绳；右边的卷筒用作闭合绳卷筒，使用右旋钢丝绳。取物装置的升降是通过改变电动机的转向来实现。

用抓斗作为取物装置时，把支持绳接到支持绳卷筒上，把闭合绳接到闭合绳卷筒上。采用吊钩作为取物装置时，吊钩常用带有滑轮组的夹套支持。

在门座式起重机卷筒两端装有限制起升高度和下降深度的行程开关。当吊具起升到极限高度时，行程开关能自动切断起升电源，但仍能执行下降任务。

为了使起升的货物在一定的高度悬停，起升机构都装有制动器。起升机构的制动器一般是液压枪杆式。这种制动器是常闭式制动器，平时制动器的制动轮被紧紧抱住，仅在需要执行起升或下降动作时，液压通过推杆松开制动轮，实现吊具的起升或下降。吊运危险物品的起升机构，要设置两个制动器，确保制动安全可靠。

2. 变幅机构

在门座式起重机中，从其回转中心线至取物装置中心线的径向水平距离，称为工作幅度。利用臂架起伏来改变工作幅度的机构叫作变幅机构。门座式起重机是通过运行机构、回转机构和变幅机构三者联合动作来改变货物的位置，从而完成装卸任务。

门座式起重机的变幅机构的臂架是在负载情况下进行变幅，称为工作性变幅机构。对工作性变幅机构，除了要求能克服各种阻力外，还要求机构的刚性强、变形小，有高效率的传动能力，因为是在负载下进行变幅，所以各种阻力显然要比空载变幅时大得多。

门座式起重机的变幅机构一般由起伏摆动的臂架平衡系统和变幅驱动装置两部分组成。

3. 回转机构

门座式起重机的回转机构保证所吊重物沿圆弧进行水平移动。它与起升机构、变幅机构配合动作，可使所吊重物到达幅度所及的空间范围。回转机构由回转支承装置和回转驱动装置两部分所组成：

(1) 回转支承装置。目前采用的回转支承装置有转盘式回转支承装置、转柱回转支承装置和定柱回转支承装置三种。

采用转盘式回转支承装置的起重机，其回转部分安装在一个大转盘上，转盘由滚动元件支承，与回转部分一起回转。根据滚动元件的结构转盘式回转支撑装置又可分为支承滚轮式、滚子夹套式和滚动轴承式三种。

转柱回转支承装置由倒锥形大支柱、支撑滚轮组成的上支座及轴承组成的下支座三部分组成。倒锥形大支柱的底部支承在底部轴承上，使底部轴承受垂直方向的压力。支承滚轮轨道装在转柱上或门座桁架上。水平滚轮一般装有偏心的轴套，只需转动滚轮的心轴，就可以调整水平滚轮与滚道之间的间隙，从而达到所需要的数值。上、下支座都是承受载荷的部件，因载荷的数量很大，故应按规定时间予以保养，使这些部件得到充分的润滑。

定柱回转支承装置与转柱回转支承装置不同，它有一个与起重机回转部分固定在一起的圆锥形罩。这个圆锥形罩覆盖在固定不转的圆锥形立柱上。上支座由圆锥形罩上端的圆柱内壁和圆锥形立柱上端延伸的圆柱部分构成。圆锥形罩的下端与定柱下部组成下支座，其滚轮数可适当增加以减小滚轮水平方向的轮压。

（2）回转驱动装置。门座式起重机的回转驱动装置由电动机、减速器、齿轮、制动器及电气操纵装置等部分组成。其驱动装置与驾驶室都设置在起重机的转盘上。电动机经减速器输出轴的小齿轮与装在门架上固定部位的大齿圈啮合。电动机转动时，小齿轮沿大齿圈滚动，带动整个转盘围绕回转中心回转，即起重机完成回转运动。

4. 运行机构

使门座式起重机在轨道上运行的机构叫作门座式起重机的运行机构。门座式起重机的运行机构一律采用分别驱动的方式。在门架的四条支腿下部装置了均衡台车，用以支承整台门座式起重机的重量。每辆均衡台车的车轮数较多，为了保证起重机能沿着轨道运行，要求有一半车轮由驱动机构来驱动。

运行机构中的部件还可根据用途分为驱动部分和支承部分。属于驱动部分的有电动机、减速器、齿轮、制动器等部件，而均衡梁、销轴、车轮等组成的均衡台车则为支承部分。

（四）门座式起重机的工作原理

门座式起重机的工作是基于力学和机械传动原理。

起重机起升系统：电源通过电机、齿轮耦合、补偿轴、制动轮联轴器等，将速度传递到减速器高速轴端，然后经由减速器输出低速动力，通过钢丝绳和滑轮吊钩组完成起吊重物的任务。

小车操作系统：电机制成动力，通过制动轮联轴器和补偿轴、半齿联轴器，将动力传给垂直三级减速机高速轴端，再由垂直三级减速机高转速下的电机将需要转速后的减速器轴低速输出，经过半齿轮联轴器和补偿轴，与小车轮联轴器、齿轮联轴器配合，从而驱动小车的车轮主动转动，完成小车重物的横向运输。

回转机构可使吊臂进行 360°旋转，支撑机构和行走机构则保证起重机在工作时的稳定性和移动性。

七、桅杆式起重机

桅杆起重机是一种常用而又简单的起重装置。按构成桅杆的材料组成，可分为木起重杆和金属起重杆。金属起重杆又分为金属管式起重杆和金属桁架结构起重杆。按桅杆的结构组成特点可分两大类，一类是独杆式桅杆起重机，另一类是回转式桅杆起重机。桅杆式起重机如图 5-7 所示。

图 5-7　桅杆式起重机

（一）独杆式桅杆起重机

独杆式桅杆起重机只有一根独立的桅杆。在桅杆顶部，有一块顶板，用以固定牵拉绳。在接近桅杆顶部的地方，焊有滑轮支架，用以悬挂滑车。桅杆下端做成球面，一方面使支反力通过中心，另一方面可使桅杆处于倾斜状态使用。下端支承在枕木上，起升绳通过导向滑轮绕到卷扬机的卷筒上。也有些独杆式起重机下部置有钢底板，目的是增大受压面积。

1. 管式桅杆起重机。管式桅杆起重机是由无缝钢管制成，管式桅杆制作时，如管材长度不够，或现有桅杆需要接长，可采用焊接方法对接。其焊口应倒破口，焊缝处用角钢加固。选用角钢的尺寸一般为 1/6～1/5 桅杆的外径，角钢的长度为 1～1.5 倍桅杆外径。

2. 格构式桅杆起重机。格构式桅杆起重机是由四根主弦杆、横撑和斜撑腹杆组成的方形断面，并把它们焊成一体。截面有等截面和不等截面之分。由于它是由很多段连接组成，因此可根据实际工作需要，组成不同长度的桅杆。格构式桅杆起重机的结构由型钢组成，在连接处（节点）用钢板扩大各构件的焊缝长度。目前逐步用薄壁钢管作为主弦杆和腹杆。

金属格构式桅杆起重机的特点是起吊能力大，可以起吊几十吨到几百吨的重物。一般可采用一支桅杆单独或两支桅杆联合吊装，也可以多支桅杆同时联合抬吊一个重物。

（二）回转式桅杆起重机

回转式桅杆起重机是由一根主桅杆（立柱）在其顶部通过变幅滑轮组悬吊着起重桅杆回转动臂。起重桅杆可以变幅或左右回转一定的角度，比独杆式桅杆起重机有较好的起吊性能。由于回转式桅杆起重机不仅能垂直起吊物体，而且在起重桅杆活动范围内可将物体在空间水平移动，因此是一种比较灵活、应用广泛的起重机械。

这种桅杆起重机的主桅杆多是由四根角钢或薄臂钢管焊成的正

方形截面格构式结构。主桅杆起重机中间截面较大，两端较小，是一个变截面结构。为了便于拆装连接，通常做成 6～8 m 一段，组装时用精制螺栓连接起来，在接头处用钢板加固，形成一段腰带，增加接头刚度，防止变形。为了检修方便，在主桅杆一侧装有梯子。

第三节　起重机械安全装置及附件

一、起重机械安全装置

（一）偏斜调整和显示装置

当门式起重机等的运行机构工作时，桥架两端支腿的运行速度常常不同步，导致一端支腿超前，另一端支腿滞后，造成起重机偏斜的情况。这样就会造成起重机金属结构损伤或损坏，并使起重机啃道；严重时，还会损伤运行机构，构成事故隐患。跨度大的起重机因刚度较小，较易发生起重机行走偏斜。为此，跨度超过 40 m 的门式起重机，应装或宜装偏斜调整和显示装置，常见的偏斜调整装置形式有三种：凸轮式偏斜调整装置、链轮式偏斜调整装置、钢丝绳式偏斜调整装置。

（二）防风防爬装置

起重机防风防爬装置主要有三类，即防风锚定装置、防风铁鞋和夹轨器。

1. 防风锚定装置

防风锚定装置主要有链条式和插销（板）式两种。这种防风装置一般是在起重机作业后或暴风到来之前，将起重机锚固起来，但不能解决紧急情况下的防风问题。

2. 防风铁鞋

防风铁鞋作为一种防风装置可抵抗 9～10 级大风，比较适合在内陆地区使用。按控制方式，防风铁鞋可分为手动控制防风铁鞋和电动控制防风铁鞋两种，比较简单的方法是将铁鞋直接放在车轨下面。

3. 夹轨器

夹轨器在防风装置中应用最为广泛，可用于各种类型的起重机。它的工作原理是通过钳口夹住轨道，使起重机不能滑移，从而达到防风的目的。夹轨器的钳口多用中碳钢和高碳钢制成，为了增加摩擦系数，钳口制成齿状。

（三）防后倾装置

用柔性钢丝绳牵引起重臂进行变幅的起重机，当遇到突然卸载等情况时，会产生瞬时使起重臂后倾的力，发生起重臂后倾的事故。因此，流动式起重机和动臂式塔式起重机上应安装防后倾装置。

防后倾装置大多由两部分组成。一部分是通过安装在起重臂下铰点附近的变幅限位开关限制变幅位置，有时起重臂通过一个连杆机构带动幅度指示器，并在幅度盘上设置限位开关进行限位；另一部分是通过一个机械装置对起重臂进行止挡。

保险绳和保险杆是两种常用的防后倾装置。保险绳一端固定在转台上，另一端固定在起重臂上，通过钢丝绳的长度，限定起重臂的倾角。这种防后倾装置的缺点是不能起到缓冲和减振作用，冲击、振动较大。为减缓振动和冲击，常采用保险杆。保险杆的工作原理是将保险杆的上端铰接在起重臂上，下端铰接于转台上。保险杆是一个套筒伸缩机构，随起重臂的倾俯而伸缩；在套筒中安装有缓冲弹簧，对起重臂有缓冲、减振和限位作用。保险杆也有采用液压或油气结合方式的，这种方式的减振、缓冲性能比弹簧更好。

（四）回转锁定装置

回转锁定装置是指臂架起重机处于运输、行驶或非工作状态时锁住回转部分，使之不能转动的装置。回转锁定器有机械锁定器和液压锁定器两种。机械式锁定器的结构比较简单，通常是采用锁销插入方法、压板顶压方法或螺栓紧定方式等。液压式锁定器通常用双作用活塞式油缸对转台进行锁定。

（五）超载保护装置

起重量限制器和起重力矩限制器统称为超载保护装置。超载保护装置按其功能的不同，可分为自动停止型和综合型两种；按结构形式可分为有电气型和机械型两种。

当起升重量超过额定起重量时，自动停止型超载保护装置能限制起重机向不安全的方向（起升、伸臂、降臂等）继续动作，而允许起重机向安全的方向动作。当起升重量达到额定起重量的 90％左右时，综合型超载保护装置能发出声响或灯光预警信号。当起升重量超过额定起重量时，能停止起重机向不安全方向继续动作，并发出声光报警信号，同时能允许起重机向安全方向动作。

电气型超载保护装置能通过机械能与电能之间的转换，实现保护功能。即把检测到的载荷等机械量转换成相应的电信号，再进行放大、比较、运算和处理。机械型超载保护装置通过机械能之间的转换与开关配合实现保护功能，机械型超载保护装置产品比较简单，采用杠杆、偏心轮、弹簧或液压系统检测载荷，通过行程开关（控制阀）使产品动作。

（六）防冲撞装置

在工作现场，常常在一条轨道上安置多台起重机同时工作。为了防止起重机在轨道上运行时碰撞邻近的起重机，可在起重机上安装防止冲撞的装置。当起重机运行到危险距离范围时，防冲撞装置便发出警报进而切断电路，使起重机停止运行，避免起重机之间的相互碰撞。常利用超声波、电磁波、光波的反射作用来制造防冲撞装置。

（七）危险电压报警器

臂架式起重机在输电线附近作业时，若操作不当，臂架、钢丝绳等过于接近甚至碰触电线，都会造成感电或触电事故。为了防止此类事故发生，需要安置危险电压报警器。

危险电压报警器的输电线路为三相交流电，各相间的相位差为120°。空间电场分布是交变电场，从理论上讲，与各相线距离相等的点的电位应为零。但在实际线路布设中，不存在电位为零的点。根据电场分布特性，只要检测出电位的绝对值和电位梯度，与预先设置的基准电压比较，就可以判断臂架与电线的距离，及时发出警报。

（八）其他安全装置

1. 驾驶室和平台设施

起重机的驾驶室应用角铁、钢板等不可燃的材料制成，并牢固地连接在起重机上。起重机驾驶室的高度应不低于 2 m，周围还应有高度不小于 1 050 mm 的栏杆。驾驶室外面有走台时，门应向外开；驾驶室外面没有走台时，门应向内开，但都可采用滑动式拉门。地板上应有绝缘橡胶覆盖，驾驶室视野要开阔，室内应备有灭火器材。驾驶室面积除容纳应有的操作人员外，还应留有两名检修人员的工作面积。配电板与驾驶员操作之间的距离不应小于 0.6 m，桥式起重机驾驶室边墙板与吊钩中心的距离不应小于 1.1 m。

在工作场所的空气中有蒸气、有害气体粉尘时，驾驶室应封闭并装有玻璃，同时应有通风装置。若驾驶室内温度过高，还应考虑采用防暑降温措施。

2. 走道

桥式起重机沿大梁两侧应设置走道，走道靠近起重机运行的一侧应设牢固的栏杆，栏杆高度应不小于 1 050 mm，栏杆与房柱之间的距离应大于 0.5 m，当房柱与起重机端梁之间的距离小于 0.5 m 时，应禁止通行。

为了防止驾驶员、检修人员在上下起重机端梁时发生挤伤事故，在端梁的上车地点应安装断电装置和联系信号装置，当人员上下时，应先用信号通知正在操作的驾驶员停车，然后切断电源，迫使停电，使人员能安全上下。

3. 扶梯

扶梯宽度应不小于 600 mm，各级之间的距离应小于 300 mm，倾斜的扶梯应装设栏杆。对于垂直或斜角超过 75°的扶梯，当其高度超过 5 m 时，自 2 m 高度处应装设护圈，各圈的间距不应超过 50 mm，应用 5 根均匀分布的纵向连杆连接。由扶梯到弧形圈顶部的距离不小于 700 mm，且不应大于 800 mm。

4. 危险牌显示

每台起重机上都需要有明显的标牌，标明最大起重量，并挂在醒目易见的位置，一般常挂在大车梁架上，若厂房高大，挂在大车上不清晰时，可标在吊钩的滑轮罩上。有时为提醒人们的注意，在起重机上可悬挂“有电”“有人工作，请勿合闸”“吊车已坏，不可使用”等危险警告牌。危险警告牌的书写要求语气肯定、字迹明显。

5. 安全接地装置

为了防止因电气设备损坏，使起重机金属结构带电而发生触电事故，电器设备的金属外壳和起重机金属结构上，应有安全接地或接零装置，并应连接牢固可靠。

6. 安全电压

为了防止发生触电事故，地面操作开关和行灯应用 36 V 以下的安全电压，装有备用行灯、电钻等手持式电动工具用的单相三眼、三相四眼插座。

7. 安全防雷装置

如果露天起重机不在附近防雷设备的保护范围内，应装防雷安全装置，预防因雷击发生事故。其避雷针的保护范围，一般保护角度不大于 45°，其接地电阻一般不大于 4 Ω。

二、起重机械安全附件

起重机是一种重要的机械设备，用于在货场、仓库、码头等场所进行货物搬运和吊装。为了保证起重机的安全运行，需要安装和使用一系列安全附件，以下是一些常见的起重机安全附件。

（一）限位器

限位器是用来限制各机构运转时通过的范围的一种安全防护装置。限位器有两类，一类是保护起升机构安全运作的上升极限位置限制器、下降极限位置限制器；另一类是限制运行机构的运行极限位置限制器。

1. 上升、下降极限位置限制器

（1）上升极限位置限制器

上升极限位置限制器是用于限制取物装置的起升高度，当吊具起升到上升极限位置时，限位器能自动切断电源，使起升机构停止运转，防止吊钩等取物装置继续上升，继而可防止拉断起升钢丝绳，避免发生重物失落事故。

吊运炽热金属、易燃易爆或有毒物品等危险品的起升机构应设置两套上升极限位置限制器，且两套限位器动作应有先后，并尽量采用不同结构形式和控制不同的断路装置。

上升极限位置限制器主要有重锤式和螺旋式两种。

①重锤式起升高度限位器

重锤式起升高度限位器由一个限位开关和重锤组成，结构如图 5-8 所示。其工作程序为：当重锤自由下垂时，限位开关处于接通电源的闭合状态，当取物装置起升到一定位置时，托起重锤，致使限位开关打开触头而切断总电源，机构停止运转，吊钩停止上升；如要下降，控制手柄回零重新启动即可。

②螺旋式起升高度限位器

螺旋式起升高度限位器有螺杆传动和蜗杆传动两种形式，这类

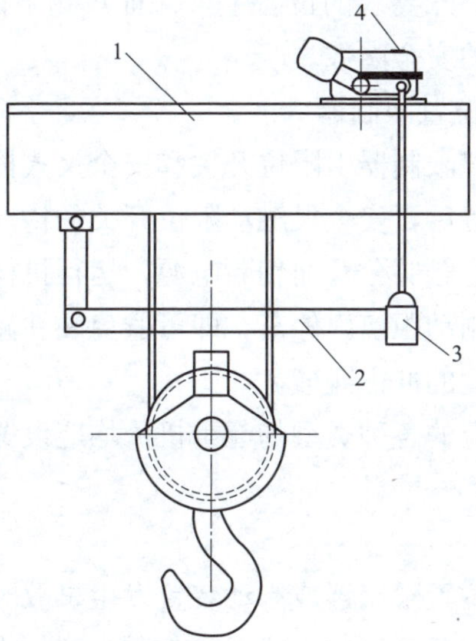

1—小车架；2—碰杆；3—重锤；4—开关。

图 5-8　重锤式起升高度限位器

限位器的优点是自重小，便于调整和维修。

螺杆式起升高度限位器是由螺杆、滑块、十字联轴节、限位开关和壳体等组成。当起升重物到上极限位置时，滑块碰到极限开关，切断电源，控制了起升高度。当在螺杆两端都设置限位开关时，则可限制上升和下降的位置。

螺旋式起升高度限位器准确可靠，但应注意的是，每一次更换钢丝绳后，应重新调整限位器的停止位置，避免发生事故。

（2）下降极限位置限制器

下降极限位置限制器是用来限制取物装置下降深度，当下降至最低位置时，能自动切断电源，使起升机构下降运转停止，此时应保证钢丝绳在卷筒上缠绕预留的安全圈不少于 2～3 圈（根据卷筒大小确定）。

下降极限位置限制器可只设置在操作人员无法判断下降位置的

起重机上和其他特殊要求的设备上，保证重物下降到极限位置时，卷筒上保留必要的安全圈数。

2. 运行极限位置限制器

运行极限位置限制器由限位开关和安全尺式撞块组成。当起重机运行到极限位置后，安全尺触动限位开关的传动柄或触头，带动限位开关内的闭合触头分开而切断电源，运行机构将停止运转，起重机将在允许的制动距离内停车，即可避免硬性碰撞止挡体对运行的起重机产生过度的冲击碰撞。

凡是有轨运行的各种类型的起重机，均应设置运行极限位置限制器。

（二）缓冲器

当运行极限位置限制器或制动装置发生事故时，由于惯性的原因，运行到终点的起重机或主梁上的起重小车，将在运行终点与设置在该位置的止挡体相撞。设置缓冲器的目的就是吸收起重机或起重小车的运行动能，以减缓冲击。缓冲器设置在起重机或起重小车与止挡体相碰撞的位置。在同一轨道上运行的起重机之间，以及在同一起重机桥架上双小车之间也应设置缓冲器。

1. 弹簧缓冲器

弹簧缓冲器的结构比较简单，使用可靠，维修方便。当起重机撞到弹簧缓冲器时，其能量主要转变为弹簧的压缩能，因而具有较大的反弹力。

2. 橡胶缓冲器

橡胶缓冲器的结构简单，但它所能吸收的能量较小。因此适用在起重机运行速度不超过 50 m/min 的场合，主要起阻挡作用。

3. 液压缓冲器

液压缓冲器能吸收较大的撞击能量，其行程可做得短些，尺寸也较小。液压缓冲器最大的优点是没有反弹作用，故工作平稳可靠。液压缓冲器的构造比较复杂，对液压缸筒和活塞的制造精度要求较高，以免液体渗漏。此外，所用的缓冲液必须经过很好的过滤，绝不允许有杂质存在，否则将在工作时磨损活塞或液压缸筒，给维修工作带来困难。

4. 聚氨酯缓冲器

聚氨酯缓冲器的材料主要成分是聚氨酯，这种材料经过多重工艺处理后，会形成由微孔气泡结构组成的缓冲器。在受冲击的过程中，聚氨酯缓冲器相当于带有多气囊阻尼的弹簧，起到吸收冲击能量、保护设备安全的作用。目前，聚氨酯缓冲器在国际上已普遍采用。

（三）夹轨器

夹轨器主要用于起重机的防滑和定位。它通过夹紧起重机行走机构的轨道，防止起重机在行走过程中滑动或倾翻，保障起重机的安全操作。按控制方式分类，夹轨器可分为手动螺杆夹轨器、电动夹轨器和手电两用夹轨器。

1. 手动螺杆夹轨器

手动螺杆夹轨器有水平螺杆式手动夹轨器和垂直螺杆式手动夹轨器两种。手动螺杆夹轨器构造简单、紧凑，价格便宜，操作和维修都比较方便。但夹紧力则受到限制，安全可靠性能相对较差。操作人员应经常检查螺纹、销轴、销孔的磨损情况，以免夹紧力不足。

2. 电动夹轨器

电动夹轨器有弹簧式电动夹轨器和楔形重锤式电动夹轨器两种。弹簧式电动夹轨器的夹紧力较大，但调整费时。特别是限位开关的动作要适当，否则会出现夹紧力不足或停止电动机工作太晚而造成零件损坏的情况。楔形重锤式电动夹轨器操作简便。其限位开关动作的调整也比较方便，但重锤的自重大，易与滚轮发生磨损。

（四）起重量限制器

起重量限制器又称超载限制器，是为防止起重机超载而设计的。《起重机械安全规程》规定：

（1）对于动力驱动的 1 t 及以上无倾覆危险的起重机械应装设起重量限制器。对于有倾覆危险的且在一定的幅度变化范围内额定起重量不变化的起重机械也应装设起重量限制器。

（2）需要时，当实际起重量超过 95％额定起重量时，起重量限制器宜发出报警信号（机械式除外）。

当实际起重量在 100％～110％的额定起重量之间时，起重量限制器起作用，此时应自动切断起升动力源，但应允许机构做下降运动。

起重量限制器按其结构形式和工作原理的不同可分为机械式和电子式两种类型。

1. 机械式超载限制器

机械式超载限制器的种类较多，大体有杠杆式、偏心式和弹簧式三种。

（1）杠杆式超载限制器如图 5-9 所示，主要由杠杆、弹簧及限位开关等组成。在正常的起重作业中，杠杆随吊重的增加而产生顺时针的转动以达到平衡。当吊重达到额定起重量时，杠杆上的撞杆触动与起升机构线路联锁的限位开关，使机构断电停止工作，从而起到超载限制作用。

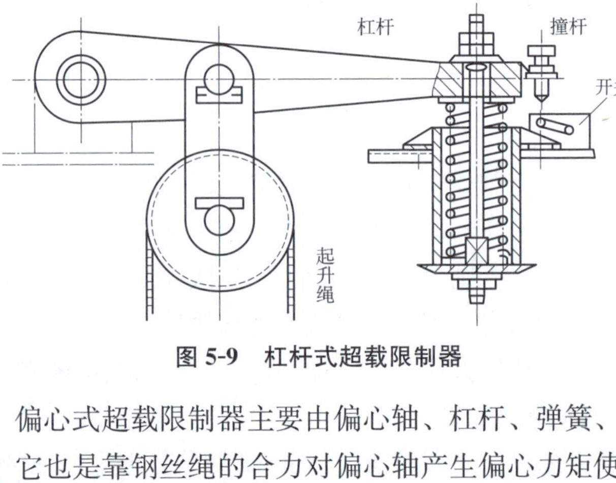

图 5-9　杠杆式超载限制器

（2）偏心式超载限制器主要由偏心轴、杠杆、弹簧、限位开关等组成。它也是靠钢丝绳的合力对偏心轴产生偏心力矩使杠杆转动压缩弹簧，触动限位开关而起到超载保护作用。

(3) 弹簧式超载限制器主要由两个导向滑轮、一个可浮动的支持滑轮、支架、弹簧、行程开关等组成。起升绳从导向滑轮上方与支持滑轮下方穿过。起吊重物时，张紧的起升绳对浮动的支持滑轮产生向上的作用力，在正常起重作业中，此力与装在支架上的弹簧力相平衡，随着重量的增加，弹簧的压缩量相应增大，起重量达到规定值时，撞杆触动开关，起升机构断电。

机械式超载限制器构造简单，但是体积和重量较大，精度较低。

2. 电子式超载限制器

电子式超载限制器克服了机械式超载限制器体积大、重量大、精度低等缺点，并可以随时显示起吊物品的重量，因而在起重机上广泛应用。电子式超载限制器主要由载荷传感器、电子放大器、数字显示装置、控制仪表等组成一个自动控制系统。

起重机上的电子式超载限制器常用的传感器有筒式和环式两种。传感器用弹性较好的合金钢制成，表面贴有 4 片电阻应变片，并构成电桥回路，其作用是将载荷（力信号）的变化转换为电信号的变化。起重机吊重物时，载荷传感器的金属筒或环受载荷作用发生变形，贴在上面的应变片也随之变形，电阻值发生变化。于是，原来经过调零的电桥失去平衡，输出端上出现与所受载荷成正比的微弱电压信号，并将信号送入电压放大器。经放大器处理后即可从显示仪表上显示起吊重物的重量，当载荷超过规定数值时，触发器即动作，红灯闪亮并报警。当载荷超过额定起重量时，即自动切断起升机构的电源。

（五）起重力矩限制器

起重力矩限制器是一种重要的安全设备，可以大大提高起重机作业的安全性和可靠性。《起重机械安全规程》规定：

(1) 额定起重量随工作幅度变化的起重机，应装设起重力矩限制器。流动式、塔式起重机和门座起重机（额定起重量随幅度而变化的）等均应装设。

（2）当实际起重量超过实际幅度所对应的起重量的额定值的95％时，起重力矩限制器宜发出报警信号。

当实际起重量大于实际幅度所对应的额定值但小于110％的额定值时，起重力矩限制器起作用，此时应自动切断不安全方向（上升、幅度增大、臂架外伸或这些动作的组合）的动力源，但应允许机构做安全方向的运动。

（3）对有自锁作用的回转机构，应设极限力矩限制装置。保证当回转运动受到阻碍时，能由此力矩限制器发生的滑动而起到对超载的保护作用。

起重力矩限制器分为机械式和电子式两种形式。机械式起重力矩限制器的优点是使用寿命较长、受作业环境影响较小；缺点是体积和重量较大、灵敏度差、精度较低。电子式力矩限制器克服了机械式力矩限制器的缺点，因而被广泛应用在各类起重机上。

第四节　起重机械运用安全管理

一、起重机械安全要求

起重机械的安全要求贯穿于其整个生命周期，需要从设计、制造、使用、检验和维护等多个方面加强管理和控制。只有严格遵守相关法规和标准，加强技术研发和创新，提高管理和操作水平，才能切实保障起重机械的安全性能和使用性能。

二、起重机械使用安全管理

（一）起重机械的安全使用

1. 安全操作一般要求

（1）驾驶员接班时，应对制动器、吊钩、钢丝绳和安全装置进行检查，发现性能不正常时，应在操作前排除。

（2）开车前，必须鸣铃或报警，在操作中接近人时，亦应给以断续铃或报警。

（3）操作应按指挥信号进行，对紧急停车信号，不论由何人发出都应立即执行。

（4）当确认起重机上或其周围无人时，才可以闭合主电源，当电源断路装置上加锁或有标牌时，应由有关人员除掉后方可闭合主电源。

（5）闭合主电源前，应使所有的控制器手柄置于零位。

（6）工作中突然断电时，应将所有的控制器手柄扳回零位，在重新工作前，应检查起重机动作是否都正常。

（7）在轨道上露天作业的起重机，当工作结束时，应将起重机锚定。当风力大于六级时，一般应停止工作，并将起重机锚定。对于门座式起重机等在沿海工作的起重机，当风力大于七级时，应停止工作，并将起重机锚定。

（8）驾驶员进行维护保养时，应切断主电源并挂上警示牌或加锁。若有未消除的故障，应通知接班驾驶员。

2. 安全技术要求

（1）有下述情况之一时，驾驶员不应进行操作：

①超载或物体重量不清，如吊拔重量或拉力不清的埋置物体，以及斜拉、斜吊等。

②结构或零部件有影响安全工作的缺陷或损伤，如制动器安全装置失灵、吊钩螺母防松装置损坏、钢丝绳损伤达到报废标准等。

③捆绑吊挂不牢或不平衡而可能滑动，重物棱角处与钢丝绳之间未加衬垫等。

④被吊物体上有人或浮置物。

⑤工作场地昏暗，无法看清场地、被吊物情况和指挥信号等。

（2）驾驶员操作时，应遵守下列要求：

①不得利用极限位置限位器停车。

②不得在有载荷的情况下调整起升、变幅机构的制动器。

③吊运时，不得从人的上方通过，起重臂下不得有人。

④起重机工作时，不得进行检查和维修。

⑤所吊重物接近或达到额定起重能力时，吊运前应检查制动器，并用小高度、短行程起吊后，再平稳地吊运。

⑥对于无下降极限位置限位器的起重机，吊钩在最低工作位置时，卷筒上的钢丝绳必须保持有设计规定的安全圈数。

⑦起重机工作时，臂架、吊具辅具、钢丝绳、缆风绳及重物等与输电线的最小距离不应小于表 5-1 的规定。

表 5-1　与输电线的最小距离

输电线路电压/kV	<1	1～20	35～110	154	220	330
最小距离/m	1.5	2	4	5	6	7

⑧对于流动式起重机，工作前应按说明书的要求平整停机场地、牢固可靠地打好支腿。

⑨对无反车制动性能的起重机，除特殊紧急情况外，不得利用打反车进行制动。

（3）用两台或多台起重机吊运同一重物时，钢丝绳应保持垂直，各台起重机的升降、运行应保持同步。各台起重机所承受的载荷均不得超过各自的额定起重能力。若达不到上述要求，应降低额定起重能力至原额定起重能力的 80%。也可由技术人员根据实际情况降低额定起重能力使用。吊运时，技术人员应在场指导。

（4）有主、副两套起升机构的起重机，主、副钩不应同时开动（对于设计允许同时使用的专用起重机除外）。

3. 司索工一般安全要求

（1）指挥信号应明确，并符合规定。

（2）吊挂时，吊挂绳之间的夹角宜小于 120°，以免吊挂绳受力过大。

（3）绳、链所经过的棱角处应加衬垫。

（4）指挥物体翻转时，应使其重心平稳变化，不应发生指挥意图之外的动作。

（5）进入悬吊重物下方前，应先与驾驶员联系并设置支承装置。

（6）多人绑挂时，应由一人负责指挥。

4. 安全检验和检查周期要求

（1）下列情况应对起重机按有关标准检验：

①正常工作的起重机，每两年进行一次。

②经过大修、新安装及改造过的起重机交付使用前。

③闲置时间超过一年的起重机重新使用前。

④经过暴风、地震和重大事故后，可能使强度、刚度、构件的稳定性和机构的重要性等受到损害的起重机。

（2）工作繁重、环境恶劣时，经常性检查周期每月不得少于一次，定期检查周期每年不得少于一次。

（二）起重机械的安全作业

1. 吊运前的准备

吊运前的准备工作包括：正确佩戴个人防护用品，包括安全帽、工作服、工作鞋、手套等。高处作业还必须佩戴安全带和工具包；检查清理作业场地，确定搬运路线，清除障碍物。进行场外作业前，要了解当天的天气情况。对于流动式起重机，要将支撑地面垫实垫平，防止作业中地基沉陷；对使用的起重机和吊装工具、辅件进行安全检查。不使用报废元件，不留安全隐患。熟悉被吊物品的种类、数量、包装状况及周围联系，根据有关技术数据（如质量、几何尺寸、精密程度、变形要求），进行极大受力计算，确定吊点位置和捆绑方式。对于大型、重要的物件的吊运或多台起重机共同作业的吊装，事先要在有关人员的参与下，由指挥、起重机驾驶员和司索工共同讨论，编制作业方案，必要时报请有关部门审查批准。预测可能出现的事故，采取有效的预防措施，选择安全通道，制定应急对策。

2. 起重机驾驶员通用操作要求

（1）有关人员应认真交接班，对吊钩、钢丝绳、制动器、安全防护装置的可靠性进行认真检查，发现异常情况及时报告。

（2）开机作业前，应确认以下情况处于安全状态才可开机：所有控制器置于零位；起重机上和作业区内没有无关人员，作业人员已撤离到安全区；起重机运行范围内无未清除的障碍物；起重机与其他设备或固定建筑物的最小距离在0.5 m以上；电源断路装置已加锁或有警示标牌；已按要求平整好场地，流动式起重机已牢固可靠地打好支腿。

（3）开车前，必须鸣铃或示警；在操作中接近人时，应给断续铃声或示警。

（4）驾驶员在正常操作过程中，不得利用极限位置限制器停车；不得利用打反车进行制动；不得在起重作业过程中进行检查和维修；不得带载调整起升、变幅机构的制动器，或带载增大作业幅度；吊物不得从人头顶上方通过，吊物和起重臂下不得站人。

（5）严格按指挥信号操作，对紧急停止信号，无论由何人发出，都必须立即执行。

（6）吊载接近或达到额定值，或起吊危险品（液态金属、有害物、易燃易爆物）时，吊运前认真检查制动器，并用小高度、短行程试吊，确认没有问题后再吊运。

（7）起重机各部位、吊载及辅助用具与输电线的最小距离应满足安全要求。

（8）有下述情况时，驾驶员不应操作：起重机结构或零部件（如吊钩、钢丝绳、制动器、安全防护装置等）有影响安全工作的缺陷和损伤；吊物超载或有超载可能，吊物质量不清、埋置或冻结在地下、被其他物体挤压；吊物捆绑不牢，或吊挂不稳，重物棱角与吊索之间未加衬垫；被吊物上有人或浮置物；作业场地昏暗，看不清场地、吊物情况或指挥信号。

（9）工作中突然断电时，应将所有控制器置零，关闭总电源。重新工作前，应先检查起重机工作是否正常，确认安全后方可正常操作。

（10）有主、副两套起升机构的，不允许同时利用主、副钩工作（设计允许的专用起重机除外）。

（11）用两台或多台起重机吊运同一重物时，每台起重机都不得超载。吊运过程应保持钢丝绳垂直，保持运行同步。吊运时，有关负责技术人员和安全技术人员应在场指导。

（12）露天作业的轨道起重机，当风力大于六级时，应停止作业；当工作结束时，应锚定住起重机。

3. 司索工安全操作要求

司索工主要从事地面工作，如准备吊具、捆绑挂钩、摘钩卸载等，多数情况还担任指挥任务。司索工的工作质量与整个搬运作业安全关系极大。其操作要求如下：

（1）准备吊具。对吊物的重量和重心估计要准确，若是目测估算，应将估算值增大20%来选择吊具，每次吊装都要对吊具进行认真的安全检查，若是旧吊索应根据情况降级使用，绝不可侥幸超载或使用已报废的吊具。

（2）捆绑吊物。对吊物进行必要的归类、清理和检查，吊物不能被其他物体挤压，被埋或被冻的物体要完全挖出。切断吊物与周围管、线的一切连接，防止造成超载；清除吊物表面或空腔内的杂物，将可移动的零件锁紧或捆牢，形状或尺寸不同的物品不经特殊捆绑不得混吊，以防坠落伤人；吊物捆扎部位的毛刺要打理平滑，尖棱利角应加垫物，以防起吊吃力后损坏吊索；表面光滑的吊物应采取措施防止起吊后吊索滑动或吊物滑脱；吊运大而重的物体应加诱导绳，诱导绳应能使司索工既可握住绳头，同时又能避开吊物正下方，以便发生意外时司索工可利用该绳控制吊物。

（3）挂钩起钩。吊钩要位于被吊物重心的正上方，不准斜拉吊钩，防止提升后吊物翻转、摆动。吊物高大需要借助垫物攀到高处挂钩、摘钩时，垫物一定要稳固垫实，禁止使用易滚动的物体（如圆木、管子、滚筒等）作垫物。攀高时必须佩戴安全带，防止人员坠落跌伤；挂钩要坚持“五不挂”，即起重或吊物重量不明不挂，重心位置不清楚不挂，尖棱利角和易滑工件无衬垫物不挂，吊具及配套工具不合格或报废不挂，包装松散、捆绑不良不挂，将安全隐患消除在挂钩操作之前；当多人吊挂同一吊物时，应由一专人负责指挥，在确认吊挂完备，所有人员都离开并站在安全位置以后，才可发出起钩信号；起钩时，地面人员不应站在吊物倾翻、坠落可能波及的地方；如果作业场地为斜面，则应站在斜面上方（不可在死角），防止吊物坠落后继续沿斜面滚动伤人。

（4）摘钩卸载。吊物运输到位前，应选择好安置位置，卸载时不要挤压电气线路和其他管线，不要阻塞通道；针对不同吊物种类应采取不同措施加以支撑、垫稳、归类摆放，不得将不同种类物品混在一起码放、互相挤压、悬空摆放，防止吊物滚落、侧倒、塌垛；摘钩时应等所有吊索完全松弛再进行，确认所有绳索从钩上卸下再起钩，不允许抖绳摘索，更不许利用起重机抽索。

（5）搬运过程的指挥。无论采用何种指挥信号，必须规范、准确、明了；指挥者所处位置应能全面观察作业现场，并使驾驶员、司索工都可清楚地看到；在作业进行的整个过程中（特别是重物悬挂在空中时），指挥者和司索工都不得擅离职守，应密切注意观察吊物及周围情况，若发现问题，应及时发出指挥信号。

4. 高处作业的安全防护

起重机金属结构高大，驾驶室往往设在高处，很多设备也安装在高处结构上，因此，起重驾驶正常操作、高处设备的维护和检修及安全检查，都需要登高作业。为防止人员从高处坠落，防止高处坠落的物体对下面人员造成打击伤害，在起重机上，凡是高度不低于 2 m 的一切合理作业点，包括进入作业点的配套设施，如高处的通行走台、休息平台、转向用的中间平台及高处作业平台等，都应予以防护。安全防护的结构和尺寸应根据人体参数确定。其强度、刚度要求应根据走道、平台、楼梯和栏杆可能受到的最不利载荷确定。

三、起重机械维护保养安全技术

起重机械应在规定日期内进行维护和修理，防止其过度磨损或意外损坏引起伤害事故。通常执行预防性、计划性、预见性三种性质的检修保养工作制度。应经常性地对起重机械进行检查。

1. 日常保养

（1）清扫驾驶室和机身上的灰尘和油污。

（2）检查制动器间隙是否合适。

（3）检查联轴节上的键及连接螺栓是否紧固。

（4）检查电铃、各种安全装置是否灵敏可靠。

（5）检查制动带及钢丝绳的磨损情况。

（6）检查控制器的触头是否密贴吻合。

2. 定期维护

定期维护是根据起重机械的实际运行状况，制定出的维护周期和保养计划，一般包括以下五个项目：

（1）检查并紧固传动系统、行走机构等关键部位螺栓、螺母，确保其不松动、不脱落。

（2）检查并更换易损件，如钢丝绳、轴承、齿轮等。

（3）检查并调整液压系统、制动系统，保证其工作正常。

（4）检查并清洁电器系统，保证其绝缘良好，避免短路、断路等问题。

（5）检查并校准安全装置，如限位器、缓冲器等，确保其正常工作，防止事故发生。

3. 润滑保养

起重机械在使用过程中需要润滑的部位较多，如轴承、销轴等。为保证设备正常运行，必须定期进行润滑保养。以下是润滑保养的主要内容及注意事项：

（1）确定需要润滑的部位，如轴承、销轴等。

（2）选择合适的润滑剂，如润滑脂、润滑油等，并根据实际需要确定用量。

（3）严格按照润滑周期进行保养，一般每周一次，特殊部位可适当延长或缩短周期。

（4）润滑作业完成后，清理周边环境，防止杂质污染。

4. 清洁除尘

起重机械在工作过程中容易受到粉尘、污垢等污染，长时间积累会对设备造成损害。因此，应定期进行清洁除尘。以下是清洁除尘的主要内容及注意事项：

（1）定期清扫设备表面及内部灰尘、杂物等，防止堵塞关键部位。

（2）保持设备传动部件的清洁，防止因灰尘、污垢等原因导致磨损加剧或卡滞。

（3）避免用水冲洗电气部件，防止电气短路或受潮。

5. 紧固件的检查与更换

起重机械的紧固件主要包括螺栓、螺母等，它们是保证设备正常运行的关键。以下是紧固件检查与更换的主要内容及注意事项：

（1）定期检查各部位螺栓、螺母等紧固件，确保其不松动、不脱落。

（2）对出现松动的紧固件要及时拧紧，必要时采取防松措施。

（3）对损坏或失效的紧固件要及时更换，确保设备安全运行。

6. 电气系统检查与维修

起重机械的电气系统是设备的核心之一，对设备正常运行至关重要。以下是电气系统检查与维修的主要内容及注意事项：

（1）定期检查电气线路及电器元件，确保其无损伤、无老化。

（2）检查电气系统是否有短路、断路等问题，确保其正常工作。

（3）对损坏或失效的电器元件要及时更换，防止因电气故障导致设备无法正常工作。

7. 安全装置的检查与校准

起重机械的安全装置主要包括限位器、缓冲器等，对设备的安全运行起到关键作用。以下是安全装置检查与校准的主要内容及注意事项：

（1）定期检查各类安全装置是否齐全完好，工作性能是否可靠。

（2）对限位器、缓冲器等安全装置要定期进行校准和维护保养，确保其正常工作。

（3）一旦发现安全装置失灵或存在安全隐患，必须立即停机检修或更换。

（4）在校准安全装置时，必须遵循相关标准和规范进行操作。

（5）对安全装置的检查与校准要进行记录存档，以备后续查阅和分析总结。

四、起重机械安全常识

1. 安全站位

在吊装作业中，站在吊杆下、吊物下、被吊物起吊前区、导向滑轮钢绳三角区、快绳周围等都是十分危险的，一旦发生危险极不易躲开。所以，工作人员的站位非常重要，不但自己要时刻注意，还要互相提醒、检查落实，以防不测。

2. 正确认知吊索具安全系数

吊装作业中，工作人员无吊索具安全系数的正确认知，往往以不断为使用的依据，致使超重作业存在。

3. 杜绝失误性操作

吊装作业与很多施工不同，涉及面大，经常使用不同单位、不同类型的吊车。日常操作习惯、性能、指挥信号的差异等因素很容易引发误操作，所以要特别注意。

4. 被吊物体绑扎要牢

高空吊装拆除时，对被吊物要采取“锁”而不是“兜”，对被吊物的尖锐棱角要采取“垫”的措施。

5. 滚筒缠绳要紧

大件吊装拆除，吊车或机动卷扬机滚筒上缠绕的钢绳排列较松，致使受大负荷的快绳勒进绳束，造成快绳剧烈抖动，极易失稳，造成起重机安全隐患。

6. 临时吊鼻焊接不牢

（1）临时吊鼻焊接强度不够。焊接强度不够是指由于焊接母材表面锈蚀，施焊前清除锈斑不彻底，造成焊肉外表美观丰实，而实际焊肉与母材根本没有熔解在一起，载荷增加或受到冲击，便发生断裂。

（2）吊鼻受力方向单一。在吊立或放倒长柱形物体时，随着物体角度的变化，吊鼻的受力方向也在改变，而这种情况在设计与焊接吊鼻中考虑不足，致使有缺陷的吊鼻在起重作业中突然发生折断。这类情况需要事先在吊鼻两侧焊接立板，立板大小厚度由技术人员设计。

（3）吊鼻焊接材料与母材不符，或由非专业焊工焊接。

7. 吊装工具或吊点选择不当

设立吊装工具或借助管道、结构等作吊点吊物缺乏理论计算，靠经验估算的吊装工具或管道、结构吊物承载力不够或局部承载力不够，一处失稳，将导致整体坍塌。

8. 滑轮、绳索选用不合理

设立起重工具时，对因快绳夹角变化而导致滑轮和拴滑轮的绳索受力变化的认识不足，导向滑轮吨位选择过小，拴滑轮的绳索选择过细，受力过载后造成绳断轮飞。

9. 无载荷吊索具意外兜挂物体

起重工作结束后，当吊钩带着空绳索具运行时，自由状态下的吊索具挂拉住已摘钩的被吊物或其他物体，操作的司机或指挥人员如反应不及时，瞬间事故就会发生，对作业人员和起重机具造成严重后果。

10. 起重吊装施工方案与实际作业脱节

主要表现为内容不全，缺乏必要的数据，或施工方法与实际操作情况不符，使施工方案变为应付上级检查过关的挡箭牌，而没有起到指导施工的作用。

11. 空中悬吊物较长时间没有加封安全保险绳

有的设备或构件由于安装工艺要求，需要先悬吊空中后就位固定，而有的悬吊物在空中停留时间较长，如果没有安全保险绳，一旦受到意外震动、冲击，将造成悬吊物坠落的严重后果。

12. 施工忙于进度确认不够

吊车站位没有进行地下咨询；作业前对吊运物重量确认不准及周围环境中的高压线路、运转设备、煤氧管道泄漏点等隐患和单位的安全警示标志没有及时发现。

13. 将麻绳当安全绳

因为麻绳的承载性能远远不及钢绳，而且麻绳在日常保管及使用中极易遭受损害而降低抗拉力，所以，使用麻绳作安全绳起不到安全作用，反而使人产生心理依赖造成事故。

14. 未设警示区

大件吊装及高空作业下方危险区域未及时拉设安全警示区和安

排安全监护人，导致他人不明情况进入危险区域而发生事故。

15. 吊车长臂杆吊重物对“刹杆”考虑不周

吊车长臂杆起吊重物时，由于吊车臂杆受力下“刹”，杆头与重物重心垂直线改变，如起杆调整不准，将造成被吊重物瞬间移位，如作业人员考虑不周，没采取回避措施（特别是在空中），可能引发事故。

16. 两车同抬翻转一件物品计重不准

由于翻转中重心在变换，如果计算不准，容易导致其中一台吊车过载失稳而发生事故。

17. 危险区域作业未采取必要的防范措施

如在天车梁上作业，事先与天车司机联系确认不够或因天车司机忙中出错的误操作，未采取挂警示旗、警示灯、设车挡等措施，致使天车突然出现，作业人员躲避不及发生意外。

18. 对气候影响考虑不足

在轨道上露天作业的起重设备未采取可靠的锚定措施，使用中暂停的塔吊吊钩没升到安全位置或锚封在较轻的重物上等，在极端大风天气可能造成事故。

第五节　起重机械异常事故及处理

一、事故类型

从事故和伤害形式来看，起重机械常见事故可分为重物失落事故、挤伤事故、坠落事故、触电事故、机体毁坏事故和特殊类型事故。

1. 重物失落事故

起重机械重物失落事故是指在起重作业中，吊车载荷、吊具等重物从空中坠落所造成的人身伤亡和设备毁坏的事故。常见的失落事故有以下四种类型。

（1）脱绳事故。脱绳事故是指重物从捆绑的吊装绳索中脱落发生的伤亡毁坏事故。造成脱绳事故的主要原因是重物的捆绑方法与要领不当，造成重物滑脱；吊装重心选择不当，造成偏载起吊或吊装重心不稳使重物脱落；吊车载荷遭到碰撞、冲击而摇摆不定，造成重物失落等。

（2）脱钩事故。脱钩事故是指重物、吊装绳或专用吊具从吊口脱出而引起的重物失落事故。造成脱钩事故的主要原因是吊钩缺少护钩装置；护钩保护装置功能失效；吊装方法不当及吊钩钩口变形引起开口过大等原因所致。

（3）断绳事故。断绳事故是起升绳和吊装绳因破断造成的重物失落事故。造成起升绳破断的主要原因多为超载起吊拉断钢丝绳；起升限位开关失灵拉断钢丝绳；斜吊、斜拉造成乱绳挤伤切断钢丝绳；钢丝绳因长期使用又缺乏维护保养造成疲劳变形、磨损损伤等达到或超过报废标准仍然使用等造成的破坏事故。造成吊装绳破断的主要原因多为吊钩上吊装绳夹角太大（大于120°），使吊装绳上的拉力超过极限值而拉断；吊装钢丝绳品种规格选择不当，或仍使用已达到报废标准的钢丝绳捆绑吊装重物造成吊装绳破断；吊装钢丝绳与重物之间接触处无垫片等保护措施，因而造成棱角割断钢丝绳而出现吊装绳破断事故。

（4）吊钩破断事故。吊钩破断事故是指吊钩断裂造成的重物失落事故。造成吊钩破断事故的原因多为吊钩材质有缺陷，吊钩因长期磨损断面减小已达到报废极限标准却仍然使用，或经常超载使用造成疲劳破坏以致断裂破坏。

起重机械失落事故主要发生在起升机构取物缠绕系统中，除了脱绳、脱钩、断绳和断钩外，每根起升钢丝绳两端的固定也十分重要，如钢丝绳在卷筒上的极限安全圈是否能保证在两圈以上；是否有下降限位保护；钢丝绳在卷筒装置上的压板固定及楔块固定是否安全可靠。另外，钢丝绳脱槽（脱离卷筒绳槽）或脱轮（脱离滑轮）事故也会造成失落事故。失落事故是起重机械事故中最常见的，也是较为严重的。

2. 挤伤事故

挤伤事故是指在起重作业中，作业人员被挤压在两物体之间所造成挤伤、压伤、击伤等人身伤亡事故。造成此类事故的主要原因是起重作业现场缺少安全监督管理人员，现场从事吊装作业和其他作业的人员缺乏安全知识和自我保护意识，或进行野蛮操作等人为因素所致。发生挤伤事故多为吊装作业人员和检修维护人员。

（1）吊具或吊车载荷与地面物体间的挤伤事故。车间、仓库等室内场所，地面作业人员处于大型吊具或吊车载荷，以及其设备、墙壁、墙柱等障碍物之间的狭窄场所，在进行吊装、指挥、操作或从事其他作业时，由于指挥失误或误操作，使作业人员躲闪不及被挤压在大型吊具（吊车载荷）与各种障碍物之间造成挤伤事故，或者由于吊装不合理，造成吊车载荷剧烈摆动冲撞作业人员致伤。

（2）机体与建筑物间的挤伤事故。这类事故多发生在从事高空桥式起重机维护检修作业中，作业人员被挤压在起重机端梁与支承，承轨梁的立柱或墙壁之间，或在高空承轨梁侧通道通过时被运行的起重机撞击致伤。

（3）机体回转击伤事故。这类事故多发生在汽车式、轮式和履带式起重机作业中，往往由于此类作业的起重机回转时配重部分将吊装、指挥者或其他作业人员撞伤，或将上述人员挤压在起重机与建筑物之间致伤。

（4）翻转作业中的撞伤事故。从事吊装、翻转作业时，由于吊装方法不合理、装卡不牢、吊具选择不当、重物倾斜下坠、吊装选位不佳、指挥及操作人员站位不好、吊车载荷失稳、吊车载荷摆动冲击等，均会造成翻转作业中的砸、撞、碰、挤、压等各种伤亡事故，这种类型事故在挤压事故中尤为突出。

3. 坠落事故

坠落事故主要是指从事起重作业的人员，从起重机体等高空处发生向下坠落至地面的摔伤事故，包括零部件从高空坠落使地面作业人员致伤的事故。

（1）从机体上滑落摔伤事故。这类事故多发生在高空起重机上的维护、检修作业中，检修作业人员缺乏安全意识，抱着侥幸心理不系安全带，由于脚下滑动、被障碍物绊倒或起重机突然起动造成的晃动，使作业人员失去平衡从高空坠落于地面而摔伤。

（2）机体撞击坠落事故。这类事故多发生在检修作业中。因缺乏严格的现场安全监督制度，检修人员遭到其他作业的起重机端梁或悬臂撞击，从高空坠落摔伤。

（3）维修工具、零部件坠落砸伤事故。在高空起重机上从事检修作业中，检修人员不小心将维修更换的零部件或维护检修工具从起重机机体上滑落，造成在地面的作业人员被砸伤或机器设备受损等事故。

（4）震动坠落事故。这类事故不经常发生，起重机个别零部件安装不牢，如螺栓未能按要求拧紧，螺母锁紧装置失效，或因年久失修个别连接环节松动，当起重机遇到冲击或震动时，就会出现某零部件因连接松动从机体上脱落，进而坠落砸伤地面作业人员。

（5）制动下滑坠落事故。这类事故产生的主要原因是起升机构的制动器性能失效，多为制动器磨损严重而未能及时调整或更换造成刹车失灵，或制动轴断裂造成重物急速下滑而坠落于地面，砸伤地面作业人员或机器设备。

4. 触电事故

触电事故是指从事起重操作和检修作业的人员，由于触电遭受电击所发生的人身伤亡事故。按室内、室外不同场合和起重机的不同类型，触电事故可以分为以下两类：

（1）室内作业的触电事故。室内起重机的动力电源是电击事故的根源，遭受触电电击伤害者多为操作人员和电气检修作业人员。从人的因素分析，发生触电原因多为缺乏起重机基本安全操作知识，缺乏起重机基本电气控制原理知识，缺乏起重机电气安全检查要领，不重视必要的安全保护措施，如不穿绝缘鞋、不带试电笔进行电气检修等。从起重机自身的电气设施看，发生触电事故多为起重机电气系统及周围相应环境缺乏必要的触电安全保护。

（2）室外作业的触电事故。室外作业现场往往有裸露的高压输电线，由于现场安全指挥监督混乱，常有自行式起重机的臂架或起升钢丝绳摆动触及高压输电线使机体连电，进而造成操作人员或吊装作业人员间接遭到高压电击伤。

5. 机体毁坏事故

机体毁坏事故是指起重机因超载失稳等产生机体断裂、倾翻造成机体严重损坏及人身伤亡的事故。常见机体毁坏事故有以下四种类型：

（1）断臂事故。各种类型的悬臂起重机，由于悬臂设计不合理、制造装配有缺陷，以及长期使用已有疲劳破坏隐患的悬臂，一旦超载起吊就有可能造成断臂或悬臂严重变形等毁机事故。

（2）倾翻事故。这是自行式起重机的常见事故，自行式起重机倾翻事故大多是由起重机作业前安全装置动作失灵、悬臂伸长与规定起重量不符、超载起吊等因素造成。

（3）机体摔毁事故。在室外作业的门式起重机、门座式起重机、塔式起重机等，由于无防风夹轨器、固定锚链等，或者上述安全设施失效，当遇到强风时，往往会造成起重机被大风吹跑、吹倒，甚至从栈桥上翻落等严重的机体摔毁事故。

（4）相互撞毁事故。在同一跨中的多台桥式起重机由于相互之间无缓冲碰撞保护措施，或缓冲碰撞保护设施失效，引起起重机碰撞毁坏。在室外作业的多台悬臂起重机群中，悬臂回转作业中也可能发生碰撞事故。

6. 特殊类型事故

特殊类型事故包括脱绳事故、脱钩事故、断绳事故、吊钩破断等事故。

二、事故原因

1. 重物坠落

吊具或吊装容器损坏、物件捆绑不牢、挂钩不当、电磁吸盘突然断电、起升机构的零件故障（特别是制动器失灵、钢丝绳断裂）等都会引发重物坠落。处于高位置的物体具有势能，当其坠落时，势能迅速转化为动能，成吨重的吊车载荷意外坠落，或起重机的金属结构件破坏、坠落，都可能造成严重后果。

2. 起重机失稳倾翻

起重机失稳有两种类型：一是由于操作不当（如超载、臂架变幅或旋转过快等）、支腿未找平或地基沉陷等原因使倾翻力矩增大，导致起重机倾翻；二是由于坡度或风载荷作用，使起重机沿路面或轨道滑动，导致脱轨翻倒。

3. 金属结构的破坏

庞大的金属结构是各类桥式起重机、塔式起重机和门座起重机的主要构成部分，作为整台起重机的骨架，不仅承载起重机的自重和吊重，而且构建了起重作业的立体空间。金属结构的破坏常常会导致严重伤害，甚至造成群死群伤的后果。

4. 挤压

起重机轨道两侧缺乏良好的安全通道或与建筑结构之间缺少足够的安全距离，使运行或回转的金属结构机体对人体造成挤压伤害；运行机构的操作失灵或制动器失灵引起溜车，造成碾压伤害等。

5. 高处坠落

人员在离地面大于 2 m 的高度进行起重机的安装、拆卸、检查、维修或操作等作业时，未采取安全防护措施，从高处跌落造成伤害。

6. 触电

起重机在输电线附近作业时，其任何组成部分或吊物与高压带电体距离过近，感应带电或触碰带电物体，引发触电伤害。

7. 其他伤害

其他伤害是包括人体与运动零部件接触引起的绞、碾、戳等伤害；液压起重机的液压元件破坏造成高压液体的喷射伤害；飞出物件的打击伤害；装卸高温液体金属、易燃易爆、有毒、腐蚀等危险品，由于坠落或包装捆绑不牢破损引起的伤害等。

三、起重机械事故的预防

起重机械是一种广泛应用于各种工业领域的设备，其操作和管理需要严格遵守安全规程。

1. 遵守操作规程

在起重机械的操作过程中，必须遵守相关的操作规程和安全管理制度。操作人员需要接受专业培训，掌握设备的性能特点、操作方法、应急处理等知识。在工作中，必须佩戴劳动保护用品，禁止违章作业和酒后操作等行为。

2. 检查设备、工具状况

起重机械的设备和工具都需要进行仔细地检查和维护，确保其完好无损。在操作前，应检查设备的结构、悬挂装置、钢丝绳、滑轮、轴承等部位是否正常，以及工具是否齐全、完好。在检查过程中，如发现异常应及时处理，禁止带病运转。

3. 限制使用范围

限制使用范围可以降低起重机械事故的发生率。铁路企业应根据设备的额定载重、高度、幅度等参数，结合实际生产需求，制定合理的限制使用范围。在限制范围内使用设备，可以有效避免因超载、超高、超幅等原因引起的事故。

4. 避免超载

起重机械的负荷量需要在允许的范围内，否则可能会造成严重的安全问题。在操作前，应仔细核算负荷量，并遵守相关的超载限制。同时，应使用合适的吊具和索具，确保其与设备的质量和规格相符，避免因使用不当导致的超载问题。

5. 避免突然起动和停止

在起重机械的操作过程中，突然起动和停止可能会导致严重的安全事故。因此，应缓慢平稳地操作设备，避免突然起动和停止。在设备起动前，应确认所有控制开关处于正确位置，并逐渐增加速度。在设备停止时，应逐渐减小速度，并将设备放置在稳定的位置。

6. 保持操作稳定

起重机械在操作过程中，需要保持稳定，避免因风险而导致的设备倾翻或断裂。在操作前，应对设备的稳定性进行检查，确保其安装牢固、轴线水平。在吊装过程中，应避免碰撞和倾斜，特别是在有振动的环境中，应特别注意设备的稳定性。

7. 注意周围环境

起重机械的操作过程中，需要注意周围环境的安全，避免对周围环境造成污染或破坏。在吊装过程中，应确保设备下方无人站立或放置物品。同时，应注意风向和风速的影响，特别是在室外环境中作业时。在操作过程中，应注意噪声和尘土的污染问题，并采取相应的防护措施。

8. 保证足够的照明

在设备运行现场，应有足够的照明设施或光源，确保作业人员能够清晰地观察到周围环境和设备状态。

9. 强化安全意识

铁路企业应通过定期的安全培训、宣传和教育活动，增强职工的安全意识。培训和教育的内容应包括安全规章制度、设备操作规程、危险识别与防范措施等方面，以增强员工的安全意识和安全责任感。同时，企业应积极开展安全文化建设，通过张贴安全标语、设置安全警示标志等方式，营造浓厚的安全氛围。

10. 提供安全培训

铁路企业应定期组织安全培训，确保职工了解和掌握相关的安全知识和技能。培训的内容应包括设备的基本原理、操作方法、安全注意事项、应急处置方法等。同时，铁路企业应加强培训效果的评估和反馈，及时发现和纠正培训中存在的问题和不足。

四、起重机械事故应急措施

（1）由于强风、超载等非正常载荷造成起重机倾翻事故时，应及时通知有关部门和起重机械制造、维修单位的维护保养人员到达现场，进行施救。当有人员被压埋在倾倒的起重机下面时，应先切断电源，采用千斤顶、起吊设备、切割设备等工具，将被压人员救出，在实施处置时，必须指定一名有经验的人员进行现场指挥，并采取警戒措施，防止起重机倒塌、挤压事故的再次发生。

（2）发生火灾时，应采取措施施救被困在高处无法逃生的人员，并应立即切断起重机械的电源，防止电气火灾的蔓延扩大；灭火时，应防止二氧化碳等使人窒息的事故发生。

（3）发生触电事故时，应及时切断电源，对触电人员进行现场救护，预防因电气引发的火灾。

（4）发生从起重机械高处坠落的事故时，应采取相应措施，防止再次发生高处坠落事故。

第六节　起重机械典型事故案例分析

【案例 5-1】架桥机起吊预制梁坠落事故

××××年×月×日 8 时 5 分，某高速公路高架桥工地上一台架桥机发生倾覆，造成 5 人死亡。事发时，该架桥机正在施工，架桥机起吊的T形预制梁发生倾翻、断裂、坠落（图5-10），架桥机附属的横梁天车随之从35 m高处坠落地面，站在T形预制梁上的5名作业人员随同设备一起坠落死亡。

图5-10 T形预制梁坠落事故照片

一、事故直接原因

在实施T形梁起吊时，4个吊点仅有1个单吊点连续起动，其他吊点没有同时起动，导致T形梁重心失去平衡发生倾翻、坠落，并引发两辆小车推离轨道坠落。

二、事故间接原因

1. 施工单位安装使用的架桥机直到事故发生，一直未履行告知和检验验收手续，该设备未经安装验收，未注册就投入使用。架桥机操作人员未经培训，无特种设备操作证。

2. 施工队伍更替频繁，安全教育落实不到位。

3. 施工单位未按《中华人民共和国安全生产法》安排专门人员进行现场管理。

4. 监理单位未认真履行与建设单位签订合同所确定的责任和义务。

【案例 5-2】施工升降机坠落事故

××××年×月×日 13 时 10 分，某建筑工地发生一起施工升降机坠落造成 19 人死亡的重大建筑施工事故，直接经济损失约 1 800 万元（图 5-11）。

事故升降机有左右对称两个吊笼，额定载重量为 2×2 t。备案额定承载人数为 12 人，最大安装高度为 150 m。

初次安装并经检测合格后，施工公司对该施工升降机先后进行了 4 次加节和附着安装，共安装标准节 70 节，附着 11 道。其中最后一次安装是从第 55 节标准节开始加节和附着 2 道。每次加节和附着安装均未按照专项施工方案实施，未组织安全施工技术交底，未按有关规定进行验收。

事故施工升降机司机上岗前未经正规培训，所持“建筑施工特种作业操作资格证”系伪造，为施工现场负责人购买并发放。

图 5-11　施工升降机坠落事故照片

一、事故直接原因

施工升降机导轨架第 66 和 67 节标准节连接处的 4 个连接螺栓只有左侧两个螺栓有效连接，而右侧（受力边）两个螺栓连接失效无法受力。在此工况下，事故升降机左侧吊笼超过备案额定承载人数（12 人），承载 19 人和约 245 kg 物件，上升到第 66 节标准节上部（33 楼顶部）接近平台位置时，产生的倾翻力矩大于对重体、导轨架等固有的平衡力矩，造成施工升降机左侧吊笼顷刻倾翻，并连同 67～70 节标准节坠落地面。

二、事故间接原因

1. 施工单位管理混乱，安全生产责任制不落实，安全生产管理制度不健全、不落实，培训教育制度不落实，未建立安全隐患排查整治制度。

2. 城市管理局作为全市违法建设行为监督执法部门，在接到违法施工举报后，没有严格执法。

【案例 5-3】起重伤害事故

××××年×月×日 14 时左右，某制钢有限公司机修车间工段长安排天车维修电工班班长吕某（死者）到炼钢厂房转炉主跨下方，即天车上下安全通道平台安装电动葫芦配电箱，该电动葫芦主要用于维修天车。

15 时 10 分，吕某带领天车维修电工常某一起到天车上下安全通道平台准备安装作业。由于接线的电源箱位于主体钢结构梁（主跨）下，从天车上下安全通道平台到主跨还有 2 m 多高的垂直爬梯，吕某到主体钢结构梁主跨上查看安装位置，违章跨越栏杆至天车运行区域。与此同时，负责电器安装的樊某（炼钢电工班组长）指挥天车吊装配电盘，其示意天车工后，即回去准备吊装作业；接到地面指挥命令后，天车工陈某开天车从车间东部到车间西部准备作业，当天车行至钢梁主跨附近，陈某感觉到天车运行受阻，立刻打返车至大约 2 m 处，通过天车操作室至天车顶部大梁专用通道，登上天车大梁，发现吕某悬挂在天车滑线上。

发现吕某悬挂在天车滑线上，陈某急忙用手机向班组汇报，此时地面已有工作人员发现，并马上实施救援；大约 2 min 后，车间副主任组织救援人员赶到，并通知有关上级领导，启动应急救援预案，并把伤者送往医院进行抢救。17 时 30 分，吕某经抢救无效死亡。

事故发生后，该公司因忙于组织事故善后处理，未及时将事故情况向当地政府和负有安全生产监督管理职责的有关部门报告，直到次日 9 时 40 分，才将事故情况上报，造成事故迟报。

一、事故直接原因

该公司天车维修电工班班长吕某违反公司规定，违反操作规程，在未与天车工及任何人沟通协调的情况下，违章跨越封闭栏杆至天车运行区域，被运行中的天车与横梁立柱挤压。

二、事故间接原因

1. 安全警示标志缺失。钢梁主跨附近区域虽安装封闭栏杆，但未悬挂禁止跨越、危险源等警示标志。

2. 班组安全培训落实不到位。班组长既是生产安全的实施者，又是安全生产管理的监督者，这次事故死者是班组长，自身防范意识不足、违章操作，造成事故发生。

3. 安全管理不到位。一是该公司安全管理存在漏洞。车间工作现场没有总指挥总协调，日常安全管理协调由各班组长负责，导致各班组之间信息不同步，存在安全隐患。这次事故发生时有 3 个班组同时作业，一组是炼钢厂房东部天车废钢吊装作业，一组是炼钢厂房西部电器安装作业，一组是死者负责的电动葫芦配电箱安装作业，三组作业存在交叉。二是公司安全管理执行不到位。公司虽然制定了各种岗位责任制、管理制度、操作规程，实施了岗前岗中培训，并且进行了危险源辨识，发放了岗位应知应会手册等一系列管理制度和措施，但还是未能杜绝管理人员和职工自我防范意识低、习惯性违章等现象，并导致事故发生，说明安全检查、培训、隐患排查、危险源措施执行落实方面还有所欠缺。

第六章　场（厂）内专用机动车辆安全

第一节　场（厂）内专用机动车辆概念及分类

《中华人民共和国特种设备安全法》中所指的场（厂）内专用机动车辆，是指除道路交通、农用车辆以外仅在工厂厂区、旅游景区、游乐场所等特定区域使用的专用机动车辆，分为场（厂）内专用机动工业车辆和非公路用旅游观光车辆两类。

一、场（厂）内专用机动工业车辆

场（厂）内专用机动工业车辆指叉车。叉车指可由司机直接操纵（含遥控），通过门架和货叉将载荷起升到一定高度进行作业的自行式车辆，包括平衡重式叉车、前移式叉车、插腿式叉车、托盘堆垛车、侧面式叉车和三向堆垛式叉车。

（一）平衡重式叉车

平衡重式叉车是具有载货的货叉（或其他可更换的属具），货物相对于前轮呈悬臂状态，依靠车辆的质量来平衡的车辆，如图 6-1 所示。

（二）前移式叉车

前移式叉车是具有前、后可移动的门架或货叉架的车辆，如图 6-2 所示。

（三）插腿式叉车

插腿式叉车是车体前方有两条外伸车轮支腿，货叉位于支腿之间的车辆，如图 6-3 所示。

（四）托盘堆垛车

托盘堆垛车是车体前方有两条外伸车轮支腿，货叉位于支腿正上方的车辆，如图 6-4 所示。

图 6-1 平衡重式叉车

图 6-2 前移式叉车

图 6-3 插腿式叉车

图 6-4 托盘堆垛车

（五）侧面式叉车

侧面式叉车是车辆的货叉架或门架可相对于车辆的运行方向横向伸出和缩回，进行侧面堆垛或拆垛作业的车辆，如图 6-5 所示。

（六）三向堆垛式叉车

三向堆垛式叉车是门架正向布置，货叉能在车辆运行方向及两侧进行堆垛及拆垛作业的车辆，如图 6-6 所示。

图 6-5　侧面式叉车

图 6-6　三向堆垛式叉车

二、非公路用旅游观光车辆

非公路用旅游观光车辆，指具有 4 个以上车轮、非轨道无架线、座位数（含司机座位）不小于 6 且用于旅游观光运营服务的自行式乘用车辆，包括观光车和观光列车，如图 6-7 所示。

图 6-7　观光车

第二节　场（厂）内专用机动车辆结构及原理

一、场（厂）内专用机动车辆结构

场（厂）内专用机动车辆是一种专门为特定场所或特定行业设计的特种车辆，通常在货场、仓库、码头等场所用于装载、运输和卸载货物。本书主要介绍场（厂）内专用机动工业车辆（简称“车辆”），即叉车。车辆结构通常如下。

（一）动力装置

车辆的动力装置通常由发动机、变速器、驱动桥、转向系统和制动系统组成。

1. 发动机

发动机是车辆的动力源，负责将燃料的热能转化为机械能，驱动车辆行驶。发动机的类型和性能会直接影响车辆的动力和经济性能。

（1）类型：发动机有柴油发动机、汽油发动机、电动机等多种类型。柴油发动机一般用于需要大功率的车辆，如重型搬运车；汽油发动机则适用于轻型车辆；电动机则适用于对环保要求较高的场所，如地铁、车站等。

（2）性能：发动机的性能主要包括功率、扭矩、油耗等。选择合适的发动机能够提高车辆的动力和经济性能。

2. 变速器

变速器是车辆的重要部件，用于改变发动机输出的转速和转矩，以适应不同的行驶需求。

（1）类型：变速器有手动变速器、自动变速器、无级变速器等多种类型。手动变速器需要驾驶员手动操作，具有换挡快捷、动力传输效率高等优点；自动变速器则能够自动调整挡位，使驾驶过程更加轻松；无级变速器则能够实现连续变速，使驾驶更加平顺。

（2）性能：变速器的性能主要包括传动效率、换挡平顺性等。选择合适的变速器能够提高车辆的动力和经济性能。

3. 驱动桥

驱动桥是车辆的另一个重要部件，用于将发动机输出的动力传递到车轮上，驱动车辆行驶。

（1）类型：驱动桥有后轮驱动、前轮驱动等多种类型。后轮驱动是将发动机和变速器放置在车辆的后部，前轮驱动则是将它们放置在车辆的前部。

（2）性能：驱动桥的性能主要包括传动效率、承载能力等。选择合适的驱动桥能够提高车辆的动力和经济性能。

4. 转向系统

转向系统是车辆的另一个重要部件，用于控制车辆的行驶方向。

（1）类型：转向系统有机械转向系统、液压转向系统等多种类型。机械转向系统需要驾驶员手动操作方向盘，液压转向系统则能够通过液压助力来减轻驾驶员的负担。

（2）性能：转向系统的性能主要包括操作轻便性、响应灵敏度等。选择合适的转向系统能够提高车辆的操作性能。

5. 制动系统

制动系统是车辆的安全保障系统，用于控制车辆的行驶速度和停车。

（1）类型：制动系统有液压制动系统和气压制动系统等多种类型。液压制动系统一般用于大型车辆，气压制动系统则多用于小型车辆。

（2）性能：制动系统的性能主要包括制动效能、制动稳定性等。选择合适的制动系统能够提高车辆的安全性能。

（二）底盘

底盘是车辆的基础结构，它承载着车辆的主要机械部件。底盘结构的设计需要考虑车辆的承载能力、行驶稳定性、制动性能等因素。此外，底盘还需要配备各种辅助装置，如转向器、制动器、轮胎等。

1. 传动系统

传动系统负责将发动机的动力传递到车轮，使车辆产生运动。它由离合器、变速器、传动轴和驱动桥等组成。传动系统的主要功能包括改变发动机的转速和转矩，以满足车辆在不同工况下的需求。同时，传动系统还需要承受发动机的动力，并将其传递到车轮，使车辆产生运动。

2. 行驶系统

行驶系统包括车轮、车桥、悬挂和轮胎等部分。它的主要功能是支撑车辆的重量，并使车辆与地面产生摩擦，从而实现车辆的移动。行驶系统还需要吸收和缓冲来自地面的冲击，以保护车辆和人员的安全。

3. 转向系统

转向系统由转向盘、转向器、转向轴和转向轮等组成。它的主要功能是通过改变车辆的行驶方向，使车辆按照驾驶员的意愿进行移动。转向系统还需要承受来自地面的冲击，以保护车辆的安全和舒适性。

4. 制动系统

制动系统由制动器、制动泵、制动管路和制动器控制单元等组成。它的主要功能是通过制动器对车轮施加制动力，使车辆减速或停止。制动系统还需要防止车轮抱死，以确保车辆的稳定性和操控性。

5. 液压系统

液压系统由液压泵、液压管路、液压缸和控制单元等组成。它的主要功能是通过液压油的压力传递动力，实现工作装置（如叉车货叉）的运动和操作。液压系统还需要保持液压油的清洁和密封，以确保系统的正常运行和可靠性。

（三）工作装置

车辆的工作装置主要用于装载和卸载货物。最常见的工作装置包括货叉、链条和起升机构等。这些设备需要具备一定的强度和灵活性，以便在不同类型、不同规格的货物之间进行转换。此外，工作装置还需要配备各种安全装置，如防撞装置、限位装置等，以确保操作的安全性。

1. 提升工作装置

提升工作装置是车辆上用来提升货物的主要装置。它通过液压或电动方式驱动，主要功能是提升和下降货物，以达到运输和装卸的目的。

2. 搬运工作装置

搬运工作装置是车辆上用来搬运货物的主要装置。它由搬运机构、控制机构和动力机构组成，可以实现货物的水平移动、旋转、倾斜等动作，以满足不同场所的搬运需求。

3. 装卸工作装置

装卸工作装置是车辆上用来装卸货物的主要装置。它由装载机构、卸载机构和控制机构组成，可以实现货物的自动装载和卸载。

4. 夹紧装置

夹紧装置是车辆上用来固定货物的主要装置。它通过液压或气压方式驱动，能够将货物紧紧地夹持住，防止货物在运输过程中晃动或滑落。

5. 操作装置

操作装置是车辆上用来控制车辆行驶和操作工作装置的主要装置。它包括驾驶室内的操作手柄、按钮、踏板等，以及车外的操作杆和遥控器等，能够实现远程和近程操作。

6. 稳定装置

稳定装置是车辆上用来保持车辆稳定性的主要装置。它包括车辆底部的支撑腿和平衡器等，能够有效地防止车辆在装卸或运输过程中倾翻。

7. 安全装置

安全装置是车辆上用来保障人员和货物安全的主要装置。它包括刹车系统、防滑系统、防撞系统等，能够在紧急情况下自动启动，保护人员和货物的安全。

8. 警示装置

警示装置是车辆上用来警告周围人员和警示其他车辆的主要装置。它包括警报器、信号灯、反光标志等，能够在车辆行驶或停放时提醒周围人员和其他车辆注意安全。

（四）电气设备

电气设备是车辆的另一个重要组成部分。它包括各种电气设备，如照明灯、信号灯、仪表盘等。这些设备需要具备一定的稳定性和耐久性，以确保车辆的正常运行。

1. 电源系统

电源系统是车辆电气系统的核心组成部分，主要功能是为车辆的各个电气设备提供稳定、充足的电力。电源系统包括电池和发电机，其中电池为车辆启动和存储电力提供能量，发电机则在车辆行驶过程中为车辆的电气设备提供电力。

2. 电机及控制系统

电机及控制系统是车辆的重要设备之一，主要功能是驱动车辆行驶和操作车辆上的各种机械设备。电机及控制系统包括电动机和控制器，电动机负责驱动车辆行驶，控制器则根据操作指令控制电动机的运行。

3. 电气线路

电气线路是连接车辆各个电气设备的桥梁，主要功能是传输电能和信号。电气线路包括电源线、控制线和信号线等，这些线路的完好性和可靠性直接影响到车辆的正常运行和安全性能。

4. 保护装置

保护装置是车辆电气系统的重要部分，主要功能是保护车辆的电气设备免受损坏。保护装置包括过载保护、短路保护、欠压保护等，这些保护装置可以有效防止电气设备因异常情况而损坏。

5. 照明和信号系统

照明和信号系统是车辆上必不可少的设备之一，主要功能是为车辆提供照明和发出信号。照明和信号系统包括前大灯、后尾灯、转向灯、制动灯等，这些灯具可以为车辆在行驶过程中提供必要的照明和信号，确保行车安全。

6. 空调和暖风系统

空调和暖风系统是车辆上重要的舒适性设备，主要功能是在车辆内部提供舒适的温度和湿度。空调和暖风系统包括制冷剂循环系统、空气循环系统、加热器等，这些设备可以根据需要调节车辆内部的温度和湿度。

7. 辅助电气设备

辅助电气设备是车辆上的一些附加设备，主要功能是为驾驶人员提供方便和增加车辆的舒适性。辅助电气设备包括电动门、电动座椅、音响设备等，这些设备可以根据驾驶人员的需求进行调节和使用。

二、场（厂）内专用机动车辆工作原理

场（厂）内专用机动车辆通常由发动机或电动机提供动力，通过机械传动、液压传动或电动机控制等方式驱动车轮或履带，实现前进、后退、转向等动作。其中，叉车的工作原理如下。

1. 发动机提供动力

叉车的动力来源于发动机。发动机燃烧燃油，将化学能转化为

机械能，进而驱动叉车进行各种操作。

2. 离合器传递动力

离合器位于发动机与变速器之间，其作用是使发动机的动力平稳地传递给变速器。当驾驶员操作离合器时，通过离合器的接合与分离，可以实现发动机与变速器之间的动力传递与中断，以便叉车进行起步、换挡或停车等操作。

3. 变速器控制转速

变速器的主要作用是改变发动机的转速与车轮的转速之比，从而实现叉车的变速和倒车。变速器通常分为手动和自动两种，通过改变内部齿轮的组合方式，满足不同工作场景下的速度需求。

4. 液压系统驱动功能

叉车的液压系统是实现各种功能的关键部分。通过液压泵将机械能转化为液压能，进而驱动油缸、发动机等执行元件完成相应动作。液压系统驱动着叉车的起升、倾斜、转向等动作，使其具备高效、精确的作业能力。

5. 舵机系统实现转向

舵机系统控制着叉车的转向动作。通过方向盘的操作，舵机系统将驾驶员的转向意图传递给前轮，实现叉车的转向。现代叉车通常采用液压助力转向系统，使转向更为轻便、灵活。

6. 起升系统提升货物

起升系统是叉车实现货物搬运的核心部分。通过操作起升手柄，液压系统驱动起升油缸伸缩，使货叉进行升降动作。起升系统具有高效、稳定的特点，能够准确地将货物提升至指定位置。

7. 倾斜系统保持平衡

倾斜系统负责调整货叉的角度，以保持货物的稳定与平衡。在货物搬运过程中，倾斜系统可以根据需要调整货叉的倾斜角度，确保货物在运输过程中的稳定性。

8. 安全装置保障安全

叉车在作业过程中，安全装置发挥着至关重要的作用。这些装置包括刹车系统、安全带、防护网等，旨在确保驾驶员和货物的安全。此外，叉车还配备了各种传感器和报警系统，用于监测叉车的运行状态和工作环境，及时发现并预防潜在的安全隐患。

第三节　场（厂）内专用机动车辆安全装置及附件

一、场（厂）内专用机动车辆安全装置

1. 制动系统

制动系统是车辆最重要的安全装置之一，用于控制车辆的减速和停车。制动系统应具有可靠的制动力，能够在不同速度下平稳制动，同时应具备防抱死功能，以避免车辆在紧急制动时发生侧滑或翻滚。此外，制动系统还应具有驻车制动功能，以确保车辆在坡道上的稳定停放。

2. 转向系统

转向系统是车辆操作员控制车辆方向的重要装置。转向系统应具有轻便、灵活、可靠的特性，能够提供准确的转向反馈，以确保车辆在行驶过程中能够稳定地转向。同时，转向系统还应具备限位功能，以防止车辆在转向时发生过度转向或掉头现象。

3. 照明和警报系统

照明和警报系统是车辆在夜间或低能见度条件下行驶的重要安全装置。照明系统包括前照灯、后照灯、侧照灯等，以确保车辆在各种行驶条件下都能够获得充足的照明。警报系统包括转向灯、制动灯、倒车灯等，以提醒其他人员注意车辆行驶动态。此外，照明和警报系统还应具备故障报警功能，以提醒操作员及时发现并处理故障。

4. 机械保护装置

机械保护装置是保护车辆操作员和设备安全的重要装置。机械保护装置包括自动防护装置、安全门、防护栏等，以防止操作员接触危险部位或意外启动设备。此外，机械保护装置还应具备过载保护功能，以防止设备在超载状态下运行而发生故障或损坏。

5. 电源和控制系统

电源和控制系统是车辆的重要能源和控制中心。电源应包括蓄电池、发电机等，以确保车辆在各种行驶状态下都能够获得稳定的电力供应。控制系统应包括点火开关、操纵杆、按钮等，以控制车辆的各种动作和状态。此外，控制系统还应具备故障诊断和报警功能，以提醒操作员及时发现并处理故障。

6. 安全防护装置

安全防护装置是保护车辆操作员免受意外伤害的重要装置。安全防护装置应包括安全带、安全网、缓冲垫等，以减轻车辆在发生碰撞、翻滚或其他意外事故时对操作员的伤害程度。此外，安全防护装置还应具备自锁功能，以防止操作员在事故发生时意外解开安全带或从安全网中掉落。

二、场（厂）内专用机动车辆安全附件

1. 制动器

制动器是控制车辆行驶速度，使其减速或停止的装置。制动器分为机械制动器和液压制动器，按制动方式可分为脚踏式和手拉式。在使用制动器时，要确保制动力足够且稳定，避免出现制动力不足或失灵的情况。

2. 限速器

限速器是限制车辆最高速度的重要部件。它通常安装在车辆的传动系统中，可以防止车辆超过设定的最高速度。为了确保安全，限速器应定期调整和校准，以保证其正常工作。

3. 缓冲器

缓冲器是车辆的能量吸收装置，用于减缓车辆在碰撞过程中的冲击力。缓冲器一般安装在车辆的前部或后部，可采用液压或弹簧方式进行缓冲。在使用过程中，要确保缓冲器的工作正常，避免出现无法吸收冲击力的情况。

4. 报警器

报警器是车辆出现故障或异常情况时发出警报的装置，提醒操作人员及时处理。报警器分为机械报警器和电子报警器，报警方式有声音报警和灯光报警。

5. 灯光信号

灯光信号是用于指示车辆行驶状态的重要部件。它包括前照灯、后尾灯和转向灯等。驾驶员可以通过灯光信号来向其他车辆或行人指示自己的行驶状态。为了确保安全，灯光信号应定期检查和维护，以保证其正常工作。

6. 倒车蜂鸣器

倒车蜂鸣器是车辆在倒车时使用的声音提示装置。倒车蜂鸣器可以发出连续或间歇的蜂鸣声，以提示周围人员注意车辆倒车时的位置和速度。在使用倒车蜂鸣器时，要注意声音大小适中，以免影响周围人员的工作和休息。

7. 紧急停车开关

紧急停车开关是车辆在紧急情况下停车的装置，用于立即停止车辆的运行。紧急停车开关一般安装在驾驶员容易操作的位置，可在紧急情况下迅速按下。在使用过程中，要确保紧急停车开关的工作正常，避免出现无法紧急停车的情况。

8. 防护罩

防护罩是车辆的防护装置之一，用于保护车辆的关键部位和操作员的安全。防护罩一般采用金属板或高强度塑料等材料制成，可有效防止意外碰撞或物体飞溅对车辆和操作员造成伤害。在使用过程中要确保防护罩的工作正常并经常检查其牢固性和完整性。

第四节　场（厂）内专用机动车辆运用安全管理

一、场（厂）内专用机动车辆安全要求

为了规范场（厂）内专用机动车辆安全监察工作，防止和减少事故，保障人身和财产安全，场（厂）内专用机动车辆使用及管理应符合以下安全要求。

（一）定期检验

1. 车辆应按照制造商的要求进行定期检验，包括但不限于刹车系统、转向系统、照明系统、安全防护装置等。

2. 检验过程应详细记录，包括检验项目、检验结果、存在的问题及处理方法等。

（二）操作人员资质

1. 操作人员应经过专业培训并取得相应的操作证书。

2. 操作人员应熟悉车辆的操作规程，具备必要的机械知识和安全意识。

（三）安全操作规程

1. 车辆操作规程应包括操作步骤、安全注意事项、应急处理措施等。

2. 操作人员应严格遵守操作规程，不得违规操作。

（四）维护保养

1. 车辆应按照制造商的要求进行维护保养，包括日常检查、定期保养等。

2. 维护保养记录应详细记录，包括维护项目、维护时间、维护人员等。

二、场（厂）内专用机动车辆定期（首次）检验

（一）一般要求

定期检验是指在车辆生产单位或者使用单位进行自行检查的基

础上，由经核准的特种设备检验机构依据《场（厂）内专用机动车辆安全技术规程》对车辆按照一定的周期进行的检验。车辆投入使用前或者改造后进行的定期检验也称首次检验。

1. 定期检验周期

在用叉车的定期检验每两年一次。

检验报告中的下次检验日期精确到月，只填写至下一检验周期对应年度的当月。下次检验日期以首次检验或者停用后重新检验的检验合格日期为基准计算，下次定期检验日期不因逾期检验而变动。使用单位确有需要且与检验机构协商一致的情况下，可适当调整下次检验日期，但不得延长检验周期。

2. 检验机构及人员

从事车辆定期（首次）检验的特种设备检验机构和人员，应当取得相应的检验资质和人员资质，方可从事相应的检验活动。

现场检验至少应当有两名具有相应资格的检验人员参加。

（二）检验程序

检验工作的一般程序包括检验申请的受理、现场检验和检验报告出具等。

1. 检验申请的受理

首次检验的车辆，其使用单位应当在使用前及时向检验机构申请检验。定期检验的车辆，其使用单位应当在车辆定期检验有效期届满一个月以前向检验机构提出定期检验申请。使用单位对申请时所提供资料的真实性负责。

申请首次检验的，使用单位应当提供以下资料的原件或者复印件：

（1）产品质量合格证明（包括出厂检验报告和产品合格证）；

（2）特种设备生产许可证、整机型式试验证书（必要时提供型式试验报告），进口车辆仅提供型式试验证书（必要时提供型式试验报告）。

申请定期检验单，使用单位应当提供经本单位安全管理人员签署意见的自行检查记录或者报告。

检验机构接到申请后，应当在 5 个工作日内做出是否受理的决定，申请资料不符合要求的，应当一次性告知需要补齐的资料。对予以受理的，检验机构应当在 10 个工作日内确定定期检验日期，并且按照确定的时间派出检验人员实施检验。对于使用单位在下次检验日期前一个月提出定期检验申请的，检验机构应当在下次检验日期前实施检验。

2. 现场检验

现场检验时，使用单位应当做好以下工作：

（1）车辆安全管理人员和相关人员应当到场配合、协助检验工作，负责现场安全监护；

（2）提供上次检验报告，上次检验周期内的维保、修理（如有）和自行检查记录或者报告；

（3）需要拆卸才能进行检验的零部件、安全保护和防护装置，按照要求进行拆卸；

（4）将车辆主要受力结构件、主要焊缝、严重腐蚀部位，以及检验人员指定部位和部件清理干净；

（5）现场的环境和场地条件符合检验要求，不得处于危险场所（如爆炸性环境），没有影响检验的物品、设施等，并且设置相应的警示标志；

（6）提供试验所需的载荷；

（7）其他必要的安全保护和防护措施，以及辅助工具。

检验人员在检验现场，应当认真执行使用单位有关动火、用电、高处作业、安全防护、安全监护等规定，配备和穿戴检验必需的个体防护用品，确保检验工作安全。

3. 检验报告出具

检验机构应当在现场检验工作完成后的 15 个工作日内，出具

《场（厂）内专用机动车辆定期（首次）检验报告》。检验报告应当经检验、审核、批准人员签字，加盖检验机构检验专用章或者公章。

检验报告中检验项目的“检验结果”和“检验结论”按照如下要求填写：

（1）单项“检验结果”一栏中，定量项目填写数据，定性项目做简要描述；

（2）单项“检验结论”一栏中，填写“合格”、“不合格”或者“无此项”。

4. 检验报告报送

在使用登记地的车辆，检验结论为不合格的，检验机构应当将检验报告及时报送该车辆的使用登记机关。

在非使用登记地的车辆，使用单位应当在收到检验报告之日起30日内将检验报告（复印件）报送使用登记机关；检验结论为不合格的，检验机构还应当将检验意见书或者不合格报告及时报送设备的使用登记机关。

5. 检验结果异议处理

使用单位对检验结果有异议，应当在接到检验报告或者检验意见书后15个工作日内书面向检验机构提出申诉意见。

三、场（厂）内专用机动车辆使用管理

（一）基本要求

1. 使用单位的基本要求

使用单位应当遵守《特种设备使用管理规则》的规定，同时还应当符合以下要求：

（1）取得营业执照。

（2）对其区域内使用车辆的安全负责。

（3）根据车辆的用途、使用环境（如温度、湿度、海拔、坡

度、弯道半径、爆炸性环境等），选择适合使用条件要求的车辆，并且对所使用车辆的选型负责。

（4）在车辆首次投入使用前，向特种设备检验机构申请首次检验。

（5）在检验合格有效期届满的1个月以前，向特种设备检验机构提出定期检验申请，接受检验，并且做好定期检验相关的配合工作；由使用登记地以外特种设备检验机构进行定期检验的车辆，使用单位应当在收到报告之日起30日内将检验报告（复印件）报送使用登记机关。

（6）制定符合《场（厂）内专用机动车辆安全技术规程》要求的安全操作规程。

（7）车辆作业和专职安全管理人员须取得相应项目的“特种设备安全管理和作业人员证”，持证上岗，并且保证每台车辆在作业时均由司机随车操纵。

（8）按照《场（厂）内专用机动车辆安全技术规程》要求，进行车辆的经常性维护保养、定期自行检查。

（9）在爆炸性环境使用车辆时，遵守有关部门对防爆安全的管理规定。

2. 作业环境

使用单位应当根据本单位车辆作业区域的状况，规范本单位车辆作业环境，作业环境不符合要求的，车辆不得进入该区域作业。

3. 安全操作规程

使用单位应当制定安全操作规程，并且在本单位贯彻实施。安全操作规程至少包括以下内容：

（1）出车前进行试运行检查，并且做好记录；

（2）遵守作业场所内的限速规定，严禁超速行驶；

（3）叉车不得载客运行（设有搭载随乘人员设施的车辆除外，此时搭载人数不得超过允许随乘的人数）；

（4）行驶和作业时应佩戴安全带（如果有）；

（5）车辆转弯、进出库门等须减速行驶；

（6）严禁在货叉上站人或者利用货叉起升载有人员的装置；

（7）叉车司机视线不良或者受阻时，倒车低速行驶或者在专人指挥下低速行驶；

（8）严禁超载；

（9）身体过度疲劳、饮酒后或者患病有碍操作安全时，严禁操作车辆。

（二）维护保养和检查

1. 一般要求

（1）使用单位应当对在用车辆进行经常性维护保养和定期自行检查，维护保养应当符合有关安全技术规范和产品使用维护说明的要求，定期自行检查分为月度检查和年度检查；对维护保养和检查中发现的异常情况应当及时处理，消除事故隐患，并且记录，记录存入安全技术档案；维护保养、定期自行检查记录至少保存 5 年。

（2）使用单位应当在车辆每日投入使用前，按照使用维护说明的要求进行日常检查，在使用过程中还应当加强对车辆的巡检，并且形成使用记录。

（3）车辆使用中出现故障或者发生异常情况，使用单位应当停止使用，对其进行检查，消除事故隐患，并且记录，记录存入安全技术档案。

（4）车辆的维护保养、月度检查由使用单位的车辆作业人员实施，年度检查由使用单位的车辆安全管理人员负责组织实施。

（5）更换叉车的防爆部件时，使用单位应当保证新部件的防爆级别和技术要求不低于原部件，并且对整车防爆性能的有效性负责，更换记录、部件防爆合格证等技术资料应当存入安全技术档案。

2. 维护保养、月度检查和年度检查

使用单位应当根据叉车具体型式，按照有关法律法规、安全技术规范及相关标准、使用维护保养说明的要求，选择维护保养、月度检查、年度检查的项目。使用单位可以根据车辆的使用繁重程度、环境条件状况，确定高于《场（厂）内专用机动车辆安全技术规程》规定的维护保养、月度检查、年度检查的周期和内容。

有关项目和内容的基本要求如下：

（1）在用车辆的维护保养，至少包括主要受力结构件、安全保护装置、工作机构、操纵机构、电气（液压、气动）控制系统等的清洁、润滑、检查、调整、更换易损件和失效的零部件。

（2）在用车辆的月度检查，至少包括整车工作性能、动力系统、转向系统、起升系统、液压系统、制动功能、安全保护和防护装置、载荷搬运装置、载荷装卸控制装置、车轮紧固件、充气轮胎的气压、警示装置、灯光、仪表显示、安全监控装置等，以及《场（厂）内专用机动车辆安全技术规程》附件C中定期（首次）检验的项目。

（3）在用车辆的年度检查，除包括前项要求的月度检查内容外，还应当包括主要受力结构件的变形、裂纹、腐蚀，实心械面货叉的厚度磨损量，以及其焊缝、铆钉、螺栓等的连接，主要零部件的变形、裂纹、磨损，指示装置的可靠性和精度，电气和控制系统功能的检查，必要时还需要进行相关试验。此外，在爆炸性环境使用的叉车，其年度检查还包括隔爆型电气部件隔爆面及隔爆箱盖的可靠性，浇封型电气部件浇封面的完整性，蓄电池及电源装置安装及连接的符合性，电路连接及其性能的可靠性，电缆引入装置的密封性，外壳多余孔的封堵及金属部件与整车的等电位要求。

（三）报废

车辆存在严重事故隐患，无改造、修理价值的，或者达到相关标准规定报废条件的，使用单位应当依法履行报废义务，采取必要措施消除该车辆的使用功能，并且注销使用登记。

第五节　场（厂）内专用机动车辆异常事故及处理

一、事故类型

（一）翻倒事故

翻倒事故是指场（厂）内专用机动车辆在行驶过程中，因操作不当、路面不平整、货物超载等原因导致车辆失去稳定性而翻倒。

（二）碰撞事故

碰撞事故是指场（厂）内专用机动车辆在行驶过程中，因驾驶员疏忽、视线不良、速度过快等原因导致车辆与前方障碍物或车辆发生碰撞。

（三）电器事故

电器事故主要是由于电器设备故障、线路老化、操作不当等原因引起的。这类事故可能造成车辆无法正常运行，甚至可能引发火灾等严重后果。

（四）机械故障事故

机械故障事故是指场（厂）内专用机动车辆在行驶过程中，因车辆零部件磨损、松动、断裂等原因导致车辆无法正常行驶。这类事故可能会造成车辆损坏、货物损失，并可能对驾驶员和其他在场人员造成严重伤害。

二、事故原因及预防措施

（一）机械故障

1. 原因分析

由于设备老化、磨损、维护不当等原因，车辆的机械部件可能发生故障，导致事故发生。

2. 预防措施

（1）定期检查和维护：对车辆进行定期检查和维护，及时发现并修复机械故障，确保设备处于良好的工作状态。

（2）更新设备：对于老化和磨损严重的设备，应及时更新，选用性能可靠、安全系数高的设备。

（3）加强培训：提高操作人员的技术水平，使其能够正确操作和维护车辆。

（二）人为因素

1. 原因分析

操作人员由于缺乏安全意识、操作不当、疲劳等原因导致事故发生。

2. 预防措施

（1）加强安全教育：提高操作人员的安全意识，使其了解安全操作规程和注意事项。

（2）定期培训：对操作人员进行定期培训，提高其操作技能和应急处理能力。

（3）实施疲劳管理：合理安排操作人员的作息时间，避免疲劳作业。

（4）监督执行：加强对操作人员的监督和管理，确保其遵守安全操作规程。

（三）环境因素

1. 原因分析

在恶劣的天气条件下，如强风、暴雨、雪天等，或者道路不平整、地面湿滑、坑洼等不良状况，车辆的行驶稳定性会受到严重影响，容易发生车辆事故。

2. 预防措施

（1）改善环境：对恶劣的天气条件、路面状况不良等问题，应采取措施加以改善。

（2）增加安全设施：在场地内设置警示标识、安全隔离带、防撞设施等，提高车辆的安全性能。

（3）提高能见度：确保场地的照明充足，提高环境的能见度，降低事故风险。

（4）关注天气预报：及时关注天气预报，对可能出现的恶劣天气提前做好防范措施。

（5）安全行驶：要求操作人员在驾驶车辆时必须遵守交通规则和操作规程，特别是在恶劣的环境条件下更要谨慎驾驶。同时要定期对车辆进行检查和维护保养，确保车辆处于良好的工作状态。

（6）加强应急管理：制定应急预案并组织演练，提高应对突发事件的能力。在事故发生后要及时启动应急预案，组织专业人员开展救援和处理工作。同时要加强对现场的秩序维护和人员疏散等工作，确保事故不会造成二次伤害。

三、事故应急措施

场（厂）内专用机动车辆发生事故，应采取以下应急措施：

1. 切断危险源

在事故发生后，首要任务是切断危险源，防止事故扩大。操作人员应立即停止车辆运行，关闭电源，并切断相关设备的电源。同时，确保周围人员远离事故现场，避免二次伤害。

2. 人员安全撤离

在确保危险源已被切断后，应立即组织人员安全撤离。在撤离过程中，要保持冷静，避免恐慌，按照预定的安全通道有序撤离。

3. 及时报警通知

事故发生后，应立即报警并通知相关部门。报警时应提供详细的事故地点、人员伤亡情况等信息，以便救援人员迅速到达现场。同时，通知企业安全管理人员和相关部门负责人，启动应急预案，组织救援和处置工作。

4. 执行急救措施

在等待救援人员到达现场前，应根据受伤人员的伤情执行相应的急救措施。对于重伤人员，应及时拨打急救电话，请求专业医疗救援。对于轻伤人员，可进行简单的包扎和止血处理，减轻其痛苦。

5. 灭火处理

若车辆事故引发火灾，应立即启动灭火程序。使用附近的灭火器材进行初期灭火。同时拨打火警电话请求专业消防队伍支援。在灭火过程中，要确保人员安全，避免火势蔓延。

第六节　场（厂）内专用机动车辆典型事故案例分析

【案例 6-1】叉车碰撞事故

××××年×月×日 10 时 20 分左右，某工艺厂厂内，叉车司机谢某准备驾驶叉车叉一板木板到邻厂。作业中，他先把阻挡烘炉门口的木板叉开，在准备进入烘炉叉板时，由于车的位置不适合，进行倒车调整。在倒车调整的过程中未看清周围的情况，将在车后玩耍的晏某（儿童）撞倒，晏某当场昏迷。当时晏某的监护人王某在现场约 8 m 远的地方。事故造成晏某受伤经抢救无效死亡。

一、现场调查

事故叉车是购买的二手叉车，没有任何出厂资料，该叉车没有经过特种设备检测机构的安全检测，也没有办理叉车的使用登记手续，事故中叉车未损坏。经过对事故叉车的灯光电气、转向系统和制动系统等安全项目进行安全技术鉴定，检测发现该叉车的灯光电气项目不合格，驻车制动功能失效。

二、事故原因分析

（一）直接原因

1. 叉车司机谢某在驾驶叉车倒车过程中，违反叉车操作规程，没有及时发现车后的情况，以致撞倒在车后玩耍的晏某并致其受伤死亡。

2. 晏某的监护人王某安全意识淡薄，违反安全生产的有关规定，将晏某带到生产作业区玩耍且监护不到位，未能及时发现和阻止晏某进入叉车作业区，导致其被撞。

（二）间接原因

1. 事故单位负责人安全意识和安全主体责任意识淡薄，安全主体责任落实不到位，未建立安全生产管理制度，对厂内相关人员缺乏必要的安全教育和培训，在安全生产条件不符合要求并已申请停产的状况下，擅自恢复生产作业；未严格限制无关人员进入生产区，对小孩多次出现在生产作业区未能及时有效制止。

2. 事故单位叉车安全技术档案管理不到位，未建立叉车安全技术资料，未按规定到有资质的检验机构对叉车进行检测，未按规定办理叉车使用登记。

3. 叉车司机谢某叉车使用安全意识淡薄，驾驶未经检验检测合格和办理使用登记，且存在灯光电气、驻车制动功能缺陷的叉车进行作业。

三、事故警示

（一）叉车作业人员

肇事叉车司机，同时也是叉车安全管理员，应认真履行叉车日常安全管理责任，加强对叉车日常检查和维护保养，及时报告和督促企业负责人办理叉车检验检测和使用登记。在操作叉车作业时应遵守操作规程，看清周围环境才能作业。

（二）叉车使用单位

事故单位应严格按照《中华人民共和国安全生产法》《中华人民共和国特种设备安全法》等法律法规的规定落实安全生产和特种设备安全主体责任；应依法办理叉车定期检验，在取得使用注册登记证的前提下合法使用；加强对厂内相关人员的安全教育和培训；加强作业现场无关人员的约束和管理。

（三）叉车作业现场其他人员

事故发生时死者的监护人，同时是该厂的工作人员，应严格遵守安全生产的有关规定，禁止无关人员进入生产作业区域，禁止其他人员进入叉车作业现场。

【案例6-2】叉车翻倒事故

××××年×月×日下午，某涂料公司发生一起叉车在行驶过程中侧翻压死驾驶员本人的事故。该公司叉车司机王某在离开叉车驾驶室时没有拔掉叉车钥匙，另一员工欧某在未经批准的情况下擅自用叉车吊石头粉运送进车间，货物运送到转弯上斜坡进入车间时，转弯过急，转弯半径过小，导致叉车右轮偏离车道，进入斜坡外，于是叉车出现了右倾斜，吊臂上吊的货物也大幅度向右摆动，从而引起叉车右倾侧翻，在翻车过程中，欧某先行从车上跳下，由于闪避不及被侧翻的叉车压中头部，当场死亡。

一、现场调查

肇事叉车是公司购买的二手叉车，没有任何出厂资料，也没有经过特种设备检测机构的安全检测，更没有办理叉车的使用登记手续。

欧某没有叉车驾驶证，又没有经过专门的叉车安全使用和驾驶技术的培训，不熟悉叉车的使用安全常识和叉车的驾驶技能。

二、事故原因分析

（一）直接原因

欧某在不熟悉叉车驾驶技术的情况下，未经同意擅自驾驶叉车，在叉车吊运货物行驶过程中，叉车臂升得过高（正常叉车吊运货物时，货物底部离地面 20 cm 左右），重心上移，叉车的稳定性降低；在叉车转弯上斜坡时，转弯过急，转弯半径过小，导致右轮偏离行车路线，是造成事故的主要原因。

（二）间接原因

欧某特种设备使用安全意识淡薄，缺乏必要的叉车使用安全常识，在从未接受过叉车安全知识和操作技能培训，且没有取得叉车司机证的情况下，擅自驾驶叉车。

叉车司机王某特种设备使用安全意识淡薄，缺乏叉车的使用安全管理相关知识，在离开叉车驾驶室时没有拔掉叉车钥匙。

该公司负责人和相关管理人员特种设备安全管理意识和安全生产主体责任意识淡薄，特种设备安全主体责任落实不到位，公司内部特种设备安全管理制度不健全，在特种设备安全管理方面存在严重漏洞，没有配备持有场（厂）内专用机动车辆安全管理员证的特种设备安全管理员。叉车既没有经检测合格，也没有办理特种设备使用注册登记，指定开叉车的司机也没有取得特种设备作业人员证持证上岗。同时，对特种设备相关人员平时也缺乏必要的特种设备安全教育和培训。

三、事故警示

1. 叉车作业人员无证上岗，特种设备安全管理和操作人员缺乏必要的安全教育和培训，存在严重事故安全隐患。叉车司机应该经过相应的安全教育培训，并经考核合格取得特种设备作业人员证后才能上岗作业。

2. 叉车作为特种设备，在投入使用前应经过检验机构进行检验，检验合格后方可使用；并且应当在投入使用前 30 日内或者投用后 30 日内到特种设备安全监督管理部门办理使用登记。

【案例 6-3】叉车平衡重挤压事故

××××年×月×日 21 时 05 分左右，某木材烘干厂员工熊某驾驶一辆叉车在厂区内搬运木板，操作过程中叉车向前倾倒，叉车尾部的平衡重块因惯性脱离固定架，从叉车背后压向驾驶室，造成驾驶员熊某当场死亡。

一、现场调查

发生事故的叉车为内燃平衡重式叉车，额定起重量为 3 t，最大起升高度 3 m。叉车未经检验合格，未办理使用登记注册手续，驾驶司机熊某（死者）持有有效的特种设备（叉车）操作人员资格证。

事故叉车为倾覆状态，叉车完全损坏。事发前该叉车装载两堆板材，重约 2.6 t，当板材完全贴近门架时，载荷中心距约 775 mm。经测量，叉车起升货叉离前轮距离约为 3.5 m（叉车最大提升高度 3 m），事故发生时叉车正下坡行走，路面坡度 6.6°，通行区域宽度约 4.5 m，通道两侧堆放的木板高度大约 3 m。通道旁工字钢立柱离地面 4 m 左右处有明显的木板碰撞、摩擦痕迹。

在事故现场没有发现平衡重固定螺栓，在平衡重固定螺栓孔中也没有发现有明显的摩擦痕迹。检查车架上固定平衡重的螺孔位置，发现该螺孔中有折断的螺栓，折断口基本与车架上用于固定平衡重的铁板齐平，而且折断口处已经布满油迹、灰尘，可以推断平衡重固定螺栓在事故发生之前已经折断。

二、事故原因分析

1. 叉车残旧，平衡重脱落。叉车平衡重固定螺栓在事故发生之前已经折断，欠缺固定装置。当叉车失稳、倾覆后，叉车尾部向上翘起，平衡重松脱向前压向司机室，导致叉车司机熊某被平衡重撞击、挤压，当场死亡。

2. 超载、超高行驶，失稳、倾覆。当叉车货叉起升高度达到3 m，载荷中心距为775～800 mm时，在地面平整且门架完全垂直的状态下，相应的最大允许起重量为2.2 t；叉车行驶时货叉高度应保持150～200 mm。本次事故中，叉车作业时装载木板的重量达2.6 t，货叉高度达3.5 m，处于超载、超高状态。当行驶在下斜坡路段，货叉上的木板与通道左侧工字钢立柱发生碰撞，碰撞后货叉上的木板发生了偏转和重心前移现象，载荷中心距增大导致叉车失稳、倾覆。叉车超载、超高，斜坡下行、重心前移等多个因素，导致叉车倾覆力矩大于稳定力矩而失稳、倾覆。

3. 通道宽度不足，叉车驾驶难度大。叉车作业、通行区域宽度约4.5 m，通道两侧堆放的木板高度大约3 m。叉车进行搬运作业时，长度约4.2 m的货物（原木板材）必须在货叉上横向放置，在宽度仅为4.5 m的通道中进行搬运作业难度大。

三、事故警示

1. 事故单位应加强对叉车相关作业人员的安全教育、培训和管理。

2. 事故单位应建立健全并严格执行安全管理规章制度和安全操作规程，加强对叉车和作业现场环境的监督检查，杜绝违规、违章操作等行为。

3. 事故单位应加强对特种设备的经常性检查，及时消除安全隐患；按时向检验机构申请检验并办理使用登记手续，未经检验合格不得继续使用。

4. 事故单位应按照有关法律法规、安全技术规范的要求，加强叉车安全管理；加强员工安全教育、培训；查找叉车使用环节的安全隐患，建立健全特种设备安全管理规章制度和安全操作规程，杜绝违规、违章操作行为。

【案例 6-4】叉车挤压事故

××××年×月×日 2 时，某物流公司叉车司机梁某在某电器公司成品仓叉车叉运货物过程中，发现货叉上的高层货物有错位现象，因梁某身高不足而不能去扶正货物，于是将叉车停下，并主动请求货车司机帮忙把货叉上错位的货物扶正。梁某从叉车的驾驶室下来后站在一旁，但并没有切断叉车的电源。在叉车处于通电启用状态下，货车司机爬上叉车驾驶室脚踏操纵平台上，头部与上身伸进叉车的门架与护顶架之间，用手扶正货叉上的货物。在下来过程中，身体碰触到叉车操纵平台上的控制装置（控制杆），导致门架往护顶架方向运动，将货车司机的头部夹住并挤压，造成大量出血，事故造成 1 人死亡。

一、现场调查

涉事叉车为平衡重式叉车，已按规定进行定期检验，检验结论合格，在检验有效期内，已办理使用登记。

二、事故原因分析

（一）直接原因

1. 未取得作业资格证的叉车司机梁某，安全作业意识淡薄。让货车司机上涉事车辆摆正货物时，没有关掉车辆锁匙使车辆处于断电的安全状态。未考虑车辆处于通电状况下，如有碰触控制装置可能会使车辆运作而造成人员伤亡。

2. 死者自身安全防范意识不足，在上涉事车辆摆正货物时，没有注意车辆是否处于断电的安全状态，没有主动发现自身的衣物可能会碰触涉事车辆控制装置使其动作，以及自身所处的位置的安全风险，导致门架往护顶架方向移动，将头部夹住并挤压死亡。

（二）间接原因

1. 事故单位安排未取得作业资格证的人员进行特种设备操作；

没有对作业人员进行安全教育培训；没有在生产经营活动中开展安全检查，以及时发现安全事故隐患并做出相应预防措施，安全管理出现缺失和漏洞，从而导致了事故的发生。

2. 事故单位负责人安全生产管理意识淡薄，在日常的生产经营活动中，未全面履行生产经营单位主要负责人对本单位安全生产工作负有的职责，未开展事故隐患排查治理和安全生产教育培训工作，未能及时发现叉车作业存在的安全隐患，不能确保员工的作业安全。

三、事故警示

1. 事故单位未按照《中华人民共和国特种设备安全法》的相关规定，建立叉车安全管理制度，导致叉车使用安全管理失控。事故单位应制定相关的安全生产规章制度和安全操作规程，定期组织安全生产及特种设备安全使用的培训教育，增强作业人员的安全意识，能主动发现并规避事故风险。

2. 企业负责人应认真学习国家相关法律法规，严禁无证人员进行叉车作业，并应结合企业实际情况，加强作业现场安全监督，开展事故隐患排查治理，规范现场作业人员的行为。

3. 叉车司机应经过相应的安全技能培训，并需经考核合格取得特种设备作业人员证书后方可进行叉车作业，严禁违章作业。

【案例 6-5】叉取货物砸撞事故

××××年×月×日 9 时 30 分，某木业公司的叉车司机刘某驾驶叉车把货柜里一叠木材拉到货柜口。该叠木材由上下两捆木材叠放在一起，两捆木材长约 2.7 m，宽度约 1.0 m，高度约 2.2 m。在刘某操作叉车抬起该叠木材一端拉拽该叠木材时，叠在上方的木材相对下方木材发生滑动并侧翻，导致在旁协助卸货的刘某贵被侧翻的木材砸中头部，事故导致 1 人死亡。

一、现场调查

事故单位未能提供涉事叉车相关的出厂技术资料、使用说明书、相关检验报告和使用登记证明，无法确定涉事叉车的有关技术参数。现场调查技术人员对涉事叉车进行检验，发现涉事叉车存在以下问题：①未办理使用登记；②未能提供相关出厂技术资料；③喇叭接线被更改，原喇叭开关失效，变速杆上加装了一个喇叭，不符合要求；④车架上未发现铭牌；⑤安全带装置损坏；⑥左侧制动灯失效。

二、事故原因分析

（一）直接原因

叉车司机刘某在卸货过程中，木材侧翻砸中并挤压在旁协助的刘某贵头部，致其死亡。

（二）间接原因

1. 事故单位对叉车使用管理不当。使用未经检验的叉车，叉车使用管理制度不完善，没有采取有效措施对叉车司机及相关作业人员的违规操作进行预防及制止。

2. 刘某违规操作，未按该公司制定的叉车操作规范要求操作叉车，在未确认叉载货物可靠固定的情况下进行叉载作业。

3. 死者刘某贵在叉车作业时未离开叉车作业区域。

三、事故警示

（一）叉车作业人员

叉车司机在操作叉车时应遵守安全操作规程，注意周围环境，发现有人进入叉车作业范围时应及时制止或停止操作叉车。

（二）叉车使用单位

叉车使用单位必须按照法律的要求使用经检验合格并办理

使用登记的叉车；叉车使用单位应建立完善的叉车使用管理制度，并应采取有效的措施制止叉车司机及相关作业人员的违规操作。

（三）叉车作业现场其他人员

在叉车作业期间，非叉车作业人员应遵守使用单位制定的规章制度，不得进入叉车作业区域。